Steven Reiss
Das Reiss Profile

Gewidmet meiner Familie, Maggi, Michael und Ben

(und in Erinnerung an unseren Hund Rusty)

Steven Reiss

Das Reiss Profile

Die 16 Lebensmotive

Welche Werte und Bedürfnisse
unserem Verhalten zugrunde liegen

Aus dem Amerikanischen
von Matthias Reiss

GABAL

Bibliografische Informationen der Deutschen Bibliothek

Die Deutsche Nationalbibliothek verzeichnet diese Publikation in
der Deutschen Nationalbibliografie; detaillierte bibliografische Daten
sind im Internet über http//dnb.d-nb.de abrufbar.

Sonderausgabe für Jokers der im GABAL Verlag unter
ISBN 978-3-86936-000-3 erschienenen Originalausgabe.

ISBN 978-3-86936-218-2

2. Auflage 2010

Lektorat: Friederike Mannsperger
Umschlaggestaltung: Martin Zech Design, Bremen, www.martinzech.de
Satz und Layout: Das Herstellungsbüro, Hamburg, www.buch-herstellungsbuero.de
Druck und Bindung: Salzland Druck, Staßfurt

Die amerikanische Originalausgabe »The Normal Personality« erschien 2008
bei Cambridge University Press, New York, USA.

www.gabal-verlag.de

Inhalt

*»Unter dem Mittleren des Dinges verstehe ich das,
was von beiden Enden denselben Abstand hat
und für alle Menschen eines ist und dasselbe.
Mittleres dagegen in Hinsicht auf uns ist das,
was weder zu viel ist noch zu wenig:
Dies jedoch ist nicht eines und dasselbe für alle.«*

Aristoteles, Nikomachische Ethik,
Buch II, Kap. 5, S. 35

Vorwort

Es gibt wohl kaum einen Wissenschaftler, der die individuelle Persönlichkeit ähnlich intensiv erforscht hat, wie der amerikanische Psychologe Professor Dr. Steven Reiss: Er hat die 16 Lebensmotive ermittelt und beschrieben, wie grundlegend diese die individuelle Persönlichkeit bestimmen. Die Erkenntnisse stellt er in diesem Fachbuch auf anschauliche Weise vor.

Dabei bietet er einen einzigartigen Ansatz, der die gängige Vorstellung von Normalität und krankhaftem Verhalten ablöst. Seine Grundbotschaft lautet: Verhaltensweisen, die wir bei anderen als »nicht normal« empfinden, sind zumeist Ausdruck einer »normalen« – in ihrer individuellen Motiv- und Wertestruktur stark ausgeprägten – Persönlichkeit. Reiss zeigt auch: Menschen bewerten Handlungen und Reaktionsweisen anderer immer vor dem Hintergrund der eigenen Motiv- und Wertestruktur. Begegnen sich Menschen mit stark unterschiedlich ausgeprägten Persönlichkeiten, kommt es früher oder später zu unreflektierten Bewertungen, Missverständnissen oder Konflikten. Vor diesem Hintergrund gleicht Reiss' Ansatz einem Paradigmenwechsel, der nicht nur eine völlig neue Sicht auf die »normale Persönlichkeit« liefert, sondern auch eine hervorragende Basis für mehr Toleranz, Respekt und Selbstakzeptanz im Umgang miteinander schafft.

In dem vorliegenden Buch stellt Steven Reiss die Bedeutung seiner Forschungsergebnisse vor allem in den professionellen Kontext. Das Testverfahren Reiss Profile, das er mit seinem Team entwickelt hat und mit dessen Hilfe sich ein genaues Profil der individuellen Persönlichkeit darstellen lässt, hat sich weltweit als ein unverzichtbares Analyseinstrument etabliert – beispielsweise in der Potenzialanalyse, dem Führungstraining, der Teamentwicklung und dem Coaching. Es findet überall dort Anwendung, wo Menschen eine bessere Lebensqualität und Leistungsfähigkeit aus der Erkenntnis ihrer eigenen individuellen Persönlichkeit heraus anstreben – sei es im Unternehmen, im Leistungssport oder im privaten Bereich.

Als exklusive Lizenznehmer von Steven Reiss in Deutschland und in ausgewählten Ländern Europas sind wir leidenschaftliche Anwender und Vertreter des Reiss Profile. Die vielen Coaching- und Beratungsprozesse, die damit durchgeführt wurden, sowie die durchweg positiven Rückmeldungen von Kunden und der von uns ausgebildeten Reiss Profile Master bestätigen uns immer wieder aufs Neue seine Wirkweise und Effizienz.

Wir freuen uns, dass dieses lebendig geschriebene Werk nun auch in deutscher Sprache vorliegt, und empfehlen es allen, die ihren Horizont um eine neue Methode aus der Motivationspsychologie erweitern möchten. Denn durch den bewussten Umgang mit den Erkenntnissen des Reiss Profile Ansatzes gelingt es, sich selbst und andere besser zu verstehen und in ihrer Individualität wertzuschätzen. Die beste Voraussetzung für ein stabiles Werteglück.

Berlin, im September 2009
Peter Boltersdorf, John M. Delnoy, Thomas Staller

Reiss Profile Germany GmbH
www.reissprofile.eu

Überblick

Wertvorstellungen, nicht eine unbewusste Psychodynamik, sind die Triebkraft für die Psyche des Menschen.

Motto dieses Buchs

Ich trete für eine neue Auffassung vom Menschen ein, die ich als *Motivationsanalyse* bezeichne. Psychodynamische Berater und Therapeuten fragen: »Was geschah, als diese Person ein Kleinkind war? Welche Gefühle für ihre eigenen Eltern hat sie tief in ihrem Innern?« Diese Theoretiker erklären die Persönlichkeitsmerkmale von Erwachsenen durch frühe Kindheitserlebnisse, durch Angst und Abwehr; sie sehen viele der gewöhnlichen Probleme im Leben als leichte Formen einer seelischen Krankheit. Im Gegensatz dazu fragen sich Motivationsanalytiker: »Was sind die Lebensziele und die intrinsischen Wertvorstellungen eines Individuums? Was versucht es durch dieses oder ein anderes Verhalten zu erreichen? Kommen die momentane Arbeitssituation und die Beziehungen seinen Wünschen und Wertvorstellungen entgegen oder nicht?« Motivationsanalytiker erklären die Persönlichkeit eines Erwachsenen als Gewohnheiten, durch die die Menschen lernen, ihre Lebensmotive, ihre psychischen Bedürfnisse und ihre intrinsischen Wertvorstellungen umzusetzen. Motivationsanalytiker erklären viele persönliche Schwierigkeiten als Ergebnis nicht erfüllter oder frustrierter Bedürfnisse; dazu gehört möglicherweise ein Wertekonflikt zwischen dem Individuum und seiner momentanen Berufskarriere, seinem sozialen Leben, seinen Beziehungen oder seinem Familienleben.

Die abnorme Persönlichkeit

Sigmund Freud (1963/1916) ging davon aus, dass es drei wichtige Ähnlichkeiten zwischen Persönlichkeitsmerkmalen und Symptomen seelischer Krankheiten gibt: (1) Beide gehen auf Kindheitserfahrungen zurück; (2) beide bringen unbewusste seelische Konflikte zum Ausdruck (dies bezeichnete er als *Psychodynamik*); (3) beide sind motiviert durch Angst oder den Abbau von Spannung. Aufgrund dieser angenommenen Ähnlichkeiten verwendeten die psychodynamischen Theoretiker eine psychiatrische Begrifflichkeit, um die Persönlichkeitsmerkmale gewöhnlicher Menschen zu beschreiben. Als ich z.B. am Dartmouth College und an der Yale University studierte, brachten mir landesweit bekannte Vertreter der psychodynamischen Theorie bei, dass Misstrauen eine leichte Form von Paranoia ist, Ordentlichkeit eine leichte Form der Zwangsstörung, Traurigkeit eine leichte Form der Depression, eine Scheidung das Resultat unbewusster Triebkräfte, ähnlich jenen, die eine Neurose verursachen, dass Magengeschwüre durch ein starkes Bedürfnis nach anderen Menschen (Abhängigkeit) hervorgerufen werden und dass Fettsucht ihre Ursache im unbewussten Wunsch nach Selbstzerstörung hat. Bis heute ist mir kein wissenschaftlicher Beleg für irgendeine dieser Lehren bekannt geworden (Doan-Sewell, Krueger & Shea, 2001; Kline, 1972).

Psychodynamische Theoretiker verstehen unter Persönlichkeit die von uns aktivierten Verhaltensweisen, die am ehesten Symptomen einer seelischen Krankheit ähneln. Um das Ausmaß einschätzen zu können, in dem Psychologen Persönlichkeitsmerkmale aus Theorien über seelische Krankheiten abgeleitet haben, sollten Sie die im Folgenden aufgeführten beiden Listen miteinander vergleichen. Auf der nächsten Seite finden Sie die zehn Persönlichkeitsmerkmale, wie sie vom Minnesota Multiphasic Personality Inventory erfasst werden (MMPI; Hathaway & McKinley, 1943). Beachten Sie bitte, in welchem Ausmaß sich die Persönlichkeitsmerkmale im MMPI wie eine Liste seelischer Krankheiten lesen. (Die Persönlichkeitsmerkmale in derselben Zeile entsprechen sich nicht.)

Original MMPI	**Reiss Motivation Profile**
Hypochondrie	mutig/vorsichtig
Depression	sicher/unsicher
Hysterie	auf sich selbst vertrauend/interdependent
Asoziale Psychopathie	redlich/berechnend
Maskuline und feminine Interessen	Sparer/Verschwender
Paranoia	förmlich/nicht förmlich
Psychasthenie	halsstarrig/nicht-direktiv
Schizoidie	organisiert/spontan
Hypomanie	sportlich/körperlich träge
Soziale Introversion	kontaktfreudig/introvertiert

Selbst ein kurzer Blick auf diese beiden Listen zeigt, wie sehr man sich bei der Erfassung der Persönlichkeit gewöhnlicher (normaler) Menschen auf Symptome für Abnormalität konzentriert hat. Obwohl der MMPI inzwischen überarbeitet wurde (Butcher et al., 1989), bleibt dieser Test weiterhin, wie in der ursprünglichen Fassung, auf die Erfassung klinischer Diagnosen und auf Konstrukte fokussiert.

Viele Psychologen sehen Persönlichkeit und seelische Krankheit immer noch als eng miteinander verwandte Konstrukte. Die amerikanische Society for Personality Assessment (SPA) beispielsweise ist eine landesweite Organisation von etwa 4000 Klinischen Psychologen und Sozialpsychologen. Die SPA beschäftigt sich vorwiegend mit der Erfassung klinischer Diagnosen, als hingen die Erfassung der Persönlichkeit und klinische Diagnosen so eng zusammen, wie es Freud behauptet hatte. Nach Claridge und Davis (2003, S. 1) ist es zum Beispiel »selbstverständlich«, dass »psychische Störungen eng mit der Persönlichkeit zusammenhängen«.

Psychopathologie des Alltagslebens

Freud (1963/1916) sah viele gewöhnliche persönliche Schwierigkeiten – wie etwa Scheidung, geringe Leistungsfähigkeit, Traurigkeit und Ungleichgewicht zwischen Arbeit und Leben – als leichte Formen seelischer Krankheiten an. Er formulierte die Hypothese von der »Psychopathologie des Alltagslebens«. Diese Hypothese geht davon aus, dass es einen schmalen Grat zwischen Normalität und Abnormalität gibt; die psychodynamische Theorie begünstigt eine breite Definition von »Störung«. Im Folgenden finden Sie eine unvollständige Liste dessen, was der Psychiater Norman Cameron (1963), Autor eines einflussreichen Lehrbuchs der Psychiatrie, als »Ausdruck der Psychopathologie des Alltagslebens« ansah:

- Ein Geschäftsmann, der einen Wutausbruch bekommt, als seine Urteilsfähigkeit infrage gestellt wird.
- Ein Mann, der sich missverstanden fühlt und sich als Zielscheibe einer ungerechten Kritik empfindet.
- Menschen, die nur für Lob und Anerkennung leben.
- Eine ausdruckslose, verwirrte Frau, die sich zu sehr mit dem Sinn des Lebens beschäftigt.
- Mystische Erlebnisse.
- Eine reiche Person, die immer mehr Reichtum anhäufen möchte.

Cameron legt keine wissenschaftlichen Belege dafür vor, dass irgendeine der persönlichen Schwierigkeiten tatsächlich etwas mit einer seelischen Krankheit zu tun hat, wie etwa einer Schizophrenie, einer Panikstörung oder einer Zwangsstörung.

Als die Freudianer die Grenze zwischen dem, was normal ist, und dem, was abnormal ist, verschwimmen ließen, nahmen die Schätzungen über das Vorkommen psychopathologischer Befunde rapide zu. Bei der Lektüre meiner Tageszeitung erfuhr ich z.B. 2004, dass ein Sportberater 15 Prozent einer Sportlerstichprobe des amerikanischen Sportbunds NCAA als klinisch depressiv eingestuft hatte (The Plain Dealer, 2006). Ich untersuchte 150 Sportlerinnen und Sportler aus dem NCAA, von denen allem Anschein nach nur wenige klinisch depressiv waren. Die meisten von ihnen zeigten ein Verhalten, das nicht mit einer Depression in Einklang zu bringen war: Heiterkeit, Wachheit und Elan. Ich habe den Verdacht, dass der Sportberater »Traurigkeit« mit klinischer Depression verwechselte. Niemanden würde es überraschen, zu erfahren, dass 15 Prozent der Sportler im NCAA unglücklich sind. Aber die Diagnose zu stellen, dass sie seelisch krank sind, geht einfach zu weit.

Die Hypothese von der Psychopathologie des Alltagslebens hat weiterhin einen großen Einfluss. Auch in den heiligen Hallen der führenden psychologischen Institute der USA mag Freud tot sein, aber er spielt immer noch eine bedeutsame Rolle in der Eheberatung, in der persönlichen Beratung und in der Psychotherapie. Viele Berater versuchen heutzutage die persönlichen Schwierigkeiten und die Persönlichkeit ihrer Klienten zu verstehen, indem sie Konstrukte verwenden, die entwickelt wurden, um seelische Krankheiten wissenschaftlich zu untersuchen. Sie glauben daran, dass dunkle, unbewusste seelische Triebkräfte, die auf die Kindheit zurückgehen, Persönlichkeitsmerkmale, persönliche Schwierigkeiten und seelische Krankheiten verursachen.

Obwohl viele Experten auf dem Gebiet der Psychodynamik persönliche Schwierigkeiten[1] als leichte Störungen ansehen, bin ich der Auffassung, dass Probleme ein normaler Bestandteil des Lebens sind. *Ich werde Argumente dafür liefern, dass persönliche Schwierigkeiten etwas ganz Normales sind, indem ich zeige, dass die zugrunde liegenden Motive etwas ganz Normales sind.* Ich werde zeigen, dass viele persönliche Schwierigkeiten durch nicht befriedigte psychologische Bedürfnisse und nicht durch

---

1 Im Folgenden finden Sie eine Teilliste für das, was ich unter »persönlichen Schwierigkeiten« verstehe: brüsk, arrogant, um Aufmerksamkeit buhlend, herrisch, berufliches Burn-out, streitlustig, abhängig (braucht Menschen um sich), unehrlich, illoyal, desorganisiert, Scheidung, elitär, mag die Schule überhaupt nicht, unsicher, Mangel an Selbstvertrauen, faul, Einzelgänger, Ehekonflikt, launisch, nie zu Hause, nicht durchsetzungsfähig, zu selbstsicher, isst zu viel, überempfindlich, gibt zu viel Geld aus, Perfektionist, rebellisch, riskantes Verhalten, ungeschickt in Gesellschaft, Angeber, eigensinnig, Langweiler, stimmungsabhängig, furchtsam, Eheschwierigkeiten, zu schlechte Leistungen, nicht fit, unglücklich, unbeliebt, Ungleichgewicht zwischen Arbeit und Leben (Workaholic) und jemand, der sich ständig Sorgen macht. Ausgeschlossen von meiner Liste der »persönlichen Schwierigkeiten« habe ich die allgemein bekannten psychischen Störungen der »Achse I« wie Schizophrenie, Panikstörung und Major Depression (American Psychiatric Association, 1994).

die von Freud geprägten Konstrukte der Angst und Abwehr entstehen. Wenn wir zur Kenntnis nehmen, was normal ist, werden wir aufhören, alles, was im Leben schiefgeht, potenziell als psychiatrische Störung zu behandeln.

Die normale Persönlichkeit

Ich bin der Meinung, dass *Wertvorstellungen und nicht eine unbewusste Psychodynamik der Schlüssel zum Verständnis persönlicher Schwierigkeiten bei normal veranlagten Menschen* sind. Die Leute sollten aufhören, ihre Eltern oder die unbewussten Anteile ihrer Seele für ihre Schwierigkeiten verantwortlich zu machen; sie sollten aufhören, sich selbst als Opfer ihrer Erziehung zu verstehen. Stattdessen sollten sie sich klarmachen, wie sie durch ihre unerfüllten Wünsche, durch ihre nicht zum Ausdruck gekommenen Wertvorstellungen und durch ihre Wertekonflikte in Schwierigkeiten geraten. Wenn sich die Menschen ihrer selbst stärker bewusst sind, können sie Entscheidungen treffen, die erfüllender sind, die zu einem sinnvolleren Leben und im Laufe der Jahre zu weniger Problemen führen.

Bitte verstehen Sie mich nicht falsch: Ich weiß durchaus, dass seelische Krankheiten vorkommen, und ich akzeptiere die Realität psychiatrischer Störungen wie die Schizophrenie und die Panikstörung. Ich bin jedoch nicht mit der psychodynamischen These einverstanden, dass derartige Störungen gemeinsame Ursachen in der Persönlichkeitsentwicklung und in persönlichen Schwierigkeiten haben. *Ich lehne das Konstrukt der seelischen Krankheit nicht ab; ich unterscheide zwischen normal und abnormal.* Ich denke, dass es normal ist, Probleme zu haben, aber abnormal, eine seelische Krankheit zu haben. Ich denke, dass es bei Persönlichkeit um Individualität geht, nicht um Abnormalität. Ich glaube, dass Freud den Begriff der Motivation missverstanden hat und daher auch das, worum es im Leben eigentlich geht.

Ich lehne die Hypothese der »Psychopathologie des Alltagslebens« ab. Freud war der Auffassung, dass Persönlichkeitsmerkmale durch Angstabbau motiviert sind; im Gegensatz dazu werde ich zeigen, dass Persönlichkeitsmerkmalen in Wirklichkeit eine Vielfalt intrinsischer

Wertvorstellungen zugrunde liegen. Die psychodynamischen Theoretiker irren, wenn sie behaupten, dass etwa eine dominante Persönlichkeit durch Angstabbau entsteht. In Wirklichkeit entsteht das Persönlichkeitsmerkmal der Dominanz durch eine überdurchschnittlich starke Bewertung von Kompetenz, Leistung und Willenskraft/Einfluss. Die psychodynamischen Theoretiker irren, wenn sie behaupten, dass Esoteriker auf die orale Stufe der Entwicklung regredieren, um mit ihrer Angst umzugehen. In Wirklichkeit suchen Esoteriker die Interdependenz, weil sie dem Einssein intrinsisch mehr Wert beimessen, als dies beim Durchschnittsmenschen der Fall ist.

Eine ganze Reihe von Psychologen kritisierten in der Vergangenheit die psychodynamischen Persönlichkeitstheorien dafür, dass sie sich zu sehr auf die Abnormalität konzentrieren. Abraham Maslow (1954) legte in seiner humanistischen Psychologie großen Wert auf die Untersuchung seelischer Gesundheit. Heutzutage führt die positive Psychologie ein ähnliches Argument an (Snyder & Lopez, 2002). In der Vergangenheit verlangten die Theoretiker eine Psychologie der normalen Persönlichkeit. In diesem Buch ist es mein Ziel, weit über die Konstrukte »positiv« und »normal« hinauszugehen und eine detaillierte Beschreibung von Persönlichkeitsmerkmalen zu erarbeiten, die keinen Zusammenhang mit seelischer Krankheit aufweisen.

Normale Persönlichkeitsmerkmale sind Gewohnheiten, die Menschen entwickeln, um ihre psychologischen Bedürfnisse zu befriedigen (hier als *Grundbedürfnisse* bezeichnet). Wissenschaftliche Untersuchungen an einer Vielzahl von Menschen (Reiss & Haverkamp, 1998) kamen zu dem Ergebnis, dass 16 Grundbedürfnisse die Triebkraft für die Seele des Menschen sind und möglicherweise eine breite Vielfalt menschlicher Erfahrungen erklären; das kann alles sein, von Beziehungen über Wertvorstellungen bis zur Kultur. Alle Menschen haben alle 16 Grundbedürfnisse, aber jeder Einzelne misst ihnen eine unterschiedliche Priorität zu (Reiss, 2000a). Welchen Wert ein Individuum jedem der 16 Grundbedürfnisse zuordnet – man bezeichnet es als *Reiss Motivation Profile* (RMP) –, verrät etwas über seine Wertvorstellungen und seine Persönlichkeitsmerkmale. Wenn ich weiß, welchen Wert ein Mensch den 16 Grundbedürfnissen beimisst und wie er sie zu einem Ganzen vereint, kann ich mit statistisch bedeutsamer Validität die Persönlichkeitsmerkmale, die Wertvorstellungen, die Beziehungen und das Verhalten in Situationen des realen Lebens vorhersagen. Das Reiss Motivation Profile liefert eine detaillierte Beschreibung der menschlichen Motivation; es zeigt detailliert die Zusammenhänge zwischen Motiven, Wertvorstellungen und vielen normalen Persönlichkeitsmerkmalen auf.

Die Motivationsanalyse beruht auf evaluierten, wissenschaftlich validen Untersuchungen zu der Frage, was Menschen motiviert (Reiss & Havercamp, 1998). Mehr als 25 000 Personen in Nordamerika und in Europa haben die Fragen zum Reiss Motivation Profile beantwortet. Den meisten ist es nicht klar, aber nie zuvor hat ein Wissenschaftler die Frage, was in den Menschen vorgeht, dadurch beantwortet, dass er eine so große Anzahl von Personen befragt hat. In der Vergangenheit machten Wissenschaftler aufgrund philosophischer oder psychologischer Spekulationen oder aufgrund von Beobachtungen an Tieren universelle Motive aus. In Gegensatz dazu befragte ich eine große Anzahl durchschnittlicher Menschen. Die Ergebnisse unserer Studien zeigten, dass es 16 Grundbedürfnisse im Leben gibt. Die 16 Grundbedürfnisse wurden kulturübergreifend in den Vereinigten Staaten, in Kanada, Deutschland und Japan validiert (Havercamp & Reiss, 2003; Reiss, 2000a; Reiss & Havercamp, 1998). Menschen überall auf der Welt scheinen unabhängig von ihrer Kultur durch dieselben 16 Grundbedürfnisse motiviert zu sein, obwohl sie dabei möglicherweise unterschiedliche Prioritäten haben und sie auf unterschiedliche Weise befriedigen. In einer Reihe von Publikationen, deren Qualität durch Gutachter überprüft wurden, wurden die 16 Grundbedürfnisse validiert, und es wurde nachgewiesen, dass sich mit ihrer Hilfe wichtige Verhaltensweisen vorhersagen lassen (siehe Tabelle 2.1 zu einer Zusammenfassung der Ergebnisse und zu Literaturhinweisen). Ich nehme an, es könnte an den von uns verwendeten empirischen Methoden liegen, dass unsere Taxonomie der 16 Grundbedürfnisse anscheinend deutlich valider ist als die früheren Taxonomien.

Die Motivationsanalyse gehört nicht zum Mainstream der gegenwärtigen Psychologie. Psychologen haben sich wissenschaftlich mit den unbewussten Anteilen der Seele, mit dem Verhalten und den Kognitionen beschäftigt, aber nicht mit der Motivation. Meiner Ansicht nach ist es den großen Psychologen der Vergangenheit nicht gelungen, tragfähige Erklärungen für Motivation zu liefern. Freud war der Auffassung, dass sich die gesamte Motivation des Menschen auf Sexualität und Aggression reduzieren lässt, was nicht stimmt. Freud erklärte eigentlich Persönlichkeitsmerkmale als etwas, was durch Angstabbau motiviert ist; das stimmt ebenfalls nicht. Da die Behavioristen die von ihnen eingesetzten Tiere vor den Experimenten hungern ließen, konnten sie die Bedeutsamkeit psychischer Bedürfnisse nie beobachten. Ein Mensch könnte z.B. extrem ehrgeizig sein; doch das würden wir nie herausbekommen, wenn er unter Hunger litte und seine ganze Energie darauf verwenden müsste, Nahrung zu finden. Die kognitiven Psychologen untersuchten Denkprozesse so, als wäre Denken unmotiviert und träte einfach deswegen auf, weil wir rational sind. Ich sehe Motivation als den letzten Grenzbereich, den die Psychologie wissenschaftlich untersuchen kann.

Bei ihrer Untersuchung von Motivation konzentrierten sich Psychologen auf situationsbedingte Motive, die meist nur einen kurzfristigen Einfluss haben. Im Gegensatz dazu konzentriert sich die Motivationsanalyse auf die Untersuchung andauernder individueller Unterschiede in Bezug auf die Lebensmotive (auch als *Grundbedürfnisse* bezeichnet). Hier handelt es sich um Motive, die nur zeitweilig befriedigt sind und die daher unser Leben von der Jugend bis ins Erwachsenenalter beeinflussen. Ich werde argumentieren, dass Lebensmotive intrinsische Wertvorstellungen zum Ausdruck bringen und die persönliche Entwicklung vorantreiben. Ich werde zeigen, dass normale Persönlichkeitsmerkmale auf Kontinuen unterschiedlicher Intensitäten von Lebensmotiven angeordnet werden können. Ich werde erklären, wie es in ganz normalen Lebenssituationen (etwa im Alltag, im Beruf oder in Beziehungen), in denen unsere Lebensmotive nicht befriedigt werden und die unseren intrinsischen Wertvorstellungen widersprechen, zu persönlichen Schwierigkeiten kommt. Viele persönliche Schwierigkeiten lassen sich durch Strategien im Leben verhindern; dies kann dadurch geschehen, dass sich Menschen Situationen auswählen, in denen sie aufblühen können, und dass sie diejenigen Situationen meiden, bei denen ihren individuellen Wertvorstellungen und Bedürfnissen nicht entsprochen wird. Zur Abgrenzung sollte noch Folgendes angemerkt werden: Seelische Krankheiten wie etwa eine Schizophrenie und eine klinische Depression entstehen durch genetische Faktoren oder durch Erziehungsfaktoren. Die Möglichkeiten, wie man seelische Krankheiten verhindern kann, werden in diesem Buch nicht erörtert.

Kapitelvorschau

Kapitel 1. Meine Frau meint, mit mir stimmt etwas nicht

Dieses Kapitel stellt ein leicht zu lesendes Einführungsbeispiel für die Unterschiede zwischen Motivationsanalyse und Psychodynamik dar. Was macht einen Menschen ordentlich oder desorganisiert? Wie ordentlich wir sind, hängt nach der psychodynamischen Theorie davon ab, wie sehr wir Autorität annehmen bzw. wie sehr wir mit Ärger dagegen rebellieren (z.B. Fenichel, 1945; White & Watt, 1973). Wie ordentlich wir sind, hängt nach der Motivationsanalyse davon ab, welchen Wert wir auf Struktur legen. Ich werde darlegen, dass das Ausmaß, in dem wir Struktur zu schätzen wissen, ordentliches oder desorganisiertes Verhalten im Detail deutlich besser erklären kann, als dies der Psychodynamik gelingt.

Kapitel 2. Die 16 Grundbedürfnisse

Das Kapitel fasst die wissenschaftlichen Belege aus der Forschung zur Motivationsanalyse zusammen. 16 Grundbedürfnisse sind die Triebkräfte für die Seele des Menschen; sie sind Motive für das normale Verhalten und die Persönlichkeitsmerkmale. Ich stelle diese Bedürfnisse heraus und vergleiche meine Taxonomie mit denen, die zuvor von William James, William McDougall und Henry Murray aufgestellt wurden. Die Reliabilität und die Validität werden für jedes Einzelne der 16 Grundbedürfnisse zusammengefasst. Alle Motive des Menschen lassen sich auf eine Kombination aus diesen 16 Grundbedürfnissen reduzieren, wenn man einmal von bestimmten biologischen Prozessen wie der Homöostase absieht, die keine Relevanz für die Persönlichkeit hat.

Kapitel 3. Die Ausprägung der grundlegenden Motivation

Dieses Kapitel beschreibt die normale Persönlichkeit und berücksichtigt dabei starke und schwache Ausprägungen jedes Einzelnen der 16 Grundbedürfnisse. Alle Menschen haben 16 Grundbedürfnisse, aber in unterschiedlichem Ausmaß. *Welche Prioritäten eine Person innerhalb der 16 Grundbedürfnisse setzt, bringt ihre Wertvorstellungen und ihre Persönlichkeit zum Vorschein.* Persönlichkeitsmerkmale hängen mit starken und schwachen Ausprägungen der Grundbedürfnisse zusammen. Grundbedürfnisse durchschnittlicher Intensität rufen keine Persönlichkeitsmerkmale hervor. Beispielsweise führt Ehre bei starker Ausprägung zum Persönlichkeitsmerkmal der Selbstgerechtigkeit, wohingegen Ehre bei schwacher Ausprägung zum Persönlichkeitsmerkmal der Eigennützigkeit führt. Selbstgerechtigkeit und Eigennützigkeit sind »einander entgegengesetzte« Persönlichkeitsmerkmale, denn sie stehen für die Verfolgung / Vermeidung desselben Ziels (Ehre).

Kapitel 4. Normale Persönlichkeitstypen

In diesem Kapitel vergleiche ich die motivationale mit der psychodynamischen Erklärung in Bezug auf die sieben Persönlichkeitstypen: Workaholic, Konkurrent, Menschenfreund, Denker, Erotiker, Einzelgänger, Asket. Ich zeige auf, wie man diese Persönlichkeitstypen als Ergebnisse normaler Variationen begreifen kann, und zwar im Hinblick darauf, welche Prioritäten die Menschen den 16 Grundbedürfnissen beimessen. Sie werden durch Bedingungen motiviert, die unabhängig sind vom psychodynamischen Angstabbau und von unbewussten seelischen Triebkräften.

Kapitel 5. Bewältigung persönlicher Schwierigkeiten

Die Leser werden erfahren, wie die Motivationsanalyse in der beruflichen Weiterbildung und bei der Beratung dazu verwendet wird, den Betreffenden zu helfen, eine breite Vielfalt persönlicher Probleme zu lösen. Viele persönliche Probleme sind das Ergebnis von Wertekonflikten, etwa wenn eine Angestellte Wertvorstellungen hat, die im Widerspruch zu ihrer Arbeit, der Firmenkultur oder den Wertvorstellungen des Vorgesetzten stehen. Gute Beispiele für Wertekonflikte am Arbeitsplatz sind eine leistungsbereite Person, die in einer staatlichen Behörde mit einer sehr lockeren Arbeitsauffassung tätig ist, eine Person mit einem ausgeprägten Wettbewerbsgeist, die in einer Schule arbeitet, in der Wettbewerb negativ gesehen wird, und eine kreative Person, die an einer Arbeitsstelle tätig ist, in der man erwartet, dass die Dinge jedes Mal auf dieselbe Art und Weise erledigt werden. Bei jedem dieser Beispiele besteht ein Konflikt zwischen Wertvorstellungen, und es liegt keine leichte seelische Krankheit vor, wie es traditionelle Psychologen behauptet haben.

Kapitel 6. Sechs Gründe für zu schlechte Leistungen bei Jugendlichen

Hier geht es um sechs verbreitete motivationale Ursachen schlechter Schulleistungen. Es handelt sich um einen Mangel an Neugier, einen Mangel an Ehrgeiz, Furcht vor Misserfolg, das Provozieren von Ärgerreaktionen, Berechnung und Spontaneität. Auf der Grundlage standardisierter Testwerte unterzieht das Reiss School Motivation Profile (RSMP) jeden dieser Gründe einer Bewertung.

Kapitel 7. Selbstbezogenheit und der persönliche blinde Fleck

Ich werde hier das Thema Selbstbezogenheit behandeln. Dabei handelt es sich um eine natürliche Tendenz, zu meinen, dass die eigenen Wertvorstellungen die besten sind (am meisten zu Glück beitragen), nicht nur bei uns selbst, sondern potenziell bei jedem. Selbstbezogenheit bringt uns dazu, Individualität mit Abnormalität zu verwechseln. *Wenn Menschen sich für Werte entscheiden, die unseren diametral entgegengesetzt sind, meinen wir, etwas stimme mit ihnen nicht.* Gesellige Menschen glauben z.B., dass mit Einzelgängern etwas nicht stimme. Vielleicht vermeiden diese soziale Kontakte, weil es ihnen an sozialen Kompetenzen fehlt oder sie Angst haben, dass man sie nicht mag. Die meisten geselligen Menschen können nicht wertschätzen, dass viele Einzelgänger vielleicht keine sozialen Kompetenzen haben, weil sie allein bleiben wollen (sie intrinsisch Einsamkeit hoch bewerten) und derartige Kompetenzen gar nicht brauchen.

Kapitel 8. Beziehungen

Die Leser werden erfahren, wie die Motivationsanalyse Beziehungen erklärt. Wir sind eine Spezies, die sich veranlasst sieht, Wertvorstellungen immer wieder zur Geltung zu bringen. Die Individualität ist so ausgeprägt, dass andere (einschließlich der Eltern, Kinder, Geschwister und des Ehepartners) vielleicht Wertvorstellungen geltend machen, die sich von unseren unterscheiden oder ihnen gar entgegengesetzt sind. *Wir sind eine intolerante Spezies.* Wir grenzen uns natürlicherweise von Menschen ab, deren Wertvorstellungen sich in bedeutsamer Weise von unseren eigenen unterscheiden. Wir neigen dazu, uns immer wieder mit Eltern oder Kindern zu streiten, die andere Wertvorstellungen haben. Und wir neigen dazu, uns von Partnern zu trennen, deren Wertvorstellungen sich deutlich von unseren eigenen unterscheiden. Wir gehen Bindungen zu Menschen ein, deren Wertvorstellungen unseren eigenen ähneln, und wir führen ein erfolgreiches Leben, wenn die berufliche Karriere und die Beziehungen Ausdruck unserer Wertvorstellungen sind.

Das Reiss Relationship Profile (RRP) ist ein Testinstrument, das die Vereinbarkeiten und Unvereinbarkeiten in Liebesbeziehungen einer Bewertung unterzieht. Das RRP gibt an, welche Grundbedürfnisse und Wertvorstellungen zueinander passen und welche nicht. In diesem Kapitel weise ich nach, wie sich die Zufriedenheit in einer Beziehung aus Grundbedürfnissen entwickelt, die miteinander vereinbar sind, und wie Konflikte aus entgegengesetzten Grundbedürfnissen entstehen.

Kapitel 9. Neuinterpretation der Persönlichkeitstypen nach Myers-Briggs

Die 16 Grundbedürfnisse bieten eine Grundlage dafür, die Ergebnisse des Myers-Briggs Typenindikators (MBTI) neu zu interpretieren und zu erweitern. Obwohl der Myers-Briggs Typenindikator ursprünglich dazu gedacht war, die individuellen Vorlieben beim Sammeln und bei der Verarbeitung von Informationen sowie beim Fällen von Entscheidungen zu erfassen, ist er in Wirklichkeit ein Testinstrument für eine begrenzte Anzahl psychologischer Anforderungen und Grundbedürfnisse. Das Reiss Motivation Profile erfasst all jene Persönlichkeitsmerkmale, die vom MBTI erhoben werden, ohne dabei auf Jungs Theorie zurückzugreifen.

Kapitel 10. Die 16 Motivationsprinzipien

Ich fasse hier die Theorie der Motivationsanalyse im Sinne von 16 Prinzipien zusammen. Jedes Prinzip wird vorgestellt und kurz erörtert. Die 16 Prinzipien liefern einen Beitrag zur begrifflichen Fundierung der Motivationsanalyse.

Anhang A. Wörterbuch der normalen Persönlichkeitsmerkmale

Dieses Wörterbuch stellt im theoretischen Sinne die spezifische motivationale Grundlage der Persönlichkeitsmerkmale in einer Auflistung von Begriffen dar. Obwohl solche detaillierten Klassifikationen in Biologie, Chemie und Physik gebräuchlich sind, handelt es sich hier um den ersten Versuch in der Psychologie, jedes einzelne Persönlichkeitsmerkmal in einer Weise zu klassifizieren, dass es vollständig empirisch überprüfbar ist.

Anhang B. Selbsteinschätzung nach dem Reiss Motivation Profile Estimator

Mit dem Fragebogen kann man die Ergebnisse abschätzen, die der Leser erhalten würde, wenn er sich dem standardisierten Reiss Motivation Profile unterziehen würde. Der Fragebogen zeigt, welche der 16 Grundbedürfnisse der Leser hoch bewertet und welche gering.

Anhang C. Die 16 Grundbedürfnisse auf einen Blick

Diese kurz gefasste Übersicht ist für die Verwendung in Seminaren und Kursen gedacht.

KAPITEL 1

Meine Frau meint, mit mir stimmt etwas nicht

Wir wollen nun psychodynamische und motivationale Erklärungen für die Persönlichkeitsmerkmale wohlorganisierter und desorganisierter Menschen vergleichen. Nach der psychodynamischen Theorie werden diese Persönlichkeitsmerkmale durch unbewusste seelische Triebkräfte bestimmt, die während der frühen Kindheit in Gang gesetzt werden. Nach der Motivationsanalyse werden Persönlichkeitsmerkmale durch intrinsische Wertvorstellungen und Lebensmotive bestimmt. Diese werden im Folgenden abwechselnd als Grundbedürfnisse oder psychologische Bedürfnisse bezeichnet.

Ein desorganisierter Mensch

Selbst wenn man beim Beobachten von Menschen ziemlich unbedarft ist, bemerkt man sofort, dass ich desorganisiert bin. Mein Büro ist ein einziges Durcheinander: Meine Ordner liegen auf dem Boden und die Zettel fallen aus ihnen heraus, mein Papierkorb ist voller Papiermüll. Meinen Mantel habe ich über einen Sessel geworfen, und meinen Hut habe ich irgendwo abgelegt, wo sogar ich selbst ihn nicht wiederfinden kann. Jeden Winter brauche ich einen halbes Dutzend Handschuhe, weil ich sie immer wieder verliere.

Meine Frau Maggi macht mein Büro immer dann sauber, wenn ich aus geschäftlichen Gründen verreise. Statt nach Hause zu kommen und auszurufen: »Was bist du für eine wunderbare Ehefrau – du hast mein Büro aufgeräumt und alles sauber gemacht«, beklage ich mich:

»Ich kann meinen Artikel über Angst nicht finden! Was hast du damit gemacht? Richte doch bitte mein Büro so, wie es war, als ich weggegangen bin.«

Ich kann es überhaupt nicht leiden, mich an einen Zeitplan halten zu müssen, und neige dazu, auf die letzte Minute zu beruflichen Verabredungen zu kommen. Ich war mindestens 30 Jahre alt, als ich mir meinen ersten Terminkalender kaufte. Trotz dieses wichtigen Zugeständnisses an die Wertvorstellungen von Ordnung und Strukturiertheit eile ich weiterhin in der letzten Minute zu Verabredungen – wie früher, als ich noch keinen Terminkalender hatte. Obwohl heute ein Teil meines Tagesablaufs in meinem Terminkalender vermerkt wird, vergesse ich oft, in den Kalender zu schauen.

Meine Frau und meine Mitarbeiter haben es gelernt, mich eine Stunde vor wichtigen Terminen an diese zu erinnern. Ich könnte mir vorstellen, dass Sie jetzt angesichts meiner desorganisierten Lebensweise sagen, ich sei von Leuten umgeben, die das erst ermöglichen. Der Grund, warum man mich an Termine erinnert, ist folgender: Das vorher verwendete Verfahren – morgens Notizzettel zu hinterlassen – erfüllte seinen Zweck nicht mehr. Ich las die Zettel, vergaß sie aber schnell wieder, wenn ich mich mit etwas anderem beschäftigte.

Wie andere desorganisierte Menschen auch hasse ich Pläne. Ich bin der festen Überzeugung, dass die Leute lernen sollten, spontan auf das zu reagieren, was ihnen beschert wird, statt sich auf einen vorgeplanten Handlungsverlauf festzulegen. Bevor ich mich wissenschaftlich mit Motivation auseinandersetzte, hatte ich angenommen, dass Planer eben so sind, wie sie sind, weil sie nicht die Begabung haben, wirkungsvoll auf die Eingebung des Augenblicks zu reagieren. Wären die Planer nur spontaner und kreativer, dachte ich, wären sie wie ich und würden keine Pläne schmieden.

Ich verabscheue Planung so sehr, dass ich als Universitätsprofessor nur wenige Anträge für Forschungsprojekte verfasst habe. Es schien mir meine Kreativität zunichtezumachen, wenn ich meine Forschung plante. Was würde geschehen, wenn ich auf eine wichtige neue Idee käme, nachdem das Forschungsprojekt genehmigt war? Ich würde mich auf den Plan, wie er im Projektantrag beschrieben wurde, festlegen und wäre nicht in der Lage, in eine Richtung zu gehen, in die mich meine neuen Ideen führen würden.

Besonders wenig kann ich damit anfangen, Freizeitaktivitäten zu planen. Über unseren Familienurlaub wird in der letzten Minute entschieden, obwohl Reise- und Hotelkosten preiswerter sind, wenn man die Reservierungen vorher macht. Ich erinnere mich daran, wie meine Familie und ich die Sachen im Wagen verstaut hatten und wir gerade auf die Straße einbogen, um in den Urlaub zu fahren. Michael und Ben, meine beiden Kinder, versuchten ihre Gefühle zurückzuhalten, fragten aber mit offenkundiger Verärgerung: »Papa, wohin fahren wir denn eigentlich?« Da wir noch drei Kilometer von dem Autobahnkreuz entfernt waren, an dem wir dann eine Entscheidung treffen mussten, erwiderte ich: »Wir müssen jetzt noch keine Entscheidung fällen. Wir haben noch ein paar Minuten Zeit, um darüber nachzudenken.«

Als Professor fliege ich oft im Land umher, um Vorträge zu halten. Natürlich plane ich die Reisen fast nie. Einmal schaute ich mir die Einladung zum Vortrag erst an, als das Flugzeug gerade nach Philadelphia gestartet war. Ich entdeckte, dass ich den Vortrag in Harrisburg halten sollte, nicht in Philadelphia. Hoppla! Als ich in Philadelphia ankam, raste ich durch den Flughafen, mietete mir einen Wagen und fuhr die 230 km nach Harrisburg zu dem Hotel, in dem ich meinen Vortrag halten sollte. Zwei Minuten, bevor ich mit der Präsentation beginnen sollte, erreichte ich das Podium. Da saßen nun etwa 400 Personen im Publikum, und die Sponsoren meines Vortrags fragten sich aufgeregt, was mir denn nun zugestoßen sei. Ich drehte mich zu ihnen um und witzelte: »Vermutlich bin ich ein oder zwei Minuten zu früh da.« Ich musste nur darauf aufmerksam machen, dass sich wohlorganisierte Menschen oft ohne Grund Sorgen machen.

Ich war etwa 40, als ich zum ersten Mal auf den Gedanken kam, dass viele Menschen Details für wichtig halten und sie nicht als lästiges Ärgernis empfinden. Viele Leute haben mir gesagt, dass Details bedeutsam sind, aber ich dachte, sie entschuldigten sich nur dafür, dass sie im Morast der Trivialitäten versunken sind. Ich konzentriere mich gerne auf das Wesentliche an einer Sache oder auf das so genannte große Ganze. Ich hatte lange gedacht, dass das große Ganze so offenkundig ist, dass man nicht stolz darauf sein muss, es von anderen Dingen unterscheiden zu können.

Als ich in der Grundschule war, sagten die Lehrer zu meinen Eltern, ich sei gescheit, aber sehr schludrig. Meiner Meinung nach war es toll, gescheit zu sein, und ein wenig Schludrigkeit ein Beleg dafür, dass ich ein ganz normaler Mensch bin. Ich hatte keine Ahnung, warum die Menschen ihre kostbare Zeit für Ordnungsliebe verschwendeten. Als Junge arbeitete ich an logischen Beweisen dafür, dass Saubermachen unnötig ist. Beispielsweise sagte ich meiner Mutter immer, das Haus müsse morgen genauso aufgeräumt werden wie heute; deshalb könne sie es heute sein lassen und einfach morgen sauber machen. Was meine Wertvorstellungen betrifft, so gehörte Ordnungsliebe nie dazu.

Ich kann Papierkram nicht ausstehen. Formulare auszufüllen gehört für mich zu den größten Unannehmlichkeiten, die ich mir im Leben vorstellen kann. Ich gebe meiner Frau Maggi alle Formulare und bitte sie, das für mich zu erledigen. Es widerstrebt mir, auch nur die einfachsten Formulare auszufüllen. Ich erinnere mich an ein Gespräch, das ich einmal mit einer heute berühmten Kinderpsychologin führte, mit Susan. Wir kennen uns seit der Zeit, als wir in den 1960er Jahren beide Doktoranden in Yale waren. Susan hat ihr Leben ohne Führerschein verbracht. Sie nimmt den Bus oder die Bahn und verlässt sich auf die Großzügigkeit von Freunden. Einmal fragte ich Susan, warum sie denn nicht wie alle anderen Menschen einen Führerschein gemacht hätte. Sie antwortete, dass sie den dazu erforderlichen Papierkram nicht auf sich nehmen wolle. Ich dachte mir: Kluge Menschen sind im Grunde alle gleich.

Eine wohlorganisierte Person

Meine Frau Maggi denkt seit langem, mit mir stimmt etwas nicht. Es ist ihr ein Rätsel, dass ich es nicht gelernt habe, mehr Ordnung in mein Leben zu bringen. Ich sage ihr, dass es mir Spaß macht, desorganisiert zu sein, aber sie tut das einfach als Gerede ab. Sie weiß, dass sie sich gut fühlt, wenn sie wohlorganisiert ist, aber nicht, wenn sie desorganisiert ist. Da sie von Natur aus so beschaffen ist, dass sie der Ordnungsliebe einen hohen Stellenwert beimisst, glaubt sie, es liege in der Natur des Menschen, so zu sein. Sie ist sich sicher, dass ich besser dran wäre, wenn ich mehr Ordnung in mein Leben brächte. Ich wäre nicht nur »effizienter«, wie sie es ausdrückt, sondern ich wäre auch glücklicher.

Maggi unterstellt, jeder käme mit dem Potenzial auf die Welt, ein wohlorganisierter Mensch zu sein, dass jedoch in meinem Fall etwas schiefgegangen sei. Sie weiß zwar nicht, was es ist, aber sie ist überzeugt, *irgendetwas* ging schief. Vielleicht sei ich als Baby von der Wickelkommode gefallen und hätte einen Hirnschaden, den man bisher noch nicht entdeckt hat. Möglicherweise hätte ich traumatische Erfahrungen gemacht, als ich lernen musste, nicht mehr in die Hose zu machen. Vielleicht seien meine Eltern unordentlich gewesen und hätten in mir nie die Fähigkeit aisgebildet, die Dinge auf die Reihe zu bekommen. Die Lösung des Problems, so meint sie, bestünde darin, mir beizubringen, wie ich mein Leben ordentlich in den Griff bekommen kann. Zu dem Zeitpunkt, als wir uns kennenlernten, war mir nicht klar, was Maggi insgeheim dachte: Ich bräuchte sie, damit aus mir ein ordentlicherer Mensch würde. Sie rückte eigentlich nicht richtig damit heraus und sagte mir nicht, dass sie plante, mich nach der Hochzeit zu ändern. Doch das war es, was ihr vorschwebte.

Ich sage Maggi immer wieder, dass es mir gefällt, desorganisiert zu sein, aber sie glaubt mir nicht. Ich erzähle ihr, dass ich mich in Zimmern wohl fühle, die ein wenig unordentlich sind (ich nenne sie »bewohnt«). Ich sage ihr, dass ich mich in Räumen unwohl fühle, die mustergültig aufgeräumt sind. Sie kontert: »Ordentlich zu sein ist besser, als desorganisiert zu sein.« Allem Anschein nach ist sie der Meinung, dass Ordnungsliebe eine göttliche Offenbarung ist. Sie glaubt, dass ich tief im Innern mit meiner desorganisierten Lebensweise unzufrieden bin, jedoch zu stolz, das zuzugeben.

Wie die meisten ordentlichen Menschen ist Maggi sehr sauber. Nachdem wir geheiratet hatten, sahen alle in unserem Bekanntenkreis meine Frau als eine Art »Messlatte« für Ordnung und Sauberkeit im Haushalt an. Sie sagten so etwas wie: »Ich war neulich bei Sue. Ihr Haus war unglaublich sauber, aber natürlich nicht so sauber wie das von Maggi.« Ich gebe zu, dass ich allmählich zu schätzen gelernt habe, wie sauber unser Haus ist – aber ich fühle mich weiterhin wohler in Zimmern, die nicht aufgeräumt sind.

Im ersten Frühjahr nach unserer Hochzeit stellte Maggi eine kleine Armada von Helfern an, um unsere bereits mustergültig saubere Wohnung zu putzen. Das war der Zeitpunkt, an dem mich Maggi mit den Frühjahrsputzritualen ihrer Familie vertraut machte. Ich konnte es gar nicht glauben: eine detaillierte Sammlung von Frühjahrsputzanweisungen, die von einer Generation an die nächste weitergegeben wurde. Der Heilige Gral der Familie, in die ich eingeheiratet hatte, war ein Handbuch für den Frühjahrsputz! Ich hatte das Konzept verstanden, Dinge sauberzumachen, die schmutzig sind. Aber erst nach der Heirat mit Maggi wurde mir klar, dass manche Menschen Sachen reinigen, die schon sauber sind.

Motivation für Ordnungsliebe und Unordentlichkeit

Die klassische Psychoanalyse ordentlicher Menschen scheint – selbst gemessen an freudianischen Standards – ziemlich an den Haaren herbeigezogen zu sein. Nach Freud hat jeder von Natur aus Vergnügen am Stuhlgang, doch ordentliche Menschen können sich das nicht eingestehen. Ordentliche Menschen machen eine unbewusste »Reaktionsbildung« durch, das heißt, sie sind sauber und ordentlich, um ihre eigentliche Vorliebe für Kot zu verbergen. Sie selbst sind sich nicht bewusst, welche Anziehungskraft die Stuhlentleerung auf sie ausübt. Unbewusst befürchten sie, ihre Eltern lehnten sie ab oder würden sie dafür bestrafen, dass sie ihre natürliche Begeisterung für den Stuhlgang offen zeigen. Im Gegensatz dazu haben unordentliche Menschen eine direktere Beziehung zu den natürlichen Freuden der Defäkation.

Außerdem weisen Psychoanalytiker darauf hin, dass die Erfahrungen, die ein Kind mit der Sauberkeitserziehung macht, einen Einfluss darauf haben können, wie ordentlich es werden wird. Psychoanalytiker unterscheiden zwischen zwei fehlangepassten Reaktionen auf die Sauberkeitserziehung: der *anal-retentiven* (Zurückhalten) und der *anal-expulsiven* (Ausstoßen). Millon und Davis (2000) beschrieben dies folgendermaßen: »Im Wesentlichen reagiert das [anal-retentive] Kind auf die Eltern, indem es ›zurückhält‹ und sich weigert, etwas Bestimmtes zu tun. Dies führt beim Erwachsenen zu solchen Persönlichkeitsmerkmalen wie Halsstarrigkeit, Geiz und verstecktem Ärger. Vom anal-retentiven Typus sagt man auch, dass die Betreffenden pünktlich, ordentlich, gewissenhaft sind und sich übermäßig mit Sauberkeit beschäftigen ... alles muss an seinem Platz sein, und es darf keine Unordnung geben« (S. 182). Im Gegensatz dazu verschmiert der anal-expulsive Typus Kot, um gegen die Eltern anzukämpfen. Er ist angeblich unordentlich, sadistisch, grausam und zerstörerisch.

Erikson (1999/1950) und White und Watt (1973) haben die Auffassung vertreten, dass die Sauberkeitserziehung nur eine von einer Reihe wichtiger Situationen ist, bei der die Triebregungen des Kindes in Konflikt mit der Autorität des Erwachsenen geraten. Kinder, die lernen, sich gegenüber der Autoritätsperson konform zu zeigen, können im Laufe ihrer Entwicklung ordentlich werden, während diejenigen, die rebellieren, im Laufe ihrer Entwicklung möglicherweise unordentlich werden. Folgt man diesem Gedankengang, muss man annehmen, dass Maggis Eltern Wert auf eiserne Disziplin legten. Sie wurde zur Konformistin, und wegen ihres Bedürfnisses, sich anzupassen, wurde sie zu der wohlorganisierten Frau, die sie heute ist. Im Gegensatz dazu kann man unterstellen, dass meine Eltern nachgiebig waren. Ich habe nie die Disziplin gelernt, die für Konformität erforderlich ist. Und ohne die entsprechende Disziplin wurde ich zu dem desorganisierten Mann, der ich heute bin.

Andere Psychoanalytiker sagen jedoch, dass Unordentlichkeit ein versteckter Ausdruck des Ärgers ist, der wiederum ein Motiv für Nonkonformismus oder Aufsässigkeit ist. Nach dieser Auffassung mache ich andere Menschen ärgerlich, wenn ich in meinem Büro ein Durcheinander hinterlasse, wenn ich keine Pläne entwickle, so dass meine Familie nicht weiß, was wir demnächst machen werden, oder wenn ich andere Leute ständig dazu bringe, sich zu fragen, wo ich denn bleibe, bevor ich dann in der letzten Minute bei Terminen auftauche. Die Hypothese lautet, dass ich sie verärgere, weil ich ärgerlich bin. Psychodynamische Therapeuten würden sagen, dass ich ärgerlich auf meine Eltern bin, aber ich übertrage meinen Ärger auf meine Frau, meine Kinder und meine Kollegen. Wenn ich unter Stress bin, sagen sie, zeige ich vielleicht Symptome des Ärgers oder vielleicht einer passiv-aggressiven Persönlichkeitsstörung.

Ich betrachte die Ärgerhypothese als widerlegt, weil sie meine Unordentlichkeit nicht in allen Einzelheiten erklärt. Ich gehe stattdessen davon aus, dass meine Unordentlichkeit durch ein starkes Bedürfnis nach Spontaneität begründet ist. Ich fühle mich angeregt und belebt, wenn ich Spontaneität erlebe, aber unwohl in stark strukturierten Situationen. Ich bevorzuge eine desorganisierte Lebensweise, da sie es mir erlaubt, wenig Ordnung zu erleben und mehr Erfahrung mit Spontaneität zu machen. Mein Bedürfnis nach Spontaneität ist intrinsisch begründet. Der Schlüssel zum Verständnis desorganisierter Menschen besteht darin, zu erkennen, dass sie nur deswegen Spontaneität erleben wollen, weil genau das ihr Bedürfnis ist.

Bitte schauen Sie sich alles, was ich Ihnen ganz offen über mich mitgeteilt habe, noch einmal an und achten Sie darauf, wie viele Details durch ein Bedürfnis nach Spontaneität erklärt werden können. Verstehen Sie mich bitte nicht falsch: Ich möchte kein Chaos erleben. Ich reguliere mein Verhalten so, dass ich ein hohes Maß an Spontaneität erlebe, aber breche weit vor dem Chaos ab. Selbst ich versuche, eine Situation in Ordnung zu bringen, wenn ich sehe, dass ein Chaos auf mich zukommt.

Ich verlasse mich gerne auf meinen Instinkt, um Spontaneität zu erleben. Ich mag es nicht, mich an Regeln, Muster, Rituale oder Pläne zu halten, da sie ordnend in mein Leben eingreifen und ich mich fühle, als folgte ich einem Skript. All dies beeinträchtigt mein Spontaneitätserleben. Wenn ich mich an einen Plan halte, konzentriere ich mich darauf, mich daran zu *erinnern*, was ich dem Plan nach tun soll, statt *bewusst zu entscheiden*, was zu tun ist, wenn die Ereignisse dann ihren Lauf nehmen. Ich werde unaufmerksam, gelangweilt und uninspiriert, es sei denn, im Plan fehlen Details, so dass ich Leerstellen ausfüllen kann, wenn sich die Ereignisse entwickeln. Ein vager, nicht detaillierter Plan lässt mich aufmerksam bei der Sache bleiben. Denn ich weiß, dass ich Entscheidungen fällen und nicht einfach nur dem Plan folgen muss.

Bei beruflichen Vorträgen plane ich nur wenig voraus. Wenn ich nur minimal vorbereitet bin, achte ich mehr auf das, was ich sage, und darauf, wie das Publikum reagiert. Ich halte meine besten Vorträge, wenn ich schlecht vorbereitet bin, denn dann befinde ich mich in einem hochmotivierten Zustand. Mit »schlecht vorbereitet« meine ich natürlich nicht, dass ich überhaupt nicht vorbereitet bin. Ich habe eine allgemeine Vorstellung davon, was ich sagen werde, aber ich denke mir die Einzelheiten zum Zeitpunkt des Vortrags aus. Jedes Mal, wenn ich einen vollständig vorbereiteten Vortrag halte, empfinde ich es so, als versuchte ich stumpfsinnig, mich daran zu erinnern, was ich sagen wollte, statt über das nachzudenken, was ich gerade sage.

Desorganisierte Menschen neigen dazu, Einzelheiten zu übersehen und sich auf das große Ganze zu konzentrieren. Wenn ich mir der Einzelheiten nicht so bewusst bin, erlebe ich die Welt als weniger geordnet und strukturiert, als sie wirklich ist. Außerdem ist mein Verhalten Ausdruck meiner Wertvorstellung, dass Einzelheiten weniger wichtig sind als das große Ganze.

Schludrigkeit ist eine spontanere und weniger geordnete Erfahrung als Ordnungsliebe. Als ich jünger war, war ich sehr schludrig bei meiner Arbeit. Als ich älter wurde, lernte ich, Schludrigkeit in beruflichen Situationen zu vermeiden. Nachdem ich jetzt meine Motivationstheorie entwickelt habe und mir meiner desorganisierten Art bewusst geworden bin, unternehme ich große Anstrengungen, in beruflichen Situationen meine Aufmerksamkeit auf die Einzelheiten zu richten. Falls ich allerdings einmal auf einer verlassenen Insel stranden würde, wäre ich bestimmt bald wieder schludrig.

Eine Frage, die mir nach Vorträgen häufig gestellt wird, lautet: Wie können Sie eine so detaillierte Persönlichkeitsanalyse entwickeln und immer noch von sich sagen, Sie seien schludrig? Das Prinzip des »wichtigeren Motivs« führt hier zur Antwort. Mehr noch als es mir widerstrebt, wohlorganisiert zu sein, mag ich es überhaupt nicht, wenn ich im intellektuellen Bereich unrecht habe. Mehr noch als ich Spontaneität mag, strebe ich nach der Wahrheit. Meine Vorliebe für Spontaneität bringt mich dazu, *im Allgemeinen* desorganisiert zu sein, vor allem wenn ich mich entspanne oder Urlaub mache. Doch wenn es um das Streben nach Wahrheit geht, veranlasst mich mein Bedürfnis nach

Neugier, meine geistigen Analysen ordnungsgemäß vorzunehmen. Ich bin heute viel organisierter als früher, denn ich habe gelernt, dass meine Gedanken viel geordneter sein müssen, damit ich überhaupt eine Chance bekomme, meine Ideen vermitteln zu können.

Mir gefällt es, meine Entscheidungsmöglichkeiten so lange wie möglich offen zu halten. Auf diese Weise erlebe ich so lange wie möglich Spontaneität. Ich habe eine ausgeprägte Toleranz für Unklarheit und brauche es nicht, im Voraus zu wissen, worauf ich mich einstellen muss. Wenn mich meine Mitarbeiter um einen Termin bitten, frage ich sie gewöhnlich nicht, worum es gehen soll, denn ich bin stolz darauf, fast jede Frage sofort beantworten zu können. Vor allem aber mag ich es nicht, schon früh Pläne für einen Urlaub zu machen. Denn ich habe, glaube ich, das Recht, Spaß an den Ferien zu haben, und ich habe keinen Spaß daran, Pläne zu machen.

Psychologen behavioristischer Provenienz würden sagen: »Professor Reiss ist desorganisiert, weil es ihm an Planungsfähigkeiten mangelt.« Im Gegensatz dazu würden die Motivationsanalytiker sagen: »Professor Reiss möchte gerne desorganisiert sein und kann wenig mit Planungsfähigkeiten anfangen.« *Mir fehlt es an Planungsfähigkeiten, weil ich desorganisiert bin; ich bin nicht desorganisiert, weil es mir an Planungsfähigkeiten mangelt.*

Während desorganisierte Leute darauf aus sind, ein hohes Maß an Spontaneität zu erleben, zielen wohlorganisierte Menschen darauf ab, mehr Ordnung und weniger Spontaneität in ihr Leben zu bringen. Indem Letztere beispielsweise Haushaltsgegenstände immer an denselben Platz legen, schaffen sie zu Hause eine Struktur und eine sich nicht verändernde Stabilität. Immer wenn ich Maggi frage, wo in unserem Haus sich etwas befindet, sagt sie: »Es ist an seinem Platz.« Ich sage ihr, dass Dinge nicht »ihren Platz« haben, doch das streitet sie ab. Alles wurde kurz nach unserer Hochzeit an seinen Platz gelegt, und es ist bis heute dort geblieben. Doch nach 35 Jahren Ehe habe ich immer noch keine Ahnung, wo sie die Sachen hintut.

Maggi zwingt allen Dingen in unserem Haushalt eine Ordnung auf. Unsere Kleidung wird nach Plan im Kleiderschrank aufgehängt. Jeden Tag sitzen wir auf denselben Stühlen in der Küche und am Esszimmertisch. Wir hatten gewöhnlich einen Essensplan für die Woche, aber das hat sich mit den Jahren gegeben, weil wir beide arbeiten und oft auswärts essen.

Wohlorganisierte Menschen messen Ritualen und Routinen, die sich nicht verändern, einen hohen Stellenwert bei. Sie werden nervös, wenn sie etwas nicht so machen können, wie sie es immer machen. Im psychologischen Sinne schaffen Rituale ein beruhigendes Gefühl der Ordnung, Stabilität und Vorhersagbarkeit. Maggi verfügt über viele Putzrituale, die sich im Laufe der Jahre wenig verändert haben. Sie führt heute dieselben Putzrituale aus, die sie bereits praktizierte, als wir geheiratet haben. Und dabei handelt es sich um dieselben Putzrituale, die ihre Eltern auszuführen pflegten, als sie heirateten, und so weiter, bis zurück zu Adam und Eva in ihrem Familienclan. Kriege brechen vielleicht aus und sind dann irgendwann vorbei, Volkswirtschaften mögen boomen und kollabieren, doch die Putzrituale in Maggis Familie ändern sich nicht.

Aufräumen und Saubermachen kann man als Bemühung verstehen, Ordnung wiederherzustellen, indem man den vertrauten Mustern von Gegenständen in den Zimmern erneut Geltung verschafft. Saubere Umgebungen sehen jeden Tag gleich aus, unordentliche Umgebungen dagegen nicht. Mein Büro ist gewöhnlich unordentlich und scheint von einem Tag zum nächsten anders auszusehen; es sieht jedoch immer gleich aus, wenn es sauber und ordentlich ist.

Wohlorganisierte Menschen neigen dazu, nicht so gerne etwas aus der Eingebung des Augenblicks heraus zu machen, weil Spontaneität psychologisch gesehen das Gegenteil von Ordnung ist. Sie wollen gerne vorher wissen, was sie zu erwarten haben, und darauf vorbereitet sein, worum man sie bitten wird. Intrinsisch messen sie Vorbereitung und Planung einen hohen Stellenwert bei. Maggi z. B. hasst es, aus der Eingebung des Augenblicks heraus irgendwohin zu reisen. Wenn ich sage: »Lass uns dieses Wochenende nach Las Vegas fliegen«, antwortet sie: »Ich habe es dir doch schon tausendmal gesagt. Solche Reisen müssen geplant werden! Du kannst nicht einfach abhauen und nach Las Vegas fliegen.« Wenn ich frage, warum das nicht geht, schlägt sie bloß frustriert über mein Unverständnis die Hände über dem Kopf zusammen.

Viele wohlorganisierte Menschen erleben Veränderung als Instabilität und Unbeständigkeit. Sie mögen den Wechsel nicht und haben Schwierigkeiten, sich daran anzupassen. Weil sie Beständigkeit einen hohen Stellenwert beimessen, haben sie eine Neigung, der Auffassung zu sein, dass man etwas immer auf eine bestimmte Art und Weise machen solle. Manche wohlorganisierten Menschen meinen vielleicht sogar, dass es nur eine Art und Weise gibt, etwas zu tun. Wenn es zu Schwierigkeiten kommt, sind sie motiviert, Kurs zu halten – nicht, weil Kurshalten immer die klügste Entscheidung ist, sondern weil sie Stabilität und Beständigkeit einen hohen Wert beimessen.

Viele wohlorganisierte Menschen haben ein Problem damit, zwischen wichtigen und unbedeutsamen Details zu unterscheiden. Mit ihrer Aufmerksamkeit für winzige Details und Trivialitäten treiben wohlorganisierte Menschen andere manchmal fast in den Wahnsinn. Sie können sich so auf die Einzelheiten konzentrieren, dass sie den Wald vor lauter Bäumen nicht mehr sehen.

Motivationsanalyse versus Psychodynamik

Im Folgenden finden Sie noch einmal die Argumente zusammengefasst, die ich in Bezug auf Ordnungsliebe und Unordentlichkeit zugunsten der motivationalen Erklärung und gegen die psychodynamische Erklärung vorbringe:

1. Ordnungsliebe ist keine leichte Form der Zwangsstörung

Die Psychodynamiker sagen, dass Ordnungsliebe eine leichte Form der Zwangsstörung ist (abgekürzt als OCD für Obsessive-Compulsive Disorder; Cameron, 1963; Fenichel, 1945), bei der es sich um eine Angststörung handelt. Doch Forscher haben herausgefunden, dass die Zwangsstörung mit vielen Persönlichkeitsmerkmalen und mit vielen Persönlichkeitsstörungen zusammenhängt (Claridge & Davis, 2003; Dolan-Sewell, Krueger & Shea, 2001; Pfohl, 1996). In der Forschung ergab sich nur ein kleiner Überlappungsbereich zwischen Ordnungsliebe als Persönlichkeitsmerkmal und Zwang als Symptom einer Zwangsstörung (Claridge & Davis, 2003). Ich vermute, dass Ordnungsliebe durch normale Schwankungen in Bezug auf das universelle Bedürfnis nach Struktur hervorgerufen wird, während die Zwangsstörung durch unbekannte abnormale psychopathologische Faktoren verursacht wird.

2. Ärger ist keine Begründung für Unordentlichkeit

Viele Therapeuten nehmen an, dass desorganisierte Menschen Ärger empfinden. Denn sie hinterlassen ein Durcheinander, das andere aufräumen müssen, oder erscheinen spät bei Verabredungen, so dass andere auf sie warten müssen. Bei dieser Analyse wird irrtümlich angenommen, desorganisierte Menschen wollten, dass ihr »Durcheinander« aufgeräumt wird. Desorganisierte Menschen wollen, dass die wohlorganisierten Menschen es leichter nehmen und aufhören, etwas zu ordnen. Sie wollen, dass die wohlorganisierten Menschen Spaß an einem solch »be-lebten« Zimmer haben.

Man bringt Therapeuten bei, dass der Patient ärgerlich sein muss, wenn er sie verärgert. Ich lehne dieses gänzlich unfundierte Prinzip der Psychotherapie ab. Ich glaube, dass Patienten Therapeuten ärgern, wenn sie Wertvorstellungen zum Ausdruck bringen, die denen der Therapeuten widersprechen.

3. Verärgerung ist ein wechselseitiger Vorgang

Die Gewohnheiten desorganisierter Menschen verärgern wohlorganisierte Leute und vice versa. Tatsache ist, dass wohlorganisierte und desorganisierte Menschen entgegengesetzte Wertvorstellungen haben. Desorganisierte Menschen verärgern wohlorganisierte Menschen, wenn sie ein Durcheinander hinterlassen; und wohlorganisierte Menschen verärgern desorganisierte Menschen, wenn sie ihre Aufmerksamkeit auf Trivialitäten richten. Ärger kommt in diesen Beispielen aufgrund eines Wertekonflikts auf (Ordnung im Gegensatz zu Spontaneität), nicht aufgrund von Analerotik, Reaktionsbildung, Psychopathologie und dergleichen. Ärger ist erst dann vorhanden, wenn sich eine Person so verhalten hat, dass dies nicht im Einklang mit den Wertvorstellungen des anderen stand.

4. Angst vor Kritik ist keine Motivation für Ordnungsliebe

Manche Therapeuten vermuten möglicherweise, dass ordentliche Menschen Konformisten sind, um Kritik, Ablehnung und Bestrafung durch Autoritätspersonen zu vermeiden (Millon & Davis, 2000, S. 175). Wenn diese Analyse jedoch stimmte, würden sich wohlorganisierte Menschen widersinnigerweise anstrengen. *Menschen, die Furcht vor Misserfolg und Kritik haben, halten sich mit Anstrengungen zurück, weil Misserfolg und Kritik eher zu verschmerzen sind, wenn wir gar nicht erst den Versuch machen, uns anzustrengen*. Weil sich wohlorganisierte Menschen mit ihren Anstrengungen nicht zurückhalten, habe ich die Vermutung, dass sie nicht mehr Angst davor haben, kritisiert zu werden, als der Durchschnittsmensch. Die Motivationsanalyse lässt auf Folgendes schließen: Ein Bedürfnis nach Ordnung, Stabilität und Struktur, nicht die Angst vor Kritik ist die Motivation für ordentliches Verhalten.

5. Den analen Charakter gibt es nicht

Psychodynamische Theoretiker haben das Konstrukt des »analen Charakters« vorgeschlagen (z.B. Fenichel, 1945, S. 278). Sie sagen, dass einige Kinder während der Sauberkeitserziehung auf die elterlichen Anforderungen mit Ordnungsliebe (motiviert durch Analerotik), Geiz (motiviert durch anale Retention) und Trotz (motiviert durch Analsadismus) reagieren. Im Gegensatz dazu behaupte ich, dass Ordnungsliebe, Geiz und Trotz keine eng miteinander zusammenhängenden Persönlichkeitsmerkmale sind, wie es Freud behauptet. Maggi beispielsweise ist ordentlich, aber nicht geizig.

Nach der Motivationsanalyse (siehe Kapitel 3) besteht die Motivation für Ordnungsliebe in einer intrinsisch positiven Bewertung von Struktur. Sie weist eventuell evolutionäre Verbindungen zu Reinigungsritualen auf. Die Motivation für Geiz ist eine intrinsische Wertschätzung des Sammelns, und es gibt möglicherweise evolutionäre Verbindungen zum Herdentrieb. Und die Motivation für Trotz ist eine intrinsische Wertschätzung der Individualität (Autonomie), und es mögen evolutionäre Verbindungen zu animalischen Trieben vorhanden sein, das Nest zu verlassen und auf sich gestellt loszuziehen. Vielleicht gibt es einen Zusammenhang zwischen diesen Persönlichkeitsmerkmalen und der Zwangsstörung, jedoch nicht bei der normalen Persönlichkeit. Freuds »analer Charakter« ist in viel geringerem Maße ein valides Konstrukt, als die Experten meinten. Viele wohlorganisierte Menschen sind Verschwender, viele desorganisierte Menschen sind Sparer. Und, wie Maggi Ihnen prompt sagen würde, bin ich viel sturer als sie, obwohl Freud das Gegenteil vorhergesagt hätte.

6. Das Meistern von Aufgaben ist nicht die Motivation für Ordnungsliebe

Psychodynamische Theoretiker haben darauf hingewiesen, dass das Meistern von Aufgaben die Motivation für Ordnungsliebe ist (Fenichel, 1945). Sie behaupten, dass ein Kind ein Gefühl für das, was es geleistet hat, dadurch bekommt, dass es lernt, zur richtigen Zeit am richtigen Ort zu sein. Das mag sehr wohl der Fall sein; aber es gibt nur einen geringen Zusammenhang zwischen Leistungsmotivation und Ordnungsliebe. Nach der Motivationsanalyse (siehe Kapitel 3 und 6) ist die Motivation für die Meisterung von Aufgaben die intrinsische Wertschätzung von Kompetenz und Willenskraft. Im Gegensatz dazu ist die Motivation für Ordnungsliebe eine intrinsische Wertschätzung von Struktur. Es gibt nur einen geringen Zusammenhang zwischen Ordnungsliebe und Leistungsmotivation: Einige Menschen mit einem hohen Bedürfnis nach Leistung sind wohlorganisiert, andere sind desorganisiert. Ich z.B. habe eine sehr hohe Leistungsmotivation und bin doch desorganisiert.

Vorhersage von Verhalten in der natürlichen Umwelt

Die Motivationsanalyse zeigt ihre Überlegenheit, wenn es darum geht, vorherzusagen, wie sich Menschen in der realen Welt verhalten werden. Nehmen wir einmal an, Herr Schmidts zweijähriger Sohn Michael verschmiert Kot und lehnt sich dagegen auf, dass man ihm die Windel abgewöhnen will. Selbst freudianische Theoretiker gestehen ein, dass keiner vorhersagen kann, ob Michael als Erwachsener desorganisiert sein wird. Die Anhänger von Freud geben zu, dass das Wissen darum, wie die Sauberkeitserziehung bei einer Person vor sich ging, keine ausreichende Grundlage für die Vorhersage von Persönlichkeitsmerkmalen beim Erwachsenen ist, denn hier spielen noch viele andere Faktoren eine Rolle. Nehmen Sie nun einmal an, Herr Schmidt erwähnte Ihnen gegenüber, dass er Spontaneität liebt und Flexibilität einen hohen Stellenwert beimisst. Ich behaupte, Sie können Ihr Haus darauf verwetten, dass Herr Schmidt desorganisiert ist. *Wenn Sie Persönlichkeitsmerkmale wie wohlorganisiert/desorganisiert verstehen und vorhersagen wollen und nur eine Frage stellen können, sollten Sie fragen, wie viel Gefallen jemand an Spontaneität findet. Und fragen Sie nicht danach, was geschah, als der Betreffende lernte, aufs Töpfchen zu gehen.*

Wenn Sie wissen, welche Motivation jemand hat, können Sie vorhersagen, wie sich die Person verhalten wird. Erzählt Ihnen z. B. eine Frau, dass sie gerne spontan ist, können Sie vorhersagen, dass sie nicht so gerne Pläne entwickelt, dass sie dazu neigt, sich mit minimaler Vorbereitung in Situationen zu begeben, dass sie keinen Sinn für Details hat und dass sie möglicherweise dazu neigt, schludrig zu sein. Sie weist vielleicht nicht all diese Persönlichkeitsmerkmale auf, aber mit großer Wahrscheinlichkeit viele von ihnen. Diese Methode zur Vorhersage von Verhalten funktioniert eventuell nicht immer, ist aber viel besser als das, was die behavioristisch ausgerichteten Experten im Moment machen.

Was bestimmt darüber, wer durch Ordnung und wer durch Spontaneität motiviert wird? Leider weiß das niemand so recht. Jahrhundertelang haben die Wissenschaftler darüber gestritten, ob wir stärker von der Umwelt oder den Erbanlagen geprägt werden, ohne dass das Problem gelöst wurde. Obwohl ich nicht weiß, woher unsere Motive kommen, nehme ich an, dass universelle Motive einen genetischen Ursprung haben und durch Erfahrung verändert werden. Mir ist klar, dass es dieser Theorie noch an Details mangelt, aber ich werde trotzdem weitermachen. Ich weiß viel über Motivation und darüber, wie man Menschen mit persönlichen Schwierigkeiten helfen und Verhalten in natürlichen Umgebungen vorhersagen kann. Ich möchte mich nicht bei der Frage nach der Kausalität aufhalten, über die ich nur sehr wenig weiß. Es ist recht ungewöhnlich für einen Psychologen, eine Theorie des Verhaltens zu entwickeln und dabei der Kausalität nur wenig Aufmerksamkeit zu widmen. Trotzdem ist es eine Tatsache, dass wohl fast all jene detaillierten kausalen Theorien, die in der

Vergangenheit vorgeschlagen wurden, nicht stimmen. Niemand weiß, was die Ursachen der Persönlichkeit und die Motivation des Menschen sind, aber glücklicherweise können wir bei den Fragen weitermachen, über die wir etwas wissen.

Wenn Sie ein desorganisierter Mensch sind, der sich in eine Beratung oder in eine Psychoanalyse begeben hat, hat man Ihnen vielleicht gesagt, dass Sie eine tief sitzende Wut auf Ihren Vater haben, die wiederum die Motivation für Ihr desorganisiertes Verhalten ist. Man hat Ihnen möglicherweise erzählt, dass Sie ein Rebell oder ein Nonkonformist sind. Ich schlage vor, dass Sie dieses Buch lesen und noch einmal über diese Auffassung von Ihrer Person nachdenken. Achten Sie auf die Einzelheiten bei dem, was Sie tatsächlich machen und was sie desorganisiert werden lässt, und fragen Sie sich selbst: »Ist es mein Ziel, meinem Ärger Luft zu machen, wie es viele Therapeuten vielleicht sagen werden, oder besteht mein Ziel darin, mein Leben stärker mit Spontaneität zu erfüllen, wie es die Motivationsanalytiker sagen?« Erfahren Sie mehr über die Motivationsanalyse, und hören Sie auf, sich Sorgen darüber zu machen, dass etwas bei Ihnen nicht stimmt, nur weil Sie desorganisiert sind.

Wenn Sie ein sehr wohlorganisierter Mensch sind, der sich in eine Beratung oder in eine Psychoanalyse begeben hat, hat man Ihnen möglicherweise gesagt, dass Sie eine tief sitzende Angst vor Kritik oder Ablehnung haben bzw. dass Sie ein Konformist oder Perfektionist sind. Ich schlage vor, dass Sie dieses Buch lesen und noch einmal über diese Charakterisierung Ihrer Person nachdenken. Achten Sie auf die Einzelheiten bei dem, was Sie tatsächlich machen und was Sie desorganisiert werden lässt, und fragen Sie sich: »Vermeide ich unbewusst Kritik, wie einige Therapeuten sagen, oder besteht mein Ziel darin, meinem Leben mehr Struktur zu verleihen, wie die Motivationsanalytiker behaupten?« Erfahren Sie mehr über die Motivationsanalyse und hören Sie auf, sich Sorgen darüber zu machen, dass etwas bei Ihnen nicht stimmt, nur weil Sie vielleicht ein Perfektionist sind.

Schlussfolgerung

Psychologen haben sich mit Ordnungsliebe und Unordentlichkeit auseinandergesetzt, und zwar mithilfe von Konstrukten, die verwendet werden, um seelische Krankheiten, vor allem die Zwangsstörung, besser zu verstehen. Sie haben sich damit beschäftigt, wie es für einen Zweijährigen möglicherweise ist, wenn er bei der Sauberkeitserziehung mit den Anforderungen seiner Eltern konfrontiert ist. In diesem Zusammenhang haben sie Motive wie Konformität, Trotz, Meisterung von Aufgaben und Auflehnung ins Feld geführt. Im Gegensatz dazu habe ich vorgeschlagen, dass die Motivation für Ordnungsliebe eine intrinsische Wertschätzung von Struktur und dass die Motivation für Unordentlichkeit eine intrinsische Wertschätzung von Spontaneität ist. Ich habe nachgewiesen, dass diese Motive möglicherweise die Art und Weise erklären, wie sich wohlorganisierte und desorganisierte Menschen im Einzelnen verhalten.

Psychodynamische Theoretiker erkennen an, dass ordnungsliebende Menschen Struktur mögen, aber sie suchen nach tieferen Erklärungen wie etwa Reaktionen auf Analerotik. Sie führen dazu Theorien zur Angst und zur Abwehr an, wie etwa Reaktionsbildungen. Sie behaupten, dass Ordnungsliebe ein erlerntes Hilfsmittel ist, um mit Ärger und Angst umzugehen, Gefühle, die sich aus der Sauberkeitserziehung und anderen Erfahrungen mit Autoritätspersonen ergeben.

Im Gegensatz dazu glaube ich, dass wir, um Persönlichkeitsmerkmale zu erklären, aufhören sollten, nach etwas zu suchen, was hinter Motivation und Wertvorstellungen stecken könnte. Angstabbau ist nicht die universelle Triebkraft hinter der Persönlichkeitsentwicklung, wie es Freud angenommen hat. Ordnungsliebe kann durch die Annahme erklärt werden, dass der Wunsch nach Struktur ein *intrinsisches* Motiv ist; hier handelt es sich also um den Endpunkt einer psychologischen Erklärung. Lebensmotive (psychologische Bedürfnisse) sind der Schlüssel dafür, das Verhalten seelisch gesunder Menschen in natürlichen Umgebungen vorherzusagen und kluge Entscheidungen für die Zukunft zu fällen.

KAPITEL 2

Die 16 Grundbedürfnisse

Sechzehn psychologische Bedürfnisse (hier als *Grundbedürfnisse* oder Lebensmotive bezeichnet) wirken als treibende Kraft für die Psyche des Menschen und erklären potenziell eine breite Vielfalt seiner Erfahrungen – von Beziehungen bis hin zu Wertvorstellungen (Reiss, 2009; Reiss & Havercamp, 1998). Auf der Grundlage von wissenschaftlich evaluierten Studien mit Tausenden von Teilnehmern unterschiedlichen Hintergrunds (Havercamp & Reiss, 2003; Reiss & Havercamp, 1998) bin ich der Auffassung, dass jeder Mensch alle 16 Grundbedürfnisse hat, ihnen jedoch unterschiedliche Prioritäten zuordnet. Die Art und Weise, wie eine einzelne Person diesen Grundbedürfnissen Prioritäten beimisst – man nennt es Reiss Motivation Profile (RMP) –, bringt etwas über ihre Wertvorstellungen zum Ausdruck. Da es sich bei vielen normalen Persönlichkeitsmerkmalen um Gewohnheiten handelt, die die Menschen entwickeln, um ihre stark und schwach ausgeprägten Grundbedürfnisse zu befriedigen, ist das RMP ein gültiger Gradmesser für die normalen Persönlichkeitsmerkmale und -typen. Das RMP ist eine detaillierte Beschreibung der Motivation eines Menschen und zeigt die spezifischen Zusammenhänge zwischen Motiven, Wertvorstellungen und vielen normalen Persönlichkeitsmerkmalen auf. Wenn ich weiß, welche Prioritäten eine bestimmte Person den 16 Grundbedürfnissen beimisst und wie sie sie kombiniert, kann ich mit statistisch bedeutsamer Gültigkeit das Verhalten dieser Person in Situationen des realen Lebens vorhersagen.

Was sind Grundbedürfnisse?

Wir wissen, was Motive sind – Wünsche, Sehnsüchte, Bestrebungen und psychologische Bedürfnisse. Das Konstrukt des Grundbedürfnisses bezieht sich jedoch auf eine bestimmte Art von Motiv. Im Folgenden finden Sie die fünf Eigenschaften, über die sich ein Grundbedürfnis definieren lässt:

Universelle Motivation

Grundbedürfnisse motivieren jeden. William McDougall (2003/1908) schrieb in seinem bahnbrechenden Buch *An Introduction to Social Psychology*:

> *Jeder Mensch ist so beschaffen, dass er nach bestimmten Zielen, die der Spezies gemeinsam sind, suchen kann, sie anstreben und sie ersehnen kann. Das Erreichen dieser Ziele erfüllt und vermindert den Drang, das Verlangen oder das Bedürfnis, das uns antreibt. Diese Ziele sind nicht nur allen Menschen gemeinsam, sondern auch … ihren näheren Verwandten im Tierreich. Es geht um solche Ziele wie Nahrung, einen Zufluchtsort vor Gefahr, die Gemeinschaft unserer Artgenossen, die Intimität mit dem entgegengesetzten Geschlecht, den Triumph über unsere Gegenspieler und die Führungsrolle beim Umgang mit unseren Gefährten.*

McDougall bezeichnete die universellen Motive als »Instinkte«, um ihren genetischen Ursprung und ihre Eigenart als automatisch wiederkehrende Vorgänge zu beschreiben. Obwohl ich die Bezeichnung »Instinkt« nicht verwenden werde, nehme ich dennoch an, dass sich die universellen Ziele bereits bei den niederen Tieren vorhanden waren und sich dann bei uns weiterentwickelten. Ich bin der Auffassung, dass Grundbedürfnisse eine genetische Komponente haben.

Psychologische Bedürfnisse (Lebensmotive)

Grundbedürfnisse sind psychologische Bedürfnisse: Einige Grundbedürfnisse müssen befriedigt werden, damit wir überleben; andere müssen befriedigt werden, damit wir das Leben als sinnvoll empfinden. Essen z.B. ist ein Grundbedürfnis und überlebenswichtig, während es sich bei Neugier um ein Grundbedürfnis handelt, das dem Leben einen Sinn verleiht.

Die Befriedigung eines Grundbedürfnisses ist immer etwas Zeitweiliges – Stunden oder Tage, nachdem das Befriedigungsziel erreicht wird, tritt das Grundbedürfnis wieder auf den Plan und beeinflusst das Verhalten erneut. Wenn wir etwas essen, ist es nur eine Frage von Stunden, bis wir wieder hungrig werden. Wenn wir unsere Neugier zu einem Thema befriedigen, werden wir früher oder später neugierig auf ein anderes Thema.

Warum machen sich die Grundbedürfnisse wieder bemerkbar, nachdem sie befriedigt worden sind? Weil Grundbedürfnisse uns dazu veranlassen, uns um bestimmte *Häufigkeiten* von Befriedigungserfahrungen zu bemühen. Das Grundbedürfnis zu essen z.B. bringt mich dazu, täglich etwa 2500 Kalorien zu mir zu nehmen. Wenn ich mir an einem bestimmten Tag deutlich weniger Kalorien zuführe, empfinde ich Hunger. Wenn ich sehr viel mehr Kalorien aufnehme, fühle ich mich vollgestopft. Wenn ich ungefähr die richtige Menge esse, bin ich angenehm gesättigt. Meine Sättigung ist jedoch nur etwas Zeitweiliges, denn mein Lebensmittelkonsum nimmt automatisch mit der Zeit zu, die seit der letzten Mahlzeit vergangen ist.

Alle Grundbedürfnisse kann man sich als erwünschte Häufigkeiten der Erfahrung mit intrinsisch positiv bewerteten Zielen vorstellen. Definitionsgemäß können alle Grundbedürfnisse nur zeitweilig befriedigt werden. Sie treten wieder auf den Plan, wenn eine gewisse Zeit seit der letzten Befriedigung verstrichen ist.

Da Grundbedürfnisse nur zeitweilig befriedigt werden können, bezeichne ich sie als »Lebensmotive«. Grundbedürfnisse motivieren uns von der Adoleszenz bis zum Erwachsenenalter. Die Motivation in der Kindheit ist möglicherweise anderes – zumindest ist es mir noch nicht gelungen, eine Kontinuität zwischen dem nachzuweisen, was die Menschen in der Kindheit motiviert, und dem, was sie als Erwachsene motiviert. Keine meiner Ausführungen lässt sich daher auf Kinder im Alter von 10 Jahren und jünger anwenden. Im Gegensatz dazu konnte ich zeigen, dass die Motivation von der Adoleszenz bis ins Erwachsenenalter sehr stabil ist (Reiss & Havercamp, 2005).

Intrinsische Motivation

Die Menschen folgen einem Grundbedürfnis nur aus dem einzigen Grund, dass es genau das ist, was sie wollen. Das Grundbedürfnis nach Ordnung z. B. bringt uns dazu, unser Leben zu ordnen, weil wir intrinsisch Struktur hoch bewerten. Dagegen veranlasst uns das Grundbedürfnis nach Anerkennung dazu, Kritik zu vermeiden, weil wir intrinsisch Anerkennung hoch bewerten.

Unterschiedliche Grundbedürfnisse können die Motivation für das gleiche Verhalten sein. Wenn wir beispielsweise unser Arbeitszimmer in Ordnung bringen, weil wir Struktur hoch bewerten, sind wir durch das Grundbedürfnis nach Ordnung motiviert. Wenn wir unser Arbeitszimmer in Ordnung bringen, um zu vermeiden, dass wir von unserem Vorgesetzten kritisiert werden, sind wir durch unser Grundbedürfnis nach Anerkennung motiviert. Wenn wir unsere Umwelt aus beiden Gründen ordnen, sind wir durch eine Kombination aus beiden Grundbedürfnissen motiviert.

Intrinsische Wertvorstellungen

Die Spezies Mensch hat den inneren Drang, ihre Wertvorstellungen mitzuteilen. Ob wir nun der Fußballmannschaft unserer Schule zujubeln (was Ausdruck der Wertvorstellung von Loyalität ist) oder ein Buch lesen (was Ausdruck der Wertvorstellung des Lernens ist) – vieles von dem, was wir tun, kann als Eintreten für unsere Wertvorstellungen angesehen werden.

Motive und Wertvorstellungen hängen eng miteinander zusammen. Wir können von intrinsischen Motiven auf Wertvorstellungen schließen und umgekehrt. Wenn Sie z.B. wissen, dass ich intrinsisch durch mein Familienleben motiviert werde, können Sie daraus schließen, dass ich meiner Elternrolle und meinen Kindern einen hohen Wert beimesse. Wenn Sie wissen, dass Herr Peterson intrinsisch durch Ehre motiviert wird, können Sie daraus schließen, dass er dem Charakter einen hohen Wert beimisst.

Schon Aristoteles (2007 / 330 v. Chr.) wusste um den engen Zusammenhang zwischen Wertvorstellungen und Motiven. Sei Buch über Motivation hatte den Titel *Nikomachische Ethik*. Zudem wurden philosophische Untersuchungen zur Motivation eine ganze Zeit lang unter der Rubrik Moralphilosophie aufgeführt.

Psychologische Bedeutsamkeit

Einige universelle Motive haben für die normale Persönlichkeit keine Relevanz. Obwohl unser Körper motiviert ist, eine konstante Körpertemperatur aufrechtzuerhalten, habe ich die Homöostase aus der Taxonomie der Grundbedürfnisse herausgelassen, denn die Homöostase hat nicht unmittelbar etwas mit der Funktionsfähigkeit der Persönlichkeit zu tun. Mit Absicht habe ich biologische Bedürfnisse, die wenig oder keine Bedeutung für die Psychologie haben, aus meiner Arbeit ausgeklammert.

Wissenschaftliche Validierung der 16 Grundbedürfnisse

Welches sind die Grundbedürfnisse des Menschen? Welches sind die grundlegenden Bestrebungen, von denen wir uns in unserem Leben leiten lassen? Was wollen die Menschen tief in ihrem Innern vom Leben? In Tabelle 2.1 wird dargestellt, wie einige Denker in der Vergangenheit diese Fragen angegangen sind. Mithilfe der philosophischen Analyse kam Platon zu dem Schluss, dass die Gerechtigkeit und das Gute die wichtigsten Lebensmotive sind (Irwin, 1995). Charles Darwin (1859) war der Auffassung, dass Überleben und Fortplanzung die bedeutsamsten Lebensmotive sind. Sigmund Freud (2009 / 1916) reduzierte alle Motive auf Sexualität und Aggression, während der Behaviorist Edward Thorndike (1970/1913) die Vermeidung von Schmerz und das Streben nach Lust als motivationale Grundlage gelernten Verhaltens bezeichnete.

Theoretiker	Wichtigste Motive	Methode zur Entdeckung
Platon	Gerechtigkeit und das Gute	Philosophische Analyse
Charles Darwin	Überleben und Fortpflanzung	Wissenschaftliche Untersuchung von Tieren
Sigmund Freud	Sexualität und Aggression	Gespräch mit psychiatrischen Patienten
Edward Thorndike	Lust und Schmerz	Lerntheorie

Tabelle 2.1: Einige historische Vorschläge für die wichtigsten Motive

1995 befragte ich unterschiedliche Gruppen von Menschen, was sie motiviert. Zunächst fragte ich sie, ob sie durch Sexualität, Familie und Leistung motiviert würden. Als fast alle dies bejahten, fragte ich mich, wie ich individuelle Unterschiede in Bezug auf universelle Motive untersuchen sollte, da die Wissenschaft doch eine gewisse Variabilität in den Antworten voraussetzt.

Ich setzte meine Forschungsanstrengungen fort und lernte schließlich, wie man universelle Motive untersuchen kann. Anstatt die Menschen zu fragen »Mögen Sie Sex?«, fragte ich nun: »Ist Sex wesentlich für Ihr Glück?« Obwohl jeder sagt, dass er Sex mag, bringen nur manche Menschen zum Ausdruck, dass Sex wesentlich für ihr Glück ist. Einige sagen, dass Sex nicht »wesentlich« für ihr Glück ist. Indem ich variierte, wie extrem das entsprechende Bedürfnis ist, lernte ich, wie man einen Fragebogen entwickelt, mit dem man individuelle Unterschiede in Bezug auf die Bewertung universeller Motive erfasst.

Ich konstruierte einen Fragebogen mit der Bezeichnung Reiss Profile of Fundamental Goals und Motivational Sensitivities (hier als *Reiss*

Motivation Profile oder *RMP* bezeichnet), um zu beurteilen, was die Menschen motiviert. Ich fing mit einer Liste aller möglichen universellen Motive an, die ich mir vorstellen konnte. Ich konsultierte eine Vielfalt wissenschaftlicher Werke und bat Kollegen um Vorschläge. Der ursprüngliche Entwurf für einen Fragebogen enthielt mehr als 500 Items. Ich kürzte die Liste auf 328 Items, indem ich ähnliche Fragen und Motive von geringer psychologischer Bedeutung herausnahm.

Reiss und Havercamp (1998) baten eine breit gefächerte Gruppe von Menschen, anonym die Bedeutsamkeit der 328 Items in Bezug darauf einzustufen, wie sie ihr Verhalten motivieren. Wir stützten uns bei der Interpretation unserer Ergebnisse auf ein mathematisches Verfahren, das als *Faktorenanalyse* bezeichnet wird. Wir führten eine Reihe von Studien durch (drei Studien mit exploratorischer Faktorenanalyse und eine Studie mit konfirmatorischer Faktorenanalyse), jeweils mit einer unterschiedlichen Stichprobe von Teilnehmern. Zu den insgesamt 2554 Teilnehmerinnen und Teilnehmern an den wissenschaftlichen Untersuchungen gehörten Menschen unterschiedlichen Alters (12 bis 76 Jahre) und in unterschiedlichen Lebensabschnitten (z.B. Schüler von Highschools, Studierende, Soldaten, Mitarbeiter von Fast-Food-Ketten, Priesterseminaristen, Mitarbeiter aus sozialen Diensten, Menschen aus Altersheimen). Nach jeder faktorenanalytischen Studie verringerten wir die Anzahl der Items im RMP-Fragebogen, bis wir 120 Items ausgewählt hatten, die 15 Grundbedürfnisse erfassten.

Mehrere Kollegen schlugen vor, wir sollten eine Skala zum »Sparen« hinzufügen, das zum 16. Grundbedürfnis wurde. In einer unveröffentlichten Studie mit 512 Erwachsenen, die aus dem städtischen und ländlichen Bereich Ohios für die Untersuchung angeworben worden waren, bestätigte Havercamp (1998) die Lösung mit 16 Faktoren (die ursprünglichen 15 Faktoren plus Sparen) für das überarbeitete RMP-Testinstrument mit 128 Items.

Die 16 Grundbedürfnisse sind die Folgenden (Reiss 2000a):

- **Anerkennung:** Bedürfnis danach, Kritik und Ablehnung zu vermeiden
- **Beziehungen:** Bedürfnis nach Freundschaft

- **Ehre:** Bedürfnis danach, sich moralisch integer zu verhalten
- **Eros:** Bedürfnis nach Sexualität
- **Essen:** Bedürfnis nach Nahrung
- **Familie:** Bedürfnis danach, seine eigenen Kinder großzuziehen
- **Idealismus:** Bedürfnis nach sozialer Gerechtigkeit
- **Körperliche Aktivität:** Bedürfnis danach, seine eigenen Muskeln zu bewegen
- **Macht:** Bedürfnis danach, andere dem eigenen Willen zu unterwerfen
- **Neugier:** Bedürfnis nach Kognition
- **Ordnung:** Bedürfnis nach Struktur
- **Rache:** Bedürfnis danach, mit jemandem abzurechnen
- **Ruhe:** Bedürfnis nach innerem Frieden
- **Sparen:** Bedürfnis danach, materielle Güter zu sammeln und anzuhäufen
- **Status:** Bedürfnis nach Prestige
- **Unabhängigkeit:** Bedürfnis nach Autarkie

Wie in Tabelle 2.2 (S. 49ff.) dargestellt, wurde der RMP-Fragebogen als wissenschaftliches Messinstrument der 16 Grundbedürfnisse validiert. Erfasst wurden die Zuverlässigkeit bei einer erneuten Testung nach vier Wochen und die interne Zuverlässigkeit. In drei Studien wurde mithilfe der konfirmatorischen Faktorenanalyse die Validität der Faktoren sowohl für eine japanische als auch für zwei amerikanische Stichproben nachgewiesen. Ebenfalls belegt sind Übereinstimmungsvalidität und Kriteriumsvalidität für jede der 16 Skalen. Die soziale Validität wurde in mehr als 25000 Testanwendungen in Europa und Amerika nachgewiesen. (Leser, die sich genauer für die wissenschaftlichen Details interessieren, werden gebeten, in den wissenschaftlichen Zeitschriftenartikeln nachzusehen, die in der Literaturliste am Ende des Buchs aufgeführt werden.)

Motive[a]	r[b]	a[c]	Validität des Faktors[d]	Übereinstimmungs- und Kriteriumsvalidität[e]
Anerkennung	0,80	0,83	✓✓✓	Positiv korreliert mit der Neurotizismus-Skala der Big Five ($p < 0,001$). Positiv korreliert mit negativem Affekt ($p < 0,01$). Schüler, die zur Bewertung herangezogen wurden, hatten überdurchschnittliche Werte ($p < 0,05$), Sportler unterdurchschnittliche Werte ($p < 0,05$), Schüler an Highschools mit geringen Leistungen überdurchschnittliche Werte ($p < 0,001$). MRDD[f]-Version: Positiv korreliert mit dem Gesamtwert der Skala der Psychopathologischen Symptome ($p < 0,01$). MRDD-Version: Negativ korreliert mit der Vereinbarkeit einer Beziehung ($p < 0,001$).
Beziehungen	0,81	0,86	✓✓✓	Positiv korreliert mit der Skala Extraversion in den Big Five ($p < 0,01$). Positiv korreliert mit der Skala »Extraversion« im Myers-Briggs ($p < 0,01$). Positiv korreliert mit der Mitgliedschaft in akademischen Verbindungen ($p < 0,001$). Positiv korreliert mit der Teilnahme am Hochschulsport ($p < 0,01$). MRDD-Version: Menschen mit Autismus hatten sehr geringe Werte bei Beziehungen ($p < 0,001$).
Ehre	0,77	0,82	✓✓✓	Positiv korreliert mit der Skala »Gewissenhaftigkeit« in den Big Five ($p < 0,01$). Positiv korreliert mit der Skala »Sinn des Lebens«; ($p < 0,01$). Studierende mit einer Ausbildung zum Reserveoffizier hatten überdurchschnittliche Werte ($p < 0,01$) und Schüler von Highschools mit schlechten Leistungen unterdurchschnittliche Werte ($p < 0,01$). Positiv korreliert mit Religiosität ($p < 0,001$).
Eros	0,87	0,89	✓✓✓	Negativ korreliert mit Religiosität ($p < 0,01$). Positiv korreliert mit dem Sehen von Reality TV wie Big Brother ($p < 0,01$). Negativ korreliert mit dem Erwachsenenalter ($p < 0,01$).

Motive[a]	r[b]	a[c]	Validität des Faktors[d]	Übereinstimmungs- und Kriteriumsvalidität[e]
Essen	0,82	0,80	✓✓✓	Positiv korreliert mit der Teilnahme an Gruppen zum Abnehmen (p < 0,001). Positiv korreliert mit Skalen zur extrinsischen Motivation (p < 0,01). Studierende mit kulinarischen Neigungen hatten überdurchschnittlich hohe Werte (p < 0,001). Negativ korreliert mit dem Erwachsenenalter (p < 0,01). MRDD-Version: Menschen mit einem Prader-Willi-Syndrom hatten sehr hohe Werte (p < 0,05).
Familie	0,79	0,92	✓✓✓	Positiv korreliert mit Religiosität (p < 0,01). Positiv korreliert mit der Skala zur intrinsischen Motivation (p < 0,01). Positiv korreliert mit der Skala »Sinn des Lebens« (p < 0,01). Positiv korreliert mit der Zufriedenheit in Beziehungen (p < 0,05). Positiv korreliert mit der Teilnahme am Hochschulsport (p < 0,001).
Idealismus	0,69	0,84	✓✓✓	Positiv korreliert mit den Skalen »Verträglichkeit« (p < 0,01) und »Gewissenhaftigkeit« (p < 0,01). Positiv korreliert mit der Skala »Sinn des Lebens« (p < 0,01). Personen, die sich freiwillig für Gemeinschaftsaufgaben gemeldet hatten, wiesen überdurchschnittlich hohe Werte auf (p < 0,001). Studierende der Evangelischen Theologie hatten überdurchschnittlich hohe Werte (p < 0,001). Positiv korreliert mit der Meldung als potenzieller Organspender (p < 0,03). Schüler von Highschools mit schlechten Leistungen hatten unterdurchschnittliche Werte (p < 0,01). Positiv korreliert mit den Beziehungsvariablen »Intimität«, »Leidenschaft« und »Verpflichtung« (p < 0,05).

Körperliche Aktivität	**0,82**	**0,89**	✓✓✓	**Positiv korreliert mit der Teilnahme am Hochschulsport (p < 0,001). Studierende mit Ausbildung zum Reserveoffizier hatten überdurchschnittliche Werte (p < 0,001). Positiv korreliert mit der Skala »Positive Emotion« (p < 0,01). Negativ korreliert mit Erwachsenenalter (p < 0,01). MRDD-Version: Positiv korreliert mit Lebensqualität (p < 0,05).**
Macht	**0,84**	**0,86**	✓✓✓✓	**Positiv korreliert mit der Skala »Dominanzstreben« in der Personality Research Form (p < 0,001). Positiv korreliert mit der Skala »Extraversion« in den Big Five (p < 0,01). Studierende mit Ausbildung zum Reserveoffizier hatten überdurchschnittlich hohe Werte (p < 0,001). Positiv korreliert mit der Teilnahme am Hochschulsport (p < 0,05; p < 0,001). Positiv korreliert mit der Mitgliedschaft in akademischen Verbindungen (p < 0,001). Positiv korreliert mit den Beziehungsvariablen »Intimität«, »Leidenschaft« und »Verpflichtung« (p < 0,001). Schüler von Highschools mit schlechten Leistungen hatten unterdurchschnittliche Werte (p < 0,001).**
Neugier	**0,84**	**0,82**	✓✓✓	**Philosophen hatten sehr hohe Werte für Neugier (p < 0,001). Schüler an Highschools mit unterdurchschnittlichen Leistungen hatten unterdurchschnittliche Werte (p < 0,001) und Sportler unterdurchschnittliche Werte (p < 0,05). Signifikant korreliert mit der Skala »Offenheit für Erfahrung« in den Big Five (p < 0,01). Positiv korreliert mit Skalen zur intrinsischen Motivation (p < 0,01).**

Motive[a]	r[b]	a[c]	Validität des Faktors[d]	Übereinstimmungs- und Kriteriumsvalidität[e]
Ordnung	0,81	0,87	✓✓✓	Positiv korreliert mit der Skala »Ordnung« in der Personality Research Form ($p < 0{,}001$). Negativ korreliert mit der Skala »Offenheit für Erfahrung« aus den Big Five ($p < 0{,}05$). Positiv korreliert mit »Beurteilung« im Myers-Briggs ($p < 0{,}01$). Negativ korreliert mit der Meldung als potenzieller Organspender ($p < 0{,}001$). MRDD[f]-Version: Menschen mit Autismus, Prader-Willi- und Williams-Syndrom wiesen überdurchschnittlich hohe Werte auf ($p < 0{,}05$).
Rache	0,86	0,92	✓✓✓	Positiv korreliert mit der Skala »Verträglichkeit« in den Big Five ($p < 0{,}05$). Positiv korreliert mit der Skala »Neurotizismus« in den Big Five ($p < 0{,}01$). Positiv korreliert mit der Skala »Negative Emotion« ($p < 0{,}01$). Negativ korreliert mit den Noten in der Highschool ($p < 0{,}01$). Positiv korreliert mit einem Verweis von der Highschool wegen Disziplinproblemen ($p < 0{,}01$). Studierende mit Ausbildung zum Reserveoffizier hatten überdurchschnittlich hohe Werte ($p < 0{,}001$), Studierende der Evangelischen Theologie unterdurchschnittliche Werte ($p < 0{,}002$). Negativ korreliert mit Religiosität ($p < 0{,}01$). Negativ korreliert mit der Meldung als potenzieller Organspender ($p < 0{,}01$). Positiv korreliert mit der Teilnahme am Hochschulsport ($p < 0{,}06$). Negativ korreliert mit Erwachsenenalter ($p < 0{,}01$). MRDD-Version: Negativ korreliert mit der Vereinbarkeit von Beziehungen ($p < 0{,}001$).
Ruhe	0,74	0,82	✓✓✓	Positiv korreliert mit der Skala »Neurotizismus« in den Big Five ($p < 0{,}001$). Positiv korreliert mit dem Anxiety Sensitivity Index ($p < 0{,}001$). Anmerkung: Enthält Items aus dem ASI; in mehr als 900 wissenschaftlich evaluierten Studien validiert als Indikator und Prädiktor für Panikattacken.

Sparen	**0,80**	**0,76**	✓	**Positiv korreliert mit der Skala Neurotizismus in den Big Five (p < 0,01). Negativ korreliert mit der Skala »Offenheit für Erfahrung« in den Big Five (p < 0,05). Positiv korreliert mit der Skala zur extrinsischen Motivation (p < 0,01). Negativ korreliert mit der Meldung als potenzieller Organspender (p < 0,01).**
Status	**0,88**	**0,88**	✓✓✓	**Positiv korreliert mit der Mitgliedschaft in akademischen Verbindungen (p < 0,001). Teilnehmer am Hochschulsport hatten überdurchschnittliche Werte (p < 0,01). Studierende der Evangelischen Theologie hatten unterdurchschnittliche Werte (p < 0,001). Negativ korreliert mit Religiosität (p < 0,01). Personen, die sich freiwillig für Gemeinschaftsaufgaben gemeldet hatten, wiesen unterdurchschnittliche Werte auf (p < 0,001). Positiv korreliert mit dem Sehen von Reality TV wie Big Brother (p < 0,001).**
Unabhängigkeit	**0,72**	**0,71**	✓✓✓	**Negativ korreliert mit der Skala »Zufriedenheit mit der Beziehung« (p < 0,05). Studierende der Evangelischen Theologie hatten unterdurchschnittliche Werte (p < 0,001). Personen, die sich freiwillig für Gemeinschaftsaufgaben gemeldet hatten, wiesen unterdurchschnittliche Werte (p < 0,001) auf.**

a Skalenbezeichnung
b Wiederholungszuverlässigkeit nach vier Wochen
c Cronbachs Alpha
d Jedes ✓ deutet auf eine erfolgreich durchgeführte konfirmatorische Faktorenanalyse hin (exploratorische Faktorenanalysen sind nicht angegeben)
e Auf der Grundlage von Dykens & Rosner (1999); Engel, Olson & Patrick (2002); Havercamp (1998); Havercamp & Reiss (2003); Kavanaugh & Reiss (2003); Lecavalier & Tasse (2003); Olson & Chapin (im Druck); Olson & Weber (2004); Reiss (2000a); Reiss & Crouch (2004); Reiss & Havercamp (1998, 2005); Reiss & Reiss (2004); Reiss & Wiltz (2004); Reiss, Wiltz & Sherman (2001); Takakuwa & Wakabayashi (1999); Wiltz & Reiss (2003)
f Version für Personen mit einer geistigen Retardierung und Entwicklungsbehinderungen

Tabelle 2.2: Zusammenfassung der Zuverlässigkeit und der Validität des Reiss Motivation Profile

Die Hauptemotionen des Menschen

Wie in Tabelle 2.3 auf Seite 55 dargestellt, sind die Grundbedürfnisse sowohl mit positiven als auch mit negativen Emotionen verbunden. Im Allgemeinen sind positive Emotionen Signale dafür, dass ein Grundbedürfnis zeitweilig befriedigt worden ist, während negative Emotionen anzeigen, dass ein Grundbedürfnis unbefriedigt ist oder befriedigt werden muss.

Wir verfügen über das Potenzial, wichtige Emotionen sowohl durch unmittelbare als auch durch nachempfundene Erfahrungen erleben zu können. Solche Erfahrungen sind: Vorstellung, Fantasie, Nachdenken, das Anschauen von Sportereignissen oder Unterhaltungssendungen (Reiss & Wiltz, 2004). Wenn wir z.B. unsere Lieblingsfußballmannschaft dabei beobachten oder uns vorstellen, wie sie ein Tor schießt, erleben wir Selbstwirksamkeit, fast so, als hätten wir selbst das Tor geschossen. Die nachempfundene Erfahrung von Selbstwirksamkeit (fällt unter die Kategorie Grundbedürfnis nach Macht) ist bei Sportereignissen so offensichtlich, dass manche Fans fast unmittelbar, nachdem sie die sportliche Leistung beobachtet haben, die geballten Fäuste in die Höhe werfen. Das Machtgefühl des Spielers ist von höherer Qualität als das des Fans, denn es dauert länger an und kann in der Erinnerung leichter wieder erlebt werden.

Frühere Taxonomien

Vier Generationen von Psychologieprofessoren an der Harvard University – William James (1918/1890), William McDougall (2003/1908), Henry A. Murray (1938) und David McClelland (1966/1961) – versuchten herauszubekommen, welches die wichtigsten Motive sind, durch die das Verhalten des Menschen und die Persönlichkeitsentwicklung geleitet wird. Ihre ursprünglichen Taxonomien basierten auf Beobachtungen an Menschen, ethologischen Studien und auf anthropologischer Forschung. Wie sehr überlappen sich Reiss' Grundbedürfnisse, die wissenschaftlich validiert wurden, mit früheren Taxonomien psychologischer Bedürfnisse und Instinkte, die nicht wissenschaftlich validiert wurden? (Im restlichen Kapitel werde ich auf die 16 Grund-

Grundbedürfnis	Ziel	Positive Emotion	Negative Emotion	Intrinsische Wertvorstellung
Anerkennung	Vermeiden von Kritik	Selbstvertrauen	Unsicherheit	Selbst
Beziehungen	Freundschaft	Spaß	Einsamkeit	Gefühl der Zugehörigkeit
Ehre	Charakter	Loyalität	Schuld	Verpflichtung
Eros	Sex	Ekstase	Sexuelle Gier	Sinnlichkeit
Essen	Nahrung	Sättigung	Hunger	Erhaltung des Lebens
Familie	Ausfüllen der Elternrolle	Gefühl, gebraucht zu werden	Belastung	Kinder
Idealismus	Soziale Gerechtigkeit	Mitgefühl	Entrüstung	Fairness
Körperliche Aktivität	Muskeltraining	Vitalität	Ruhelosigkeit	Fitness
Macht	Einfluss	Selbstwirksamkeit, Hochgefühl	Bedauern, Beschämung, Erniedrigung	Leistung, Führung
Neugier	Kognition (Denken)	Staunen	Langeweile, Verwirrung	Ideen
Ordnung	Struktur	Behaglichkeit	Unbehagen	Stabilität
Rache	Selbstverteidigung	Verteidigung	Ärger	Gewinnen
Ruhe	Sicherheit	Entspannung	Angst	Vorsicht
Sparen	Sammeln	Besonnenheit	Verschwenderisch-Sein	Sparsamkeit
Status	Ansehen	Überlegenheit	Unterlegenheit	Reputation
Unabhängigkeit	Autonomie	Persönliche Freiheit	Abhängigkeit	Autarkie

Tabelle 2.3: Positive und negative Emotionen im Zusammenhang mit den 16 Grundbedürfnissen

bedürfnisse als die Reiss'schen Grundbedürfnisse Bezug nehmen, um deutlich zu machen, um welche Taxonomie es gerade geht.) Haben James, McDougall, Murray und Reiss am Ende mithilfe unterschiedlicher Methoden ganz unterschiedliche Taxonomien herausbekommen, oder ähnelten diese einander im Wesentlichen?

Reiss	James	McDougall	Murray
Anerkennung			Vermeidung der Erniedrigung
Beziehungen	Geselligkeit, Spielen	Geselligkeit (Herdeninstinkt)	
Ehre			Widerständigkeit
Eros	Liebe	Reproduktion	Sexualität
Essen		Essen	
Familie		Elternrolle	
Idealismus	Mitgefühl		
Körperliche Aktivität			
Macht (stark)		Selbstbehauptung, Aufbauen	Leistung, Dominanz
Macht (schwach)		Selbsterniedrigung	
Neugier			Verstehen
Ordnung	Sauberkeit		Ordnung
Rache	Streitlust	Streitlust	Aggression
Ruhe	Angst	Flucht	
Sparen	Erwerb	Erwerb	Erwerb
Status			
Unabhängigkeit			Autonomie

Tabelle 2.4: Vergleich der 16 Grundbedürfnisse von Reiss mit früheren Taxonomien psychologischer Bedürfnisse

Tabelle 2.4 zeigt, dass die 16 Grundbedürfnisse grundsätzliche Ähnlichkeiten zu früheren Taxonomien aufweisen. In seinem geradezu epischen Werk *The Principles of Psychology* bestimmte William James (1918/1890) im Wesentlichen aufgrund von Beobachtungen an Tieren, Kindern oder Erwachsenen in natürlichen Kontexten und aufgrund der Beobachtungen von Preyer (1995/1880) die folgenden 16 »Instinkte«:

- **Nachahmung:** der Antrieb, andere zu imitieren
- **Streitsucht:** der Antrieb zu kämpfen
- **Geselligkeit:** »Herdentrieb«, der Antrieb, mit Menschen zusammen zu sein
- **Mitgefühl:** der Antrieb, anderen zu helfen
- **Jagdtrieb:** der Antrieb, Beute zu suchen und zu töten
- **Furcht:** der Antrieb zu fliehen
- **Erwerbslust:** der Antrieb, zu sammeln und zu sparen
- **Konstruktivität:** der Antrieb aufzubauen
- **Spieltrieb:** der Antrieb, sich der Muße hinzugeben
- **Neugier:** der Antrieb, neue Reize zu erkunden
- **Soziabilität:** der Antrieb, Kontakte zu knüpfen
- **Heimlichtuerei:** der Antrieb, die eigenen Interessen an etwas zu verbergen
- **Sauberkeit:** der Antrieb, Schmutz zu beseitigen
- **Sittsamkeit:** der Antrieb, bestimmte Körperteile zu bedecken
- **Liebe:** der Antrieb zur Sexualität
- **Eifersucht:** unbestimmter Antrieb
- **Elternliebe:** der Antrieb, Kinder großzuziehen

Reiss validierte acht der 17 Instinkte von James auf wissenschaftliche Weise. Es ergab sich eine bedeutsame Übereinstimmung zwischen den Taxonomien von James und denen von Reiss, es gab aber auch bedeutsame Unterschiede.

Reiss' 16 Grundbedürfnisse und James' Taxonomie der Instinkte unterscheiden sich in mehrerer Hinsicht. Bei einigen von Reiss' 16 Grundbedürfnissen werden zwei oder drei Instinkte von James zu einem Motiv zusammengefasst. James' Instinkte der Geselligkeit, der Soziabilität und des Spieltriebs lassen sich bei Reiss unter dem Grundbedürfnis nach Beziehungen zusammenfassen. Menschen mit der Motivation, im Spiel Spaß zu erleben, sind gewöhnlich auch dazu motiviert, mit Menschen zusammen zu sein, und umgekehrt. Daher braucht man nur ein Grundbedürfnis, das alle drei beinhaltet. Die Verbindung zwischen dem Zusammensein mit Menschen und dem Spielen ist so einfach wie das Konzept einer Party. Zudem birgt es Überlebensvorteile, lieber in Gruppen als allein zu spielen. Tiere, die in Gruppen spielen, haben aufgrund ihrer Anzahl eine gewisse Sicherheit in Zeiten, in denen sie weniger auf Raubtiere achten.

Einige von James' Instinkten wurden nicht in Reiss' Liste der 16 Grundbedürfnisse aufgenommen, entweder weil sie möglicherweise nicht universell sind oder weil sie auf ein anderes Grundbedürfnis reduziert werden können. Ich betrachte Heimlichtuerei nicht als einen universellen motivierenden Faktor. Nachahmung lässt sich auf andere Motive reduzieren: Das Bedürfnis, reiche Leute nachzuahmen, kann beispielsweise durch ein Bedürfnis nach Status veranlasst sein, während das Verlangen, ein Elternteil nachzuahmen, möglicherweise durch das Bedürfnis nach Anerkennung motiviert ist. James' Instinkt zur Sauberkeit fällt bei Reiss unter das Grundbedürfnis nach Ordnung.

1908 interpretierte William McDougall das Konstrukt des Instinkts neu und wies dabei der Emotion eine zentrale motivierende Rolle zu. Er unternahm auch größere Anstrengungen als James dabei, eine Theorie der universellen Motivation zu entwickeln. So beschrieb er die folgenden zwölf »Hauptinstinkte des Menschen« (McDougall, 2003 / 1908):

- **Flucht:** Instinkt, vor Gefahr zu fliehen
- **Abwehr:** Instinkt, Ekel zu vermeiden
- **Neugierde:** Instinkt, etwas zu erkunden
- **Streitlust:** Instinkt, Menschen entgegenzutreten, die die Zielerreichung behindern
- **Selbstdarstellung:** Instinkt, Aufmerksamkeit zu erlangen
- **Selbsterniedrigung:** Instinkt, sich zu unterwerfen
- **Elterninstinkt:** Instinkt, Kinder großzuziehen
- **Reproduktion:** Sexualinstinkt
- **Essen:** Instinkt, Nahrung zu sich zu nehmen
- **Herdeninstinkt:** Bedürfnis nach sozialem Kontakt
- **Erwerb:** Sammelinstinkt
- **Aufbauen:** Instinkt, etwas aufzubauen

Wie in Tabelle 2.4 dargestellt, schließen die 16 Grundbedürfnisse von Reiss zehn von McDougalls Hauptinstinkten ein. Dies weist auf eine bedeutsame Ähnlichkeit hin, es gibt aber auch wichtige Unterschiede. Bei einem Unterschied geht es um McDougalls Instinkt der Abwehr. Ich hatte überlegt, Abwehr in die Liste der Grundbedürfnisse aufzunehmen, denn Vermeidung von Ekel ist universell motivierend und wird intrinsisch hoch bewertet. Zudem hatten meine vorläufigen psychometrischen Ergebnisse darauf hingedeutet, dass Ekel nicht unter das Grundbedürfnis nach Ruhe einzuordnen ist. Ich hatte darüber nachgedacht, Ekel als 17. Grundbedürfnis anzuerkennen, doch am Ende beschloss ich, dass Ekel dem Kriterium der psychologischen Bedeutung nicht entspricht, da er keine wesentliche Rolle in der Persönlichkeitsentwicklung spielt. Also entschied ich, dass es sich nicht lohnt, Ekel in die Liste der Grundbedürfnisse aufzunehmen.

Bei McDougalls Instinkt der Neugier handelt es sich nicht um das gleiche Motiv wie bei Reiss' Grundbedürfnis der Neugier. McDougall definierte Neugier als exploratorische Motivation, während Reiss sich mit intellektueller Neugier (Bedürfnis nach Kognition) beschäftigt. In Kapitel 6 werde ich näher auf meine Vermutung eingehen, dass es sich bei der exploratorischen Neugier und bei der geistigen Neugier um Motive handelt, die nicht miteinander zusammenhängen. In dieser Hinsicht hat sich mein Standpunkt geändert, verglichen mit einigen meiner früheren Anmerkungen zur Neugier. Menschen, die etwas erkunden, sind nicht notwendigerweise Denker, und Denker sind nicht notwendigerweise Menschen, die etwas erforschen.

Reiss' Grundbedürfnis nach Rache ähnelt McDougalls Abwehrinstinkt. Sowohl McDougall als auch Reiss sehen Aggressivität als Bestandteil eines umfassenderen Motivs an, anderen entgegenzutreten. Entgegen der Ansicht mancher Psychologen, Abwehr und Rache seien Symptome für tiefer gehende Persönlichkeitsprobleme wie Ärger, das Gefühl, nicht geliebt zu werden, und seelischer Schmerz, stimmt Reiss mit McDougall darin überein, dass es sich bei Abwehr und Rache um normale Bedürfnisse handelt. Reiss hält die Rachsucht für etwas Normales, weil sie intrinsisch motivierend (Siegen ist eine Belohnung an sich) und universell wünschenswert ist (jeder will Enttäuschungen von sich fernhalten, die die Zielerreichung verhindern). Sowohl Wettbewerbsfähigkeit als auch Rachsucht sind etwas Normales, wenn sie sich aus einer universellen Motivation ergeben und nicht mit genetischen, biochemischen oder sonstigen ungewöhnlichen Ereignissen zusammenzuhängen scheinen, von denen man annimmt, dass sie seelische Erkrankungen hervorrufen.

Thorndike (1970/1913) lehnte es ab, dass McDougall Emotionen als Kernbestandteil des Instinkts festlegte, und mahnte eine Klassifikation der Instinkte an, die auf einem Typ sich manifestierenden, nicht gelernten Verhaltens beruht. Woodworth (1918) erkannte den Instinkt an, argumentierte jedoch, dass auch Fähigkeiten einen bedeutsamen Einfluss auf das Verhalten ausüben.

Mit Dunlap (1919) begann eine Periode der Veröffentlichungen, die sich gegen die Instinktlehre richteten. Verschiedene Theoretiker kritisierten das Konstrukt des Instinkts aus allen möglichen Gründen – es begann damit, dass man angeblich die »Gestalt« oder die Ganzheit zu wenig berücksichtige, und ging bis zur Behauptung, dass man die Genetik übermäßig betone und die Erfahrung vernachlässige (Murphy, 1929). Die Debatte wurde durch eine Reihe von Überzeugungen beeinflusst, unter anderem von dem Glauben, dass instinktives Verhalten eher tierisches als menschliches Verhalten beschreibt. McDougall und seine Anhänger setzen sich nicht wirksam mit den vielen Kritikern des Instinktkonstrukts auseinander. Obwohl McDougalls Motivationsanalyse ein bedeutsamer Fortschritt war, trugen die Kritiker den Sieg davon, und McDougalls Werk verlor an Einfluss.

Henry A. Murray (1938) ersetzte das Konstrukt des psychologischen Bedürfnisses durch das des Instinkts. Er erkannte, dass die Motivation viele Fassetten hat, und wandte sich gegen Bemühungen, die Motive des Menschen auf nur einige wenige zu reduzieren. Seine Taxonomie der 27 psychologischen Bedürfnisse hatte einen großen Einfluss auf die psychodynamischen Theoretiker. Er erkannte an, dass sich seine »Klassifikation der Bedürfnisse nicht sehr von den Listen unterscheidet, die von McDougall, Garnett und einer Reihe anderer Autoren aufgestellt wurden« (Murray, 1938, S. 84). Im Folgenden findet sich Murrays Taxonomie:

- **Erniedrigung:** Bedürfnis, sich zu unterwerfen und die Bestrafung zu akzeptieren

- **Leistung:** Bedürfnis, Hindernisse zu überwinden und erfolgreich zu sein
- **Erwerben:** Bedürfnis nach Besitztümern
- **Soziale Zugehörigkeit (Herdeninstinkt):** Bedürfnis nach Freundschaften
- **Aggression:** Bedürfnis, andere zu verletzen
- **Autonomie:** Bedürfnis, anderen zu widerstehen und stark zu bleiben
- **Tadelvermeidung:** Bedürfnis, Schuld zu vermeiden und die Regeln zu achten
- **Aufbauen und Organisieren:** Bedürfnis, etwas aufzubauen oder zu schaffen
- **Nonkonformismus:** Bedürfnis, einzigartig zu sein
- **Widerständigkeit:** Bedürfnis, die Ehre zu verteidigen
- **Selbstgerechtigkeit:** Bedürfnis, die eigenen Handlungen zu rechtfertigen
- **Fügsamkeit:** Bedürfnis, sich an etwas Übergeordnetem auszurichten
- **Machtausübung:** Bedürfnis, andere zu kontrollieren und zu führen
- **Selbstdarstellung:** Bedürfnis nach Aufmerksamkeit
- **Darlegungsbedürfnis:** Bedürfnis, andere zu erziehen und zu informieren
- **Leidvermeidung:** Bedürfnis, Schmerzen zu vermeiden
- **Misserfolgsvermeidung:** Bedürfnis, Misserfolg / Schamgefühl zu vermeiden und Schwächen zu verheimlichen
- **Fürsorglichkeit:** Bedürfnis, die Hilflosen zu beschützen
- **Ordnung:** Bedürfnis, etwas herzurichten, zu ordnen und genau zu sein
- **Spiel:** Bedürfnis, Spannung abzubauen, Spaß zu haben und sich zu entspannen
- **Geltungsdrang:** Bedürfnis, Zustimmung und sozialen Status zu erlangen
- **Zurückweisung:** Bedürfnis, andere auszuschließen
- **Sinnenhaftigkeit:** Bedürfnis nach Sinnlichkeit
- **Sexualität:** Bedürfnis nach erotischen Beziehungen
- **Mitfühlen:** Bedürfnis, empathisch zu sein
- **Hilfesuche:** Bedürfnis nach Unterstützung
- **Verstehen:** Bedürfnis, etwas zu analysieren und es wissen zu wollen

Wie in Tabelle 2.4 dargestellt, sind in Reiss' 16 Grundbedürfnissen 10 von Murrays Bedürfnissen enthalten. Dies weist auf eine bedeutsame Ähnlichkeit hin, doch es gibt auch eine ganze Reihe wichtiger Unterschiede. Bei Reiss' 16 Grundbedürfnissen werden einige von Murrays Bedürfnissen in einem einzigen Motiv zusammengefasst, wodurch die Liste kürzer wird. Selbsterniedrigung und Vermeidung eines Unterlegenheitsgefühls z.B. sind unterschiedliche Ausprägungen von Reiss' Grundbedürfnis nach Anerkennung und können daher zu einem Bedürfnis zusammengefasst werden. Die Motivation zur Selbsterniedrigung ist ein sehr stark ausgeprägtes Bedürfnis nach Anerkennung, während die Vermeidung eines Misserfolgs durch ein sehr schwaches Grundbedürfnis nach Anerkennung motiviert ist.

Murrays Bedürfnisse nach Leistung und Machtausübung lassen sich als unterschiedliche Erscheinungsformen eines einzigen Grundbedürfnisses nach Willensfreiheit auffassen – Reiss bezeichnet das als Grundbedürfnis nach Macht. Die gleichen Menschen, die Leistung einen hohen Wert beimessen, neigen dazu, Machtausübung hoch auf ihrer Werteskala einzustufen, und umgekehrt. Die Korrelation ist vielleicht nicht perfekt, aber groß genug, um im täglichen Leben offenkundig zu werden. Mein eigener Chef beispielsweise redet ständig sowohl über Leistung als auch über Führungsfähigkeit.

Murrays Bedürfnisse nach Autonomie, Nonkonformismus und Hilfesuche lassen sich zu Reiss' Grundbedürfnis nach Unabhängigkeit zusammenfassen. Bei Nonkonformismus ist das Bedürfnis nach Unabhängigkeit stark ausgeprägt, bei Autonomie ist es mäßig ausgeprägt und bei Hilfesuche ist es schwach ausgeprägt.

Murrays Bedürfnisse nach Sinnenhaftigkeit und Sexualität lassen sich in Reiss' Grundbedürfnis nach Eros zusammenfassen. Einige haben Reiss kritisiert, weil er behauptet, dass das Bedürfnis nach Schönheit und das nach Sexualität eng miteinander zusammenhängen – diese Kritiker täuschen sich gewaltig! Dieser Zusammenhang wird durch die Tatsache belegt, dass jeder Mensch auf dem gesamten Erdball vor dem Geschlechtsakt für die von ihm geliebte Person schön sein will. Wenn die Kritiker recht hätten und Schönheit und Sexualität nichts miteinander zu tun hätten, würden wir nicht lieber mit einem schönen Menschen als mit einem hässlichen Menschen ins Bett gehen.

Murrays Definition von Spiel ist eine empirisch nicht bestätigte Zusammenfassung von Reiss' Bedürfnissen nach Beziehungen und nach Ruhe. Beim Grundbedürfnis nach Ruhe geht es um Sicherheit, während es bei dem nach Beziehungen um Freundschaft geht. Man kann aus dem Wert, den eine Person auf Sicherheit legt, nicht schließen, welchen Wert sie Freundschaft beimisst, und umgekehrt. Daher können Reiss' Grundbedürfnisse nach Ruhe und sozialem Kontakt nicht zu einem einzigen Bedürfnis zusammengefasst werden.

Erfassung mithilfe projektiver Verfahren

Die Psychologen von der Harvard University haben keine wissenschaftlich validen Instrumente zur Erfassung psychologischer Bedürfnisse entwickelt. Murrays Forschungsarbeiten beruhten fast vollständig auf einer Technik der Motivationserfassung, die als Thematischer Apperzeptionstest (TAT; Murray, 1943) bezeichnet wird. Der TAT ist ein Testinstrument, bei dem Geschichten erzählt werden müssen. Der Testleiter legt Zeichnungen mit nicht eindeutigen Szenen vor und bittet den Probanden, sich Geschichten mit einem Anfang, einer Mitte und einem Ende auszudenken. Der Testleiter deutet die Geschichten subjektiv. Er sucht dabei nach verbindenden psychologischen Themen, die auf psychodynamischen Prinzipien basieren. Wenn z.B. in mehreren der Geschichten aggressive Gestalten auftauchen, schließt er daraus, dass sich der Proband veranlasst sieht, Ärger zum Ausdruck zu bringen.

In den Sechziger- und Siebzigerjahren des 20. Jahrhunderts geriet der TAT immer mehr in die Kontroverse wegen einer Debatte um seine Subjektivität (z.B. Zubin, Eron & Schumer, 1965). Wissenschaftlich arbeitende Psychologen hatten Hunderte von Studien durchgeführt, ohne dass sich dabei überzeugende Befunde ergaben, die für die Validität des TAT sprachen. Heutzutage sind einige Experten der Auffassung, dass die Geschichten, die die Probanden erzählen, überhaupt nichts über ihre Motive oder ihre Persönlichkeit aussagen. In dem Maße, in dem der TAT immer weniger eingesetzt wurde, ging auch das Interesse an der wissenschaftlichen Beschäftigung mit psychologischen Bedürfnissen zurück. Wissenschaftler können nicht untersuchen, was sie nicht erfassen können.

David McClelland war ein exzellenter Psychologe an der Harvard University, der sich wissenschaftlich mit der Leistungsmotivation beschäftigte (McClelland, 1966/1961). Der größte Teil seiner Studien beruhte auf dem Einsatz des TAT. Als das Interesse am TAT unter den Forschern abnahm, verlor McClellands Arbeit viel von ihrem ursprünglichen Einfluss.

Einer der größten Fehler psychodynamischer Theoretiker bestand darin, die Anwendung projektiver Tests zu befürworten und zugleich standardisierte Fragebogen zur Selbsteinstufung zu kritisieren. In der Forschung ist man inzwischen zum umgekehrten Schluss gekommen: In den letzten 20 Jahren hat der Einsatz standardisierter Messinstrumente in psychologischen Forschungsstudien stark zugenommen, während der Einsatz projektiver Verfahren in psychologischen Forschungsstudien erheblich zurückgegangen ist.

Douglas N. Jackson (1984) konstruierte auf der Grundlage der psychologischen Bedürfnisse nach Murray ein Fragebogeninstrument und nannte es Personality Research Form (deutsche Fassung von Stumpf, Angleitner, Wieck, Jackson & Beloch-Till). Jackson war vielleicht insofern seiner Zeit voraus, als er umfassende objektive Messmethoden für Motivation anstrebte. Sein Instrument verdient es, häufiger verwendet zu werden, als dies bisher der Fall war.

Bevor Wissenschaftler den Wert einer Theorie einschätzen können, brauchen sie valide Messinstrumente. In den Achtzigerjahren des 20. Jahrhunderts verbrachte ich Jahre damit, den Anxiety Sensitivity Index (ASI) als valides Testinstrument zu entwickeln, bevor wir Studien über Angststörungen durchführen konnten (Reiss et al., 1986). Der ASI hat besser als jede andere Angstskala abgeschnitten, mit der er verglichen wurde. In den Neunzigerjahren habe ich viel Zeit darauf verwendet, das RMP als umfassendes Messinstrument für Motivation weiterzuentwickeln, bevor ich wissenschaftliche Untersuchungen durchführen konnte. Das wollte ich ursprünglich gar nicht – ich wollte nur meine Theorie überprüfen. Aber ohne gute Messinstrumente ist keine gut fundierte Theorie möglich.

Schlussfolgerungen

Grundbedürfnisse sind Motive, die universal sind, intrinsisch motiviert sind, intrinsisch bewertet werden, psychologisch bedeutsam sind und die nur zeitweilig befriedigt werden können, ehe sie sich von selbst wieder melden und das Verhalten erneut motivieren. Wir entscheiden uns nicht für Grundbedürfnisse – sie entstehen automatisch. Da sowohl Tiere als auch Menschen ähnliche Grundbedürfnisse haben, nehme ich an, dass der Ursprung der Grundbedürfnisse in den Genen und in der Evolution zu suchen ist.

Durch eine ganze Reihe wissenschaftlicher Untersuchungen wurde wiederholt nachgewiesen, dass der Mensch 16 Grundbedürfnisse hat. Diese Schlussfolgerung beruhte anfänglich auf den Ergebnissen von Studien, die mithilfe der exploratorischen und der konfirmatorischen Faktorenanalyse ausgewertet wurden. Die 16 Grundbedürfnisse sind empirisch abgeleitete Faktoren und Cluster miteinander korrelierter Motive.

Die Forschung zu den 16 Grundbedürfnissen geht weit über den ursprünglichen Nachweis der Konstruktvalidität für die Faktoren hinaus. Sie umfasst jetzt empirische Hinweise auf die Validität der Übereinstimmung mit anderen psychologischen Messinstrumenten und die Vorhersagevalidität für Verhalten in Situationen des realen Lebens. Zusammenfassend kann man sagen, dass in die wissenschaftlichen Arbeiten zu den 16 Grundbedürfnissen mehr als 25 000 Menschen auf drei Kontinenten einbezogen waren. Die Validitätskoeffizienten sind hoch und genügen damit allen wissenschaftlichen Standards (siehe Havercamp & Reiss, 2004). Einzelberichte deuten darauf hin, dass die 16 Grundbedürfnisse eine statistisch bedeutsame Validität für die Vorhersage von Verhalten in Situationen der realen Welt haben. Darauf gehen wir im Folgenden noch ein.

Die Taxonomie der 16 Grundbedürfnisse weist bedeutsame Ähnlichkeiten und Unterschiede im Vergleich mit den früheren Taxonomien der Hauptmotive und psychologischen Bedürfnisse auf. Kritiker der Theorien zu psychologischen Bedürfnissen übertreiben oft die Unterschiedlichkeit der Taxonomien, die die einzelnen Theoretiker hervorgebracht haben. Trotz des Einsatzes recht unterschiedlicher Methoden – Beobachtungen an Tieren, Einzelberichte über Beobachtungen, projektive Verfahren, philosophische Untersuchung und empirische Schlussfolgerungen aufgrund psychometrischer Methoden – gibt es bedeutsame Ähnlichkeiten zwischen den unterschiedlichen Taxonomien universeller Motive.

KAPITEL 3

Die Ausprägung der grundlegenden Motivation

Dasselbe Grundbedürfnis (oder psychologische Bedürfnis) führt bei unterschiedlicher Ausprägung zu unterschiedlichen Persönlichkeitsmerkmalen. Bereits vor Jahrhunderten erkannte Aristoteles (2007/330 v. Chr., Buch III) das in seiner großartiger Analyse von Lastern, Tugenden und Mäßigung. Nach Aristoteles führen unzureichende, mittelmäßige und übermäßige Ausprägungen desselben Lebensmotivs zu unterschiedlichen, ja sogar gegensätzlichen Persönlichkeitsmerkmalen. Nicht ausreichende, mittelmäßige und übermäßige Prädispositionen dafür, ängstlich zu werden, sind die Ursache für die Persönlichkeitsmerkmale der Tollkühnheit, des Muts und der Feigheit. Nicht ausreichende, mittelmäßige und übermäßige Bedürfnisse nach Wohlstand sind der Grund für die Persönlichkeitsmerkmale der Schäbigkeit, der Prächtigkeit und der Pöbelhaftigkeit. Nicht ausreichende, mittelmäßige und übermäßige Bedürfnisse nach Beziehungen sind der Grund für die Persönlichkeitsmerkmale der Ungeschliffenheit, der Freundlichkeit und der Clownerie.

In der folgenden Tabelle 3.1 auf Seite 68 sind die theoretischen Zusammenhänge zwischen den 16 Grundbedürfnissen und Persönlichkeitsmerkmalen dargestellt. Anhand der Tabelle soll gezeigt werden, wie bestimmte Persönlichkeitsmerkmale durch dasselbe Motiv, das jedoch unterschiedlich stark ausgeprägt ist, verursacht werden können.

Grundbedürfnis	Unzureichende Motivation	Motivation geringer Intensität	Durchschnittliche Motivation	Motivation hoher Intensität	Übermäßige Motivation
Anerkennung	übertrieben selbstbewusst	selbstbewusst	kein Persönlichkeitsmerkmal	unsicher	selbsterniedrigend
Beziehungen	ungeschliffen	einzelgängerisch	kein Persönlichkeitsmerkmal	freundlich	clownesk
Ehre	unmoralisch	berechnend	kein Persönlichkeitsmerkmal	vertrauenswürdig	selbstgerecht
Eros	abstinent	sexuell unterentwickelt	kein Persönlichkeitsmerkmal	erotisch	sexbesessen
Essen	schlecht ernährt	dünn	kein Persönlichkeitsmerkmal	übergewichtig	fettleibig
Familie[a]	misshandelnd	unbeteiligt	kein Persönlichkeitsmerkmal	verantwortungsvoll	vernarrt
Idealismus	ungerecht, unfair	unbeteiligt	kein Persönlichkeitsmerkmal	menschenfreundlich	wahrhaft gläubig
Körperliche Aktivität	inaktiv	faul	kein Persönlichkeitsmerkmal	energiegeladen	ermüdend
Macht	unterwürfig	gelassen	kein Persönlichkeitsmerkmal	ehrgeizig	kontrollierend

Neugier	gedankenlos	praktisch veranlagt	kein Persönlichkeitsmerkmal	intellektuell	übermäßig analytisch
Ordnung	chaotisch	desorganisiert	kein Persönlichkeitsmerkmal	wohlorganisiert	perfektionistisch
Rache	friedfertig	sanft, höflich	kein Persönlichkeitsmerkmal	kriegerisch	gemein, brutal
Ruhe	furchtlos	risikobereit	kein Persönlichkeitsmerkmal	vorsichtig	feige
Sparen	verschwenderisch	konsumorientiert	kein Persönlichkeitsmerkmal	geizig	krankhaft geizig
Status	schäbig	ungezwungen	kein Persönlichkeitsmerkmal	steif	snobistisch
Unabhängigkeit	abhängig	interdependent	kein Persönlichkeitsmerkmal	auf sich selbst vertrauend	starrsinnig
a Erziehungsstil					

Tabelle 3.1: Persönlichkeitsmerkmale und Intensität der Motivation

Und so sollte man die Tabelle lesen: Das Bedürfnis nach Anerkennung ist eins der 16 universellen Bedürfnisse des Menschen. Jeder hat die Motivation, anerkannt zu werden, aber dies in unterschiedlichem Ausmaß. Menschen, die ein unzureichendes (sehr schwaches) Grundbedürfnis nach Anerkennung haben, sind in den Augen anderer übertrieben selbstbewusst. Diejenigen, bei denen das Grundbedürfnis nach Anerkennung gering ausgeprägt ist, machen anderen den Eindruck, sie seien selbstbewusst. Menschen, die ein Grundbedürfnis nach Anerkennung von durchschnittlicher Ausprägung haben, machen keinen markanten Eindruck auf andere im Hinblick darauf, wie selbstbewusst sie sind. Sie mögen in bestimmten Situationen Selbstvertrauen haben und in anderen nicht. Menschen, die ein sehr ausgeprägtes (starkes) Grundbedürfnis nach Anerkennung haben, rufen bei anderen den Eindruck hervor, dass sie unsicher sind und dass es ihnen an Selbstvertrauen mangelt. Menschen, die ein übermäßig stark ausgeprägtes (sehr starkes) Grundbedürfnis nach Anerkennung haben, wirken auf andere selbsterniedrigend.

Neugier, das Bedürfnis nach geistiger Aktivität, ist ebenfalls eins der 16 Grundbedürfnisse des Menschen. Jeder empfindet Neugier, aber in unterschiedlichem Ausmaß. Menschen, die eine unzureichende Neugier haben, wirken auf andere unbekümmert oder gedankenlos, während sich diejenigen, bei denen das Grundbedürfnis nach Neugier gering ausgeprägt ist, bei anderen als praktisch veranlagt einprägen. Menschen, die ein Grundbedürfnis nach Neugier von durchschnittlicher Intensität haben, machen auf andere in Bezug darauf, wie neugierig sie sind, keinen markanten Eindruck. Sie mögen bei einigen Themen neugierig sein, aber nicht bei vielen Themen. Menschen, die ein stark ausgeprägtes (starkes) Grundbedürfnis nach Neugier haben, rufen bei anderen den Eindruck hervor, intellektuell zu sein, während diejenigen, bei denen die Neugier übermäßig stark ausgeprägt ist, auf andere so wirken, als seien sie übermäßig analytisch und als lebten sie in einem Elfenbeinturm.

Der Rest von Tabelle 3.1 liest sich ähnlich. Jedes der 16 Grundbedürfnisse ist ein psychologisches Bedürfnis. Unzureichende (sehr schwache), geringe (schwache), hohe (starke) und übermäßige (sehr starke) Ausprägungen jedes einzelnen Bedürfnisses führen theoretisch zu den Persönlichkeitsmerkmalen, die in der Tabelle dargestellt sind. Bedürfnisse von durchschnittlicher Ausprägung rufen jedoch keinen markanten Eindruck hervor, weil die betreffende Person gemischte Züge aufweist, sowohl von den schwachen als auch von den starken Seiten des Spektrums.

Vom motivationalen Standpunkt aus kommt der Ausprägung der Motivation eine zentrale Bedeutung für das Verständnis der Persönlichkeit zu. Dennoch wird sie in der etablierten Psychologie und in der Beratung praktisch ignoriert. Beispielsweise neigt Ihr Berater oder Therapeut dazu, die Ausprägung einer Motivation nicht zu berücksichtigen, wenn er Ihnen beibringt, sich selbst zu verstehen. Die Motivationsanalyse ist eine der wenigen Theorien der Persönlichkeit, die die Ausprägung einer Motivation als etwas Bedeutsames berücksichtigt.

Das Reiss Motivation Profile

Jeder hat alle 16 Grundbedürfnisse, aber in unterschiedlichem Ausmaß. Die Intensität, mit der eine Person gewohnheitsmäßig jedes der 16 Grundbedürfnisse empfindet, wird als Reiss Motivation Profile[1] bezeichnet. Das RMP zeigt, welche Rangordnung jeder Einzelne den 16 Grundbedürfnisse zuordnet bzw. welche Priorität er ihnen beimisst. Viele Persönlichkeitsmerkmale lassen sich mithilfe des RMP einer Person besser verstehen.

Die *Ausprägung der Motivation* ist von zentraler Bedeutung für das Verständnis dessen, wie eine Persönlichkeit funktioniert. Aus Gründen der Vereinfachung wählen wir drei Ausprägungen der Motivation: *stark, durchschnittlich* und *schwach.*

- **Bedürfnisse starker Ausprägung** – deuten auf ein Bedürfnis hin, das stärker als beim Durchschnitt ausgeprägt ist (die oberen 20 Prozent, wenn man es mit der Allgemeinbevölkerung vergleicht). Die Menschen entwickeln Gewohnheiten oder Persönlichkeitsmerkmale, um diese Bedürfnisse wiederholt zu befriedigen. Beispiel: Eine Person mit einem Denkbedürfnis hoher Ausprägung ist motiviert, so viel Zeit mit geistigen Aktivitäten zu verbringen, dass sie Persönlichkeitsmerkmale eines Intellektuellen aufweist.

- **Bedürfnisse schwacher Ausprägung** – deuten auf ein Bedürfnis hin, das schwächer als beim Durchschnitt ausgeprägt ist (die unteren 20 Prozent, wenn man es mit der Allgemeinbevölkerung

1 Die offizielle Bezeichnung für das RMP lautet Reiss Profile of Fundamental Goals and Motivational Sensitivities (Reiss & Havercamp, 1998).

vergleicht). Die Menschen entwickeln Gewohnheiten, um diese Bedürfnisse wiederholt zu befriedigen. Beispiel: Eine Person mit einem Denkbedürfnis geringer Ausprägung sieht sich veranlasst, so wenig Zeit mit geistigen Aktivitäten zu verbringen, dass sie Persönlichkeitsmerkmale einer praktisch veranlagten, handlungsorientierten Person aufweist.

- **Bedürfnisse durchschnittlicher Ausprägung** – deuten auf ein durchschnittliches Bedürfnis hin (das betrifft etwa 60 Prozent der Allgemeinbevölkerung). Diese Bedürfnisse werden durch Erlebnisse des alltäglichen Lebens befriedigt, und sie setzen zu ihrer Befriedigung keine markanten Gewohnheiten oder Persönlichkeitsmerkmale voraus. Menschen mit Bedürfnissen durchschnittlicher Ausprägung weisen manchmal Persönlichkeitsmerkmale auf, die mit Bedürfnissen starker Ausprägung zusammenhängen, und manchmal solche, die mit Bedürfnissen schwacher Ausprägung verbunden sind.

Die folgenden Anmerkungen heben die theoretischen Zusammenhänge zwischen starken und schwachen Grundbedürfnissen und Persönlichkeitsmerkmalen hervor. Ich werde die Motive in alphabetischer Reihenfolge vorstellen. Diese Beschreibungen sind im Allgemeinen fundiert durch wissenschaftlich evaluierte Untersuchungen, bei denen die Validität des RMP nachgewiesen wurde (siehe Tabelle 2.2). Viele spezifische Details jedoch sind theoretischer Natur und müssen noch empirisch überprüft werden. Das System als Ganzes wurde an Tausenden von Menschen in der Beratung und beim Coaching professionell angewandt. Die Rückmeldungen waren ungewöhnlich positiv. Alle hier vorgeschlagenen Zusammenhänge zwischen Grundbedürfnissen und Persönlichkeitsmerkmalen sind mithilfe des standardisierten Testinstruments RMP wissenschaftlich vollständig überprüfbar.

Anerkennung

Anerkennung ist das universelle Bedürfnis, nicht kritisiert und zurückgewiesen zu werden. Dieses Bedürfnis bringt Sie dazu, Situationen zu meiden, in denen Sie sich der Kritik aussetzen oder in denen man Sie ablehnen könnte, und sich von Menschen fernzuhalten, die Sie nicht mögen. Anerkennung ist auch der Grund dafür, dass Sie manchmal nervös werden, wenn man Sie bei einem Vorstellungsgespräch für eine neue Arbeitsstelle bewertet, testet oder befragt.

Von einigen Menschen brauchen Sie viel mehr Anerkennung als von anderen. Als Sie ein Kind waren, brauchten Sie vor allem die Anerkennung durch Ihre Eltern. Als Erwachsener suchen Sie möglicherweise die Anerkennung durch Ihren Partner, durch Gleichaltrige, Kollegen oder die Gemeinde. Die vielleicht einfachste Methode, um herauszubekommen, wessen Anerkennung Sie am meisten brauchen, besteht darin, dass Sie sich selbst fragen, wessen Kritik Sie am meisten schmerzt (oder schmerzen würde).

Anerkennung stärkt Ihr Bedürfnis zu leben. Wenn Sie sich anerkannt fühlen, empfinden Sie möglicherweise Lebensfreude und sind bereit, die Welt zu erobern. Wenn Sie sich abgelehnt fühlen, können in Ihnen Selbstzweifel aufkommen und Sie haben eventuell die Neigung, sich niedergeschlagen zu fühlen. Einige Menschen, die eine niederschmetternde Ablehnung erfahren, haben Selbstmordgedanken.

Anerkennung ist intrinsisch erwünscht. Jugendliche und Erwachsene wollen von Menschen anerkannt werden, die ihnen wichtig sind, unabhängig von den extrinsischen Vorteilen, die Anerkennung eventuell mit sich bringt, wie etwa bevorzugte Berücksichtigung beim Erbe oder die Beförderung im Beruf. Bei der Anerkennung geht es nicht um Selbstliebe (Narzissmus), Abbau von Schuld oder den Umgang mit einem Kindheitstrauma. Bei der Anerkennung geht es darum, so geschätzt zu werden, wie man ist.

- Menschen mit einem **starken Grundbedürfnis nach Anerkennung** fehlt es an Selbstvertrauen. Sie sind unsicher und haben eine Neigung, sich durch Kritik, Ablehnung und Versagen verletzt zu fühlen. Sie sehen sich selbst negativ und geben sich schnell selbst die Schuld, wenn etwas schiefgeht. Sie machen sich Gedanken darüber, ob sie als minderwertig eingestuft werden könnten. Karen Horney (2007 / 1939) beschrieb es so: Wenn unsichere Menschen eine Erkältung bekommen, geben sie sich selbst die Schuld dafür, weil sie sich nicht warm genug angezogen haben. Wenn ein Freund eine Zeit lang nicht anruft, fragen sie sich, ob der Freund sie nicht mehr mag. Damit unsichere Menschen etwas Neues ausprobieren, müssen sie oft nachdrücklich durch andere dazu ermutigt werden. Zu den Persönlichkeitsmerkmalen, durch die sie beschrieben werden können, gehören Mangel an Selbstvertrauen, Niedergeschlagenheit, widersprüchliches Verhalten, Unsicherheit, Selbstzweifel und eventuell Unentschiedenheit oder Pessimismus.

- Menschen mit einem **schwachen Grundbedürfnis nach Anerkennung** sind selbstsicher. Sie weisen den grundsätzlichen Optimismus auf, der erforderlich dafür ist, sich um die Dinge im Leben, die sie wollen, zu bemühen und Erfolg dabei zu erwarten. Sie gehen gewöhnlich konstruktiv mit Kritik, Ablehnung und Versagen um. Sie haben ein positives Selbstbild und erwarten, dass sie einen vorteilhaften Eindruck machen. Sie brauchen keinen anderen Menschen, der ihnen sagt, dass sie schön oder klug oder sportlich sind, weil sie tief in ihrem Innern bereits selbst davon überzeugt sind. Erfolgserwartungen können sich selbst erfüllende Prophezeiungen sein. Zu den Persönlichkeitsmerkmalen, die sie beschreiben, gehören: selbstsicher, spielerisch (bereit, etwas auszuprobieren), optimistisch und selbstbewusst.

Beziehungen

Bei Beziehungen geht es um das universelle Bedürfnis nach der Gesellschaft mit Gleichaltrigen und Kollegen. Die Befriedigung dieses Bedürfnisses ruft Gefühle von Freude und Zugehörigkeit hervor, während die Nichtbefriedigung zu Einsamkeitsgefühlen führt.

William McDougall schlug etwas vor, was er als »Herdeninstinkt« bezeichnete, eine angeborene Neigung, in kleinen Gruppen (wie Herden oder Stämmen) zu leben. Der südafrikanische Ochse z. B. zeigt keine Zuneigung für die anderen Herdentiere, solange er unter ihnen ist. Wenn ein einzelnes Tier jedoch von der Herde getrennt wird, wirkt es, als sei es außergewöhnlich starken Qualen ausgesetzt, die es nicht ruhen lassen, bis es wieder mit der Herde zusammen ist. »So sehen wir die Funktionsweise des Herdeninstinkts in seiner ganzen Einfachheit«, schrieb McDougall (2003/1908), »eine schiere Beklommenheit in der Vereinzelung und Befriedigung, wenn das Tier wieder in einer der Herden ist.« (S. 72)

Der Herdeninstinkt hat für Tiere und Menschen, die in primitiven Gesellschaften leben, offensichtliche Überlebensvorteile. Wegen der Zahl ihrer Mitglieder bieten kleine Gruppen Sicherheit. Wenn eine Person spielt, kann die andere auf mögliche Gefahren aufpassen. Wenn die Jagd ansteht, um Nahrung zu finden, kann die Gruppe die Aufgaben so verteilen, dass sie den Fähigkeiten jedes einzelnen Mitglieds entsprechen. Während einige Mitglieder den Nachwuchs großziehen, können ihn andere beschützen, und wieder andere können auf die Jagd gehen und für Nahrung sorgen.

Das Grundbedürfnis nach Beziehungen ruft ein psychologisches Bedürfnis nach Freunden hervor. Menschen, die viele Freunde haben wollen, lernen es, sich so zu benehmen und solche Fähigkeiten zu entwickeln, dass sie Freunde anziehen und behalten. Das Bedürfnis, Kontakte zu knüpfen, wird so hoch bewertet, dass es eine Form der Bestrafung ist, wenn man jemandem – wie etwa bei der sozialen Ächtung – die Möglichkeit vorenthält, Kontakte zu knüpfen.

Dale Carnegie (2008/1936) war ein beliebter Autor, der Ratschläge gab, wie man Freunde gewinnen und Menschen beeinflussen kann. Er riet den Menschen, zu lächeln, genau zuzuhören, was der andere zu sagen hat, sich an den Namen des anderen zu erinnern und ihn im Gespräch oft zu erwähnen, Kritik an anderen Menschen zu vermeiden, bei jeder Gelegenheit das verdiente Lob zu erteilen und auf das eigene Äußere zu achten. Er riet auch davon ab, egoistisch oder snobistisch zu sein.

Beim universellen Bedürfnis nach Beziehungen geht es um das Gefühl der Kameradschaft gegenüber Gleichaltrigen und Kollegen – es geht nicht um das Gefühl der Kameradschaft gegenüber geliebten Menschen, Eltern und Kindern. Wie viel Zeit man mit seinen Eltern oder Kindern verbringen will, sagt nichts darüber aus, wie viel Zeit man mit Gleichaltrigen und Kollegen verbringen will. Das Streben nach Eros, Ehre und Familie bringt Menschen dazu, Interesse an Liebhabern, Eltern und Kindern zu zeigen. Doch nur das Streben nach Beziehungen veranlasst sie dazu, sich für Gleichaltrige und Kollegen zu interessieren.

- Menschen mit einem **starken Grundbedürfnis nach Beziehungen** sind freundschaftlich gesinnt. Sie legen vielleicht Eigentümlichkeiten und Gewohnheiten an den Tag, durch die sie auf andere anziehend wirken und deretwegen sie bei ihnen beliebt sind. Sie können lebensfroh und optimistisch gestimmt sein. Zu den Persönlichkeitsmerkmalen, durch die sie zu beschreiben sind, gehören umgänglich, charmant, liebenswürdig, gesellig, kontaktfreudig, spielerisch, schelmisch, ungezwungen, lebhaft und warm.

- Menschen mit einem **schwachen Grundbedürfnis nach Beziehungen** mögen die Einsamkeit. Was sie nicht mögen, sind Partys, Smalltalk und Kontakte, und sie zeigen wenig Interesse an den meisten Menschen, denen sie begegnen. Möglicherweise haben sie nur wenige Freunde. Sie scheinen oft in ernster Stimmung zu sein. Zu den Persönlichkeitsmerkmalen, durch die sie vielleicht zu beschreiben sind, gehören distanziert, ausweichend, brüsk, gleichgültig, kühl, einsiedlerhaft, introvertiert, sich nicht öffnend, ernsthaft und zurückgezogen.

Ehre

Ehre ist das Bedürfnis, sich moralisch korrekt zu verhalten. Die Befriedigung dieses Bedürfnisses ruft ein Gefühl der Pflichttreue hervor, während die Nichtbefriedigung zu Schuld- und Schamgefühlen führt. Bei der Ehre geht es vor allem darum, einen traditionellen Verhaltenskodex zu befolgen.

Ehre motiviert zur Anhänglichkeit gegenüber den Eltern und dem Familienverband. Sie macht einen Menschen stolz auf seine ethnische Herkunft. Sie veranlasst ihn dazu, ehrlich, pflichtergeben, vertrauenswürdig und verantwortungsbewusst zu sein. Indem man den Moralkodex der Eltern befolgt, erweist man ihnen seine Ehre. Man ehrt seine Eltern auch dadurch, dass man das religiöse Bekenntnis der Eltern übernimmt und es sich zu eigen macht. Ehre bringt einen Menschen dazu, alle möglichen persönlichen Opfer für die Pflichterfüllung auf sich zu nehmen. Mark Twain ist ein gutes Beispiel für einen Menschen, der persönliche Opfer erträgt, um seine Pflicht zu erfüllen. Mark Twain war 58 Jahre alt, als die USA 1898 in eine schwere Wirtschaftskrise gerieten; er musste sich schwer verschulden. Er hätte schuldenfrei werden können, indem er seinen Bankrott erklärt hätte; stattdessen hielt er einen Vortrag nach dem anderen, schrieb weitere Bücher und zahlte jeden Cent zurück, den er schuldig geblieben war.

Ehre bringt einen Überlebensvorteil mit sich, weil sie die Menschen veranlasst, in kleinen Familieneinheiten oder in großen Familienverbänden zu leben. Wenn sie in kleinen Gruppen leben, profitieren sie von den Vorteilen durch die Anwesenheit anderer und der Zusammenarbeit mit ihnen. In primitiven Gesellschaften bieten Familienverbände oder Familien durch die Anzahl der Beteiligten Sicherheit und ermöglichen die Arbeitsteilung. Wenn sich ein Familienmitglied um die Kinder kümmert, können die anderen nach Nahrung suchen, eine Unterkunft bauen und nach Raubtieren Ausschau halten.

Der Ehrenkodex des Militärs trägt dazu bei, Soldaten in miteinander verbundene Einheiten einzureihen. Wenn sich Mitglieder einer militärischen Einheit an denselben Ehrenkodex halten, rufen die gemeinsamen Wertvorstellungen das Gefühl hervor, ein gemeinsames Ziel zu verfolgen. Das amerikanische Prinzip für den militärischen Kampfeinsatz »No American soldier left behind (keinen amerikanischen Soldaten zurücklassen)« ist ein ausgezeichnetes Beispiel für einen Ehrenkodex, der Loyalität durch Schutz in der Gruppe belohnt.

- Menschen mit einem **starken Grundbedürfnis nach Ehre** sind rechtschaffen. Sie konzentrieren sich auf die Themen Charakter, Moralität und Prinzipien. Sie verhalten sich loyal gegenüber ihrer ethnischen Gruppe und ihren Eltern. Zu den Persönlichkeitsmerkmalen, durch die sie sich beschreiben lassen, gehören verlässlich, echt, ehrlich, loyal, prinzipientreu, frömmelnd, peinlich genau, aufrichtig, standhaft, vertrauenswürdig, wahrheitsliebend und redlich.

- Menschen mit einem **schwachen Grundbedürfnis nach Ehre** sind berechnend. Sie neigen dazu, alles zu tun, was erforderlich ist, um eine wichtige Aufgabe zu erfüllen. Sie sind der Meinung, dass jeder mehr oder weniger auf seine eigenen Zwecke bedacht ist. Sie glauben, dass nichts falsch daran ist, seine Vorstellungen zu ändern und sein Wort nicht zu halten, wenn sich die Umstände ändern sollten. Zu den Persönlichkeitsmerkmalen, durch die sie sich beschreiben lassen, gehören berechnend, opportunistisch, und möglicherweise das Brechen von Versprechen.

Eros

Eros ist das universelle Bedürfnis nach Sexualität. Die Befriedigung dieses Bedürfnisses ruft ekstatische Gefühle hervor, während die Nichtbefriedigung zur Begierde führt. Das Bedürfnis nach Eros bringt uns dazu, auf unser Äußeres zu achten und nach potenziellen Sexualpartnern Ausschau zu halten. Das Streben nach Eros ist verbunden mit dem Bedürfnis, Schönheit zu erleben. Dies ist eine Erklärung dafür, dass sich in jeder Gesellschaft die Menschen auf Sex vorbereiten, indem sie sich bemühen, für ihren Partner möglichst schön auszusehen.

Wenn Menschen verliebt sind, erleben sie ihre Gefühle füreinander als grenzenlos und ewig während. Sie nehmen sich gegenseitig als schön, ansprechend, großartig, gut aussehend oder anbetungswürdig wahr. Sie denken fast nur an den anderen. Sie wollen sich gegenseitig ihre intimsten Gedanken mitteilen. Sie haben das Gefühl, dass sie eher sterben würden, als ohne den anderen zu sein. Wenn sie zusammen sind, verhalten sie sich möglicherweise kindisch. Dann schreiben und sagen sie immer wieder den Namen des anderen. Sie fühlen sich elend, wenn sie für mehr als ein paar Tage voneinander getrennt sind. Manchmal riskieren sie alles, nur um zusammen zu sein.

Eros ist nicht Bestandteil eines umfassenderen Bedürfnisses nach sinnlicher Freude. Das Ziel beim Eros ist Sexualität, nicht sinnliche Freude, so wie auch das Ziel beim Essen Ernährung ist, nicht sinnliche Freude. Wenn Menschen nur durch sinnliche Freude und nicht durch davon unabhängige Bedürfnisse nach Eros und Essen motiviert wären, wäre es möglich, den Hunger zu stillen, indem man Sex hat. Sinnliche Freude ist das Signal dafür, dass man sein Ziel erreicht hat; sie ist nicht das Ziel selbst.

Das Bedürfnis nach Eros nimmt während des Erwachsenenalters an Intensität ab. Sogar Casanova musste mit über 40 Jahren die Erfahrung machen, dass seine Libido zurückging. Wenn man jedoch das Bedürfnis eines Menschen nach Eros mit dem anderer Menschen in einem ähnlichen Alter vergleicht, kann es relativ stabil sein. Eine Person, die mit 30 sexuell aktiver ist als ihr oder sein Bruder, wird wahrscheinlich im Laufe der Jahre aktiver bleiben, obwohl beide vielleicht, wenn ihr Alter zunimmt, weniger aktiv werden.

- Menschen mit einem **starken Grundbedürfnis nach Eros** bemühen sich um ein aktives Sexualleben. Sie messen sexuellen Fähigkeiten oder Leidenschaft einen hohen Wert bei. Sie denken oft an Sex und fühlen sich eventuell von vielen potenziellen Sexualpartnern angezogen. Zu den Persönlichkeitsmerkmalen, die auf sie anwendbar sind, gehören sinnlich, gern flirtend, sexbesessen, leidenschaftlich, erotisch und vielleicht sogar promiskuitiv.

- Menschen mit einem **schwachen Grundbedürfnis nach Eros** verwenden wenig Zeit darauf, an Sex zu denken und danach zu streben. Zu den Persönlichkeitsmerkmalen, die auf sie anwendbar sind, gehören abstinent, keusch, platonisch, puritanisch und nicht sehr an Sex interessiert.

Essen

Essen ist das universelle Bedürfnis, Nahrung aufzunehmen. Die Befriedigung dieses Bedürfnisses führt zum Gefühl der Sättigung, während die Nichtbefriedigung ein Hungergefühl hervorruft. Das Bedürfnis zu essen veranlasst einen Menschen dazu, eine gute Küche wertzuschätzen.

Weil das Essen biologisch lebenswichtig ist, meinen viele Psychologen, es handle sich um ein besonders starkes Bedürfnis. Abraham Maslow (1999 / 1954) schrieb, dass Essen Vorrang hat vor psychologischen Motiven, wie etwa quälender Hunger, der einen von der Lektüre eines Buchs abhält. Maslow war der Auffassung, dass Hunger und andere für das Überleben wichtige Bedürfnisse befriedigt werden müssen, bevor andere Grundbedürfnisse uns motivieren können.

- Personen mit einem **starken Grundbedürfnis nach Essen** haben einen kräftigen Appetit. Essen ist eine der größten Freuden in ihrem Leben. Sie finden Gefallen an vielen unterschiedlichen Arten von Essen. Im Erwachsenenalter werden sie möglicherweise übergewichtig. Zu den Persönlichkeitsmerkmalen, durch die sie sich beschreiben lassen, gehören gefräßig, zur Völlerei neigend, unersättlich und eventuell hedonistisch.

- Menschen mit einem **schwachen Grundbedürfnis nach Essen** haben wenig Appetit. Sie denken nur selten an Essen und sind eventuell wählerisch bei dem, was sie überhaupt essen. Zu den Persönlichkeitsmerkmalen, durch die sie sich beschreiben lassen, gehören der Ausdruck »isst wie ein Vogel«, mäßiger Esser, wählerisch und eventuell dünn.

Familie

Familie ist das universelle Bedürfnis, seine eigenen Kinder großzuziehen. Es umfasst das, was als mütterliche bzw. väterliche Instinkte bezeichnet wird. Das Bedürfnis nach einer Familie bringt Menschen dazu, Zeit mit ihren Kindern zu verbringen und den Bedürfnissen ihrer Kinder einen höheren Rang beizumessen als ihren eigenen. Dieses Bedürfnis, das ein Elternteil an ein Kind bindet, hängt nicht mit dem Grundbedürfnis nach Ehre zusammen, das ein Kind an Eltern bindet.

Durch dieses universelle Bedürfnis sehen sich die Menschen veranlasst, ihre Familie – einschließlich der Kinder, Brüder und Schwestern – wertzuschätzen und sich fürsorglich um die Bedürfnisse ihrer Familie zu kümmern. Es mag die Menschen dazu bringen, die Erziehung zu fördern, ein Kind bei einem Sportverein trainieren zu lassen oder selbst eine ehrenamtliche Rolle bei den Pfadfindern zu übernehmen. Wenn sie ihr Bedürfnis nach Familie befriedigen, fühlen sie sich gebraucht und geliebt.

Obwohl das Aufziehen von Kindern wesentlich für das Überleben der Art ist, handelt es sich nicht um ein universell starkes Bedürfnis. Manche Erwachsene möchten nicht durch Kinder gebunden sein, einige wollen überhaupt keine Kinder haben. Ein schwaches Bedürfnis nach

Familie veranlasst Eltern, ihre Kinder auszusetzen. In grauer Vorzeit haben einige Eltern Kinder den Göttern geopfert, während andere Säuglinge sterben ließen, indem sie sie den Gewalten der Natur aussetzten.

- Menschen mit einem **starken Grundbedürfnis nach Familie** möchten Kinder haben und einen wichtigen Teil ihrer Zeit damit verbringen, sie großzuziehen. Ihre Kinder können für sie ihr Ein und Alles sein. Eine Familie zu gründen ist von wesentlicher Bedeutung für ihr Glück. Für sie sind Elternrolle und Familienleben wichtige Werte. Zu den Persönlichkeitsmerkmalen, durch die sie sich beschreiben lassen, gehören Familienmensch, Familienwerte, liebevoller Mensch, mütterlich (bzw. väterlich) und vielleicht erzieherisches Talent.

- Menschen mit einem **schwachen Grundbedürfnis nach Familie** betrachten die mit Kindern verbundenen Pflichten als Last. Sie wollen möglicherweise nicht Eltern werden. Wenn sie Kinder haben, verwenden sie meist nicht viel Zeit darauf, sie großzuziehen. Zu den Persönlichkeitsmerkmalen, durch die sie sich beschreiben lassen, gehören kinderlos, nicht engagierter Elternteil und häufig abwesender Elternteil.

Idealismus

Idealismus ist das Bedürfnis, die Gesellschaft zu verbessern. Die Befriedigung dieses Bedürfnisses ruft Mitgefühl hervor, während die Nichtbefriedigung zu Gefühlen der Wut über gesellschaftliche Ungerechtigkeiten führt. Das Bedürfnis nach Idealismus bringt die Menschen dazu, sich für gesellschaftliche Angelegenheiten zu engagieren, ihre Aufmerksamkeit auf aktuelle Fragen zu lenken und für wohltätige Zwecke zu spenden.

Idealismus motiviert dazu, eine hohe Meinung von der Menschheit und Mitgefühl für Menschen zu haben, die sich in einer misslichen Lage befinden und die man nicht kennt. Er motiviert auch zu dem Engagement, Krankheit, Armut und Rassismus zu beseitigen. Idealismus hat einen Wert für das Überleben, weil humanitäre Bemühungen die gesundheitliche Lage der Menschen auf der Erde verbessert und die Anzahl zerstörerischer Kriege verringert haben.

Der Idealismus des Musikers Bono war die Motivation für seine Bemühungen, den Kranken und Armen in Afrika zu helfen. Als bekannter Sänger einer Rock-Band nahm er zugunsten der Armen in der Welt Einfluss auf Regierungen, und 2005 organisierte er Rockkonzerte unter dem Titel World Aid, um einen Schuldenerlass für afrikanische Staaten zu bewirken. Er überzeugte den damaligen US-amerikanischen Präsidenten George W. Bush, Hunderttausende von Afrikanern mit Medikamenten gegen HIV zu versorgen.

Nach der Theorie der 16 Grundbedürfnisse gibt es zwei Arten der Moralität, die hier als *traditionelle und humane Wertvorstellungen* bezeichnet werden. Traditionelle Wertvorstellungen binden einen Menschen an seinen Familienverband oder seine ethnische Gruppe und lassen sich unter das Grundbedürfnis nach Ehre einordnen. Humane Wertvorstellungen binden einen Menschen an seine Art (an die Menschheit als Ganzes) und lassen sich unter das Grundbedürfnis nach Idealismus einordnen. Diese beiden Arten der Moralität hängen nur schwach miteinander zusammen. Einige Vertreter des Humanitätsgedankens lügen und betrügen, wenn sie der Meinung sind, dass es ihrer Sache dienlich ist. Ich kenne auch Menschen, die nie lügen und betrügen, aber sich sehr wenig um die Unterdrückten dieser Welt kümmern.

- Menschen mit einem **starken Grundbedürfnis nach Idealismus** sind vom Humanitätsgedanken und von ehrenamtlichem Engagement beeindruckt. Soziale Gerechtigkeit und Fairness sind sehr wichtig für sie. Sie engagieren sich intensiv für gesellschaftliche Fragen wie den Weltfrieden, die Befreiung der Unterdrückten und die Weltgesundheit. Sie schenken den aktuellen Ereignissen Aufmerksamkeit. Zu den Persönlichkeitsmerkmalen, durch die sie sich beschreiben lassen, gehören altruistisch, anteilnehmend, Weltverbesserer, Träumer, fair, humanitär, idealistisch, engagiert, ehrenamtlich tätig, philanthropisch und eventuell Märtyrer.

- Menschen mit einem **schwachen Grundbedürfnis nach Idealismus** konzentrieren sich eher auf einzelne Ereignisse in ihrem Leben als auf die großen Fragen, mit denen die Gesellschaft konfrontiert ist. Sie sind der Auffassung, dass Ungerechtigkeit Teil des Lebens ist und dass man wenig dagegen tun kann, es sei denn, es betrifft die eigene Person und Menschen, die man liebt. Sie zeigen normalerweise wenig Interesse an aktuellen Ereignissen oder am Weltfrieden. Zu den Persönlichkeitsmerkmalen, durch die sie sich beschreiben lassen, gehören kompromisslos, pragmatisch, Weltmann (oder -frau), realistisch, und sie neigen dazu, wegzusehen.

Körperliche Aktivität

Die körperliche Aktivität ist das universelle Bedürfnis, die Muskeln sportlich zu betätigen. Die Befriedigung dieses Bedürfnisses ruft Freude an der eigenen Vitalität hervor, während die Nichtbefriedigung zu Ruhelosigkeit führt. Dieses Bedürfnis veranlasst die Menschen zu einer körperlichen Kraftanstrengung wie dem Sport. Das RMP liefert eine standardisierte Erfassung Ihres Bedürfnisses nach körperlichem Training. Es zeigt, wie sehr Sie im Vergleich zum Durchschnittsmenschen Spaß an körperlicher Kraftanstrengung haben.

Nach den Ergebnissen des RMP bei Sportmannschaften an unterschiedlichen Universitäten (Reiss, Wiltz & Sherman, 2001) lässt sich die »sportliche Persönlichkeit« durch fünf motivationale Persönlichkeitsmerkmale definieren: starke Grundbedürfnisse nach körperlichem Training, nach Familie, Macht (Leistung), Rache (Wettbewerb) und Beziehungen. Das hauptsächliche Persönlichkeitsmerkmal ist natürlich ein sehr stark ausgeprägtes Grundbedürfnis nach körperlichem Training.

Wir haben ein intrinsisches Bedürfnis nach körperlicher Aktivität, und dies unabhängig von irgendwelchen gesundheitlichen Vorteilen, die damit verbunden sein mögen. Dieses Grundbedürfnis bringt uns dazu, Fitness und möglicherweise Muskelkraft hoch einzustufen. Das Grundbedürfnis nach körperlicher Aktivität ist wohl von evolutionärer Bedeutung. In primitiven Gesellschaften z.B. schubsen starke Menschen andere vom Essen weg und sind bei der Partnerwahl erfolgreicher. Stärke hilft Menschen auch, sich im Kampf gegen Feinde oder Raubtiere zu verteidigen.

Die 16 Grundbedürfnisse stellen ein neues, wirkungsvolles Fundament für die Sportpsychologie dar. Bei einem sehr neugierigen Sportler z. B. sagt man voraus, dass er Schwierigkeiten mit Sportarten haben wird, bei denen es um den Bruchteil einer Sekunde geht; bei einem Sportler mit einem starken Bedürfnis nach Anerkennung wird Wechselhaftigkeit vorhergesagt; und bei einem Sportler mit einem starken Bedürfnis nach Status sagt man voraus, dass er bei enttäuschenden Leistungen gegen einen Gegner mit geringerem Status verletzlich ist. Sportberater Peter Boltersdorf hat diese Methode erfolgreich bei einer Reihe von Sportmannschaften in Deutschland eingesetzt.

- Menschen mit einem **starken Grundbedürfnis nach körperlicher Aktivität** streben nach einer aktiven Lebensweise. Übungseinheiten und Sport sind ein wichtiger Bestandteil ihres Lebens. Um fit zu bleiben, beteiligen sich viele körperlich aktive Menschen am Amateursport. Sie messen Fitness, Vitalität, Stärke und Durchhaltevermögen einen hohen Wert bei. Zu den Persönlichkeitsmerkmalen, die auf sie anwendbar sind, gehören aktiv, energisch, fit, Frischluftfanatiker, munter und körperbetont.

- Menschen mit einem **schwachen Grundbedürfnis nach körperlicher Aktivität** ziehen für sich eine sitzende Lebensweise vor. Sie brauchen Ermutigung und extrinsische Gründe – wie etwa Gesundheit –, um regelmäßig zu trainieren. Zu den Persönlichkeitsmerkmalen, die auf sie anwendbar sind, gehören schlaff, lustlos, inaktiv, lethargisch und sitzende Lebensweise.

Macht

Macht ist das universelle Bedürfnis nach Selbstbehauptung (Einfluss des Willens). Macht ist eine treibende Kraft für Leistungsmotivation, Willenskraft, Entschlossenheit und Führung. Die Befriedigung dieses Bedürfnisses ruft die Freude an der Selbstwirksamkeit und Gefühle der eigenen Kompetenz hervor, während die Nichtbefriedigung zu Bedauern bzw. möglicherweise Verlegenheit oder Beschämung führt.

Macht motiviert zu Willenskraft, zum Bedürfnis nach Leistung und dazu, wie sehr man daran arbeiten will voranzukommen. Zu den Beispielen für Leistung gehören das Schreiben eines Buchs, der Gewinn des Meistertitels im Sport oder die Schaffung eines Kunstwerks. Der grundlegende Zusammenhang zwischen Leistung und Macht wird in Sportwettkämpfen deutlich. Wenn eine Mannschaft z.B. ein Tor schießt, ballen ihre Fans die Fäuste und strecken sie nach oben.

Ihr Bedürfnis nach Macht bestimmt das Ausmaß, in dem Sie versuchen, andere Menschen, Ereignisse oder die Umwelt zu beeinflussen. Macht beeinflusst Ihre Neigung dazu, eine Führungsperson zu sein und anderen Anleitungen oder Rat zu erteilen. Man sagt mächtigen Persönlichkeiten nach, dass sie es nicht ertragen können, mit anzusehen, wie jemand in eine bestimmte Richtung geht, ohne auf ihn einzuwirken, dass er in eine andere Richtung gehen soll.

Ich klassifiziere das Bedürfnis, etwas zu erschaffen, vorläufig einmal als Selbstbehauptung. Nach William James (1918/1890) und William McDougall (2003/1908) ist das Bedürfnis nach Konstruktivität für den Menschen etwas so Genuines und Unwiderstehliches wie für eine Biene oder einen Biber. Die Befriedigung darin, etwas aufzubauen, ist sehr real, ganz unabhängig vom Wert oder der Nützlichkeit des geschaffenen Gegenstands. Kleine Kinder nehmen gerne Dinge auseinander und setzen sie dann wieder zusammen und bauen mit Klötzchen oder Legosteinen etwas auf.

Bitte beachten Sie, dass das Siegen und die Leistung unterschiedlichen Grundbedürfnissen zuzuordnen sind. Das Bedürfnis zu siegen ist motiviert durch das Grundbedürfnis nach Rache, während das Grundbedürfnis, etwas zu leisten, durch das Grundbedürfnis nach Macht motiviert ist. Wir benötigen unterschiedliche Motive für Siegen und Leistung, weil es möglich ist, dass man siegen will, ohne etwas zu leisten, oder dass man etwas leisten will, ohne zu siegen. Ein Buch zu schreiben und ein Haus zu bauen sind z.B. Leistungen, die durch Macht, nicht jedoch durch Rache veranlasst sind.

Für Tiere in der Wildnis hat Macht Vorteile für das Überleben, weil das dominante Tier andere vom Futter wegstößt und als Erstes frisst. Dominante Tiere haben auch eine breite Auswahl bei der Partnersuche.

Ein weiterer Vorteil für das Überleben besteht darin, dass Macht Menschen dazu bringt, sich eine Unterkunft zu bauen und Werkzeuge herzustellen.

- Menschen mit einem **starken Grundbedürfnis nach Macht** reißen gerne das Kommando an sich und übernehmen Führungsrollen. Sie suchen nach Herausforderungen und arbeiten hart daran, ihre Ziele zu erreichen. Sie lieben es, anderen einen Rat zu geben. Zu den Persönlichkeitsmerkmalen, die auf sie anwendbar sind, gehören ehrgeizig, selbstbehauptend, dreist, arbeitsam, entschlossen, konzentriert, zielstrebig und willensstark.

- Menschen mit einem **schwachen Grundbedürfnis nach Macht** mögen Selbstbehauptung nicht. Sie neigen dazu, die Dinge laufen zu lassen, ohne dass sie versuchen, darauf Einfluss zu nehmen. Sie sind nicht-direktiv und es fehlt ihnen meist an Ehrgeiz. Sie wollen nicht so gerne eine Führungsrolle übernehmen oder anderen Ratschläge oder Anleitungen geben. Sie sehen möglicherweise ihre Arbeit und ihre Karriere ganz nüchtern, indem sie dem Privat- und Familienleben mindestens ebenso viel Gewicht beimessen. Sie hüten sich vor anspruchsvollen Leistungszielen. Sie sind nicht faul oder gleichgültig, aber sie haben eine intrinsische Abneigung dagegen, andere zu kontrollieren oder zu beeinflussen. Zu den Persönlichkeitsmerkmalen, die auf sie anwendbar sind, gehören unbekümmert, gelassen, Zuschauer, nicht durchsetzungsfähig, nicht-direktiv und ohne Ehrgeiz.

Neugier

Neugier ist das universelle Bedürfnis nach geistiger Aktivität (Bedürfnis nach Kognition). Die Befriedigung dieses Bedürfnisses ruft ein Gefühl des Staunens hervor, während die Nichtbefriedigung zu Langeweile oder Verwirrung führt.

Neugier bestimmt über das Potenzial, die geistigen Aspekte des Lebens genießen können. Neugierige Kinder stellen Erwachsenen viele

Fragen, die ihr Denken anregen (Maw & Maw, 1964). Neugierige Erwachsene verwickeln andere gerne in intellektuelle Debatten. Nicht neugierige Menschen stellen nur wenige Fragen und vermeiden intellektuelle Gespräche, weil sie es nicht mögen, mehr als ein oder zwei Minuten am Stück nachzudenken.

Die Ergebnisse unserer Forschungsarbeiten deuten darauf hin, dass bei vielen (aber nicht allen) Erwachsenen die Neugier mit dem Alter abnimmt. Ich kenne viele Professoren, die in ihren Vierzigern und Fünfzigern weitaus weniger neugierig wurden, einige jedoch blieben ihr ganzes Leben lang hochgradig neugierig. Benjamin Franklin z.B. war bis kurz vor seinem Tod geistig aktiv. Ich kenne keinen, dessen Neugier mit 50 Jahren größer war als mit 30 Jahren.

Neugier hat einen Wert für das Überleben. In dem Maße, in dem sich unser Wissen erweitert hat, ist auch unsere Fähigkeit größer geworden, Nahrung zu finden und zu erzeugen, uns selbst zu verteidigen sowie Krankheiten zu verhindern und zu behandeln.

- Menschen mit einem **starken Grundbedürfnis nach Neugier** gehen gerne geistigen Beschäftigungen nach wie Denken, Lesen, Schreiben und miteinander Reden. Ihre Ideen und Theorien bedeuten sehr viel für sie. Ganz gleich, wie die Umstände sind – ob sie nun in einer Zeit der Armut, des Kriegs oder der Pest leben –, diese Menschen schaffen es, ihren Geist aktiv zu halten und einer wissenschaftlichen Betätigung nachzugehen. Für sie sind theoretisches Wissen, Ideen und die Wahrheit hohe Werte. Sie sind schnell gelangweilt, und um glücklich zu sein, brauchen sie eine ständige geistige Stimulierung. Obwohl sie sich auf ein bestimmtes Fachgebiet konzentrieren mögen, haben sie eine breite Vielfalt von Interessen. Sie denken immer wieder über etwas nach, bis sie das Gefühl haben, es ganz zu verstehen. Sie haben das Potenzial, in ihre Gedanken vertieft zu sein. Sie orientieren sich an logischem Denken oder an kreativen, einfallsreichen Ideen. Zu den Persönlichkeitsmerkmalen, durch die sie sich beschreiben lassen, gehören kontemplativ, tief nachdenkend, wissbegierig, intellektuell, nachdenklich und wohlüberlegt.

- Menschen mit einem **schwachen Grundbedürfnis nach Neugier** beschränken ihre geistige Aktivität gerne auf ein Minimum. Wenn sie versuchen nachzudenken, sind sie schnell frustriert. Nur selten lesen sie Bücher, sehen sie sich Dokumentationen im Fernsehen an, diskutieren sie über ihre Vorstellungen oder haben sie Spaß an intellektuellen Gesprächen. Sie haben in geistigen Angelegenheiten eher wenig Geduld und sehen Intellektuelle oft negativ. Sie sprechen lieber mit Taten als mit Worten. Johnny Unitas, der große alte Mann des amerikanischen Football, drückte es so aus: »Nur reden ist billig – lasst uns auf dem Spielfeld Tacheles reden.« Zu den Persönlichkeitsmerkmalen, durch die sie sich beschreiben lassen, gehören handlungsorientiert, nicht-intellektuell und praktisch orientiert.

Ordnung

Ordnung ist das Bedürfnis nach strukturierten und stabilen Umgebungen. Die Befriedigung dieses Bedürfnisses führt zu einem Gefühl der Behaglichkeit, während die Nichtbefriedigung ein Unwohlsein hervorruft. Bei Ordnung geht es um Manieren, Stabilität und Reinheit; bei Unordnung geht es um Formlosigkeit, Veränderung und Unreinheit. Das Bedürfnis nach Ordnung stellt die Motivation für Planung, zeitliche Festlegung und Organisation dar.

Ordnung hat Vorteile für das Überleben, weil es zu Sauberkeit veranlasst. Nach der Psychiaterin Judith L. Rapoport (1993/1990) vermitteln Schmutz, Wunden und andere potenzielle Schmutzstoffe den Eindruck, dass etwas auf der Haut »fehl am Platz« ist. Durch Leckinstinkte bei Tieren und andere Rituale werden Schmutz und Schmutzstoffe, die »fehl am Platz« sind, entfernt. Bei Menschen beobachten wir ein Bedürfnis, Dinge »an ihrem Platz« zu wissen, und eine Vorliebe für Sauberkeit versus Schmutzigkeit. Alle menschlichen Gesellschaften bewerten Sauberkeit höher, als schmutzig zu sein.

- Menschen mit einem **starken Grundbedürfnis nach Ordnung** sind wohlorganisiert. Ordnungsliebe, Organisation und Pünktlichkeit sind ihnen sehr wichtig. Sie richten ihre Aufmerksamkeit auf

Details, Regeln und Zeitpläne. Sie fühlen sich am wohlsten in vorhersagbaren und relativ unveränderlichen Situationen. Sie mögen Rituale. Sie neigen dazu, zu glauben, dass es nur eine Art und Weise gebe, etwas zu machen. Sie haben Schwierigkeiten, sich auf eine Veränderung einzustellen, und sie haben eine Abneigung dagegen, etwas spontan zu machen. Zu den Persönlichkeitsmerkmalen, durch die sie sich beschreiben lassen, gehören sorgfältig, unflexibel, systematisch, gepflegt, wohlorganisiert, ordentlich, genau, gut vorbereitet, pünktlich, gründlich und sauber.

- Menschen mit einem **schwachen Grundbedürfnis nach Ordnung** sind flexibel. Sie haben eine hohe Ambiguitätstoleranz. In der Regel mögen sie keine Struktur und können es überhaupt nicht leiden, sich an Vorschriften und Zeitpläne zu halten. Oft ändern sie ihre Pläne oder entscheiden sich um. Sie konzentrieren sich so auf das »große Ganze«, dass sie leicht entscheidende Details aus den Augen verlieren. Zu den Persönlichkeitsmerkmalen, durch die sie sich beschreiben lassen, gehören wankelmütig, desorganisiert, flexibel, folgen ihrem Gespür, hassen Pläne, halten sich die Optionen so lange wie möglich offen, sind spontan, unpünktlich und unordentlich.

Rache

Rache ist das Bedürfnis, mit Leuten abzurechnen, die uns enttäuschen oder angreifen. Die Befriedigung dieses Bedürfnisses lässt Freude an der Verteidigung des eigenen Standpunkts aufkommen, während die Nichtbefriedigung den Kampfgeist anstachelt und möglicherweise zu Ärgerreaktionen führt.

Die Hauptanlässe für Rache sind Bedrohung des eigenen Status, des Territoriums und der Kinder, Konkurrenz um Ressourcen, Zugang zu potenziellen Partnern, seltsame oder nicht vertraute Menschen und demonstrativ aggressive oder unfreundliche Verhaltensweisen bei anderen Personen (siehe Aureli & de Waal, 2000).

Wir haben das Potenzial, friedenstiftendes und versöhnliches Verhalten einzusetzen, um mit aggressiven Impulsen umzugehen. Zu diesen Verhaltensweisen gehören unterwürfiges Verhalten, Teilen, kooperatives Spielen, Entschuldigungen, Händchenhalten und Küssen. Versöhnliches Verhalten signalisiert das Ende eines Konflikts und dient dazu, einen künftigen Konflikt zu vermeiden (siehe Aureli & de Waal, 2000).

Das Bedürfnis nach Rache ist die Motivation für Wettbewerbsgeist. Wettbewerbsorientierte Menschen sind nicht notwendigerweise körperlich aggressiv, aber sie sind leicht bereit, anderen entgegenzutreten. Wettbewerbsorientierte Personen gewinnen gerne.

Der grundlegende Zusammenhang zwischen Aggressivität und Wettbewerbsorientierung ist der Grund, warum auf Konkurrenz beruhende Sportwettkämpfe das Potenzial von Gewalt nach dem Spiel in sich tragen. Auf Konkurrenz beruhende Spiele sind eine Gelegenheit, Rache in einer sozial angemessenen Form auszudrücken. Bei Spielen geht es nicht um die Freisetzung aufgestauter aggressiver Energie, wie es psychodynamische Theoretiker behauptet haben, sondern darum, dass man den intrinsischen Wert des Siegens zur Geltung bringt. Es macht Spaß, und es ist eine positive Erfahrung, seine Wertvorstellungen geltend zu machen. Jedes Jahr wünschen sich viele Fans des American Football an der Ohio State University und an der University of Michigan eine Woche lang gegenseitig die Tortur der Niederlage. Ein Mensch mit aggressiven Persönlichkeitsmerkmalen kann die erlaubten Grenzen fehlinterpretieren (vor allem wenn er betrunken ist) und hat das Potenzial dafür, gewalttätig zu werden, wenn das Spiel vorbei ist.

Die Neigung zur Aggressivität ist während fast der gesamten Lebenszeit stabil. Bezogen auf die Leute Ihres Alters, so kann man vorhersagen, werden Sie in zehn oder 20 Jahren in etwa genauso aggressiv sein, wie Sie es in der momentanen Lebensphase sind. Forscher haben z.B. nachgewiesen, dass aus einer unverhältnismäßig großen Anzahl von Schlägern auf dem Schulhof später Kriminelle werden. Aus aggressivem Verhalten in der dritten Klasse lässt sich aggressives Verhalten im Alter von 30 Jahren vorhersagen (Eron & Huesmann, 1990).

- Menschen mit einem **starken Grundbedürfnis nach Rache** sind leicht bereit, anderen entgegenzutreten. Sie schätzen wettbewerbsorientierte Menschen und Gewinner. Zu den Persönlichkeitsmerkmalen, durch die sie sich beschreiben lassen, gehören wettbewerbsorientiert, kämpferisch, streitlustig und aggressiv, ärgerlich, streitsüchtig, zänkisch oder niederträchtig.

- Menschen mit einem **schwachen Grundbedürfnis nach Rache** meiden Konfrontation, Kämpfe und Gewalt. Oft besteht ihr erster Impuls darin, eher mit anderen zusammenzuarbeiten als in Konkurrenz mit ihnen zu treten. Sie suchen nach Wegen, Probleme auf freundschaftliche Weise beizulegen. Sie stufen Frieden, Zusammenarbeit, Kompromiss und Gewaltlosigkeit hoch ein. Sie messen Konflikt, Konkurrenz, Siegen, Kämpfen und Streiten einen geringen Wert bei. Zu den Persönlichkeitsmerkmalen, die sich auf sie anwenden lassen, gehören kooperativ, höflich, gütig, nichtaggressiv und friedensstiftend.

Ruhe

Ruhe ist das Bedürfnis, zu vermeiden, dass man Angst oder Schmerzen empfindet. Die Befriedigung dieses Bedürfnisses ruft ein Gefühl der Entspannung hervor, während die Nichtbefriedigung zu Furcht, Angst oder Sorge führt. Dieses Bedürfnis hat Einfluss auf die eigenen Einstellungen gegenüber Sicherheit, Gefahr, Abenteuer und möglicherweise gegenüber finanziellen Risiken. Das Bedürfnis nach Ruhe hat Vorteile für das Überleben, weil es Menschen dazu bringt, Gefahr zu meiden. Wenn ein ruhiger Mensch die Wahl zwischen »Kampf oder Flucht« hat, sieht er sich zur Flucht veranlasst.

Ruhe ist eine Motivation für unsere Einstellungen gegenüber Gefahr. Gefahr hat etwas Diabolisches an sich – sie bedroht uns, aber sie erregt uns auch. Wir sind auf ein Gleichgewicht zwischen Sicherheit und Erregung aus. Maggis verstorbener Großvater ist ein gutes Beispiel dafür, warum ein unerträgliches Leben frei von Aufregung sein kann. Im Alter von 93 Jahren bewegte er sich so langsam, dass er eine Ewigkeit zu brauchen schien, um vom Schlafzimmer unter dem Dach ins Wohnzimmer im ersten Stock zu gelangen. Eines Nachmittags an

Weihnachten saß er stundenlang in seinem Wohnzimmersessel, guckte ständig nach unten, sagte nichts und bewegte kaum einen Muskel. Ich dachte schon, er sei halb im Koma, denn er schien keine Ahnung davon zu haben, was um ihn herum vor sich ging. Als es an der Zeit war zu gehen, sagte einer seiner Enkel zu ihm: »Auf Wiedersehen, Opa. Take it easy.« Großvater wurde lebhaft und rief aus: »Machst du Witze? Ich kann es überhaupt nicht ruhiger angehen lassen, als ich es gerade mache!«

Die psychodynamischen Theoretiker haben angenommen, dass Angst eine negative Erfahrung ist, die jeder vermeiden möchte. Doch viele Menschen setzen sich täglich stressreichen und angstauslösenden Situationen aus. *Ich glaube nicht, dass jeder versucht, Angst zu vermeiden: Ich bin der Auffassung, dass die Menschen regulieren, wie viel Gefahr bzw. Sicherheit sie erleben wollen; doch sie unterscheiden sich im Hinblick darauf, wo bei ihnen der bevorzugte Gleichgewichtspunkt liegt.* Die Ergebnisse Hunderter kürzlich durchgeführter wissenschaftlicher Studien zeigen, dass sich Personen signifikant in Bezug auf den von ihnen bevorzugten Gleichgewichtspunkt unterscheiden, den ich als Angstsensitivität bezeichne (Reiss & McNally, 1985). Menschen mit hoher Angstsensitivität vermeiden minimal gefährliche oder stressreiche Situationen, Personen mit geringer Angstsensitivität jedoch begeben sich oft fast nur in die gefährlichsten oder stressreichsten Situationen. Die Annahme, dass sich jeder in gleicher Weise veranlasst sieht, sich gegen Angst zu verteidigen oder so wenig Angsterlebnisse wie möglich zu haben, stimmt einfach nicht (McNally, 2002).

Die Kategorie der Angstsensitivität (das fällt unter die Kategorie Grundbedürfnis nach Ruhe) hat die Art und Weise verändert, wie wir uns Panikattacken vorstellen müssen. Psychiater pflegten früher zu glauben, dass Menschen, die Panikattacken haben, eine sekundäre Furcht entwickeln, sie noch einmal zu erleben. Diese Furcht vor Panikattacken wurde als relativ unbedeutsam eingestuft. 1985 schlugen Richard McNally (heute Psychologieprofessor an der Harvard University) und ich eine Theorie der Angstsensitivität vor. Sie besagte, dass die Furcht vor der Furcht den Panikattacken vorangehen und sie damit vorhersagbar machen kann. Viele Studien bestätigten unsere Vorstellung von der Angstsensitivität (z.B. Reiss et al., 1986; Schmidt, Lerew & Jackson, 1997). In einer ganzen Reihe von Untersuchungen wurde nachgewiesen, dass sich künftige Panikattacken aus einem starken Bedürfnis nach Ruhe vorhersagen lassen.

- Menschen mit einem **starken Grundbedürfnis nach Ruhe** ordnen persönlicher Sicherheit einen hohen Wert zu. Sie haben viele Ängste und sind sehr empfindlich gegenüber körperlichem Schmerz. Sie machen sich Sorgen über Geldfragen, Eros, Beruf, Gesundheit oder die Zukunft (Horney, 2007 / 1939). Sie sind risikoscheu. Zu den Persönlichkeitsmerkmalen, durch die sie sich beschreiben lassen, gehören furchtsam, ängstlich, besorgt, vorsichtig, scheu, und machen sich ständig Sorgen.

- Menschen mit einem **schwachen Grundbedürfnis nach Ruhe** gehen Risiken ein und suchen den Nervenkitzel. Sie sind furchtlos. Sie können sehr gute Fähigkeiten beim Umgang mit Stress haben. Sie setzen sich eventuell Gefahren aus. Die Persönlichkeitsmerkmale, durch die sie sich beschreiben lassen, sind salopp, bodenständig, egalitär eingestellt, formlos und ungezwungen. Der Draufgänger Philippe Petit z.B. ging vor dem 11. September sieben Mal über ein 42 m langes Kabel, das beim World Trade Tower in 411 m Höhe über den südlichen Teil von Manhattan gespannt worden war (Keyes, 1985). Zu den Persönlichkeitsmerkmalen, durch die sich Menschen mit einem schwachen Grundbedürfnis nach Ruhe beschreiben lassen, gehören unerschrocken, ruhig, erkundend, furchtlos, risikofreudig, entspannt und abenteuerlustig.

Sparen

Sparen ist das Bedürfnis, Dinge anzuhäufen. Menschen sammeln viele unterschiedliche Objekte; dazu gehören Antiquitäten, Kunst, Autogramme, Autos, Bücher, Kleidung, Münzen, Waffen, Möbel, Juwelen, Zeitschriften, militärische Erinnerungsstücke, Musik, Fotos, religiöse Reliquien, Erinnerungsstücke aus dem Bereich des Sports, Briefmarken, Werkzeuge und Spielzeug.

Sparen hat einen Einfluss darauf, wie gut Sie auf Sachen aufpassen, die in Ihrem Besitz sind, und auf Ihre Einstellung gegenüber dem Ausgeben von Geld. Sparen bringt Sie dazu, Genügsamkeit hoch und Verschwendung gering zu schätzen. Sparen hat Vorteile für das Überleben, weil es Menschen dazu veranlasst, die wichtigsten Vorräte zu horten bzw. zu hamstern.

Wie zuvor angemerkt habe ich Sparen als 16. Grundbedürfnis hinzugenommen. Dies geschah aufgrund von Empfehlungen durch Kollegen, die sich wissenschaftlich mit dem Horten von Dingen beschäftigen. Es handelte sich um das einzige Grundbedürfnis, das aufgrund von Expertenbeobachtungen und nicht aufgrund von Ergebnissen unserer eigenen Untersuchungen zusätzlich in meine Taxonomie aufgenommen wurde.

- Menschen mit einem **starken Grundbedürfnis zum Sparen** sind Sammler. Ihnen ist es zuwider, etwas wegzuwerfen, und sie sind oft geizig. Zu den Persönlichkeitsmerkmalen, durch die sie sich beschreiben lassen, gehören Sammler, Hamsterer, Sparer, Sammelwütiger, sparsam und geizig.

- Menschen mit einem **schwachen Grundbedürfnis zum Sparen** neigen dazu, etwas zu verwenden und es dann wegzuwerfen. Zu den Persönlichkeitsmerkmalen, durch die sie sich beschreiben lassen, gehören Geldverschwender, Leichtfuß, verschwendungssüchtig und ausschweifend.

Status

Status ist das Bedürfnis nach sozialem Ansehen aufgrund von Reichtum, Titeln, sozialer Schicht oder guter Herkunft. Die Befriedigung dieses Bedürfnisses ruft Gefühle der eigenen Bedeutung und der Überlegenheit hervor, während die Nichtbefriedigung zu Gefühlen der Bedeutungslosigkeit und der Unterlegenheit führt. Obwohl Alfred Adler (1995/1927) die Auffassung vertrat, dass Menschen auf Status aus sind, um die unbewussten Minderwertigkeitsgefühle zu kompensieren, gehe ich davon aus, dass die Menschen auf Status aus sind, weil sie intrinsisch dem Respekt einen hohen Wert beimessen. Im Allgemeinen ist die Aufmerksamkeit, die andere Leute uns widmen, ein bedeutsamer Indikator für unseren Status. Die Menschen schenken wichtigen Personen Aufmerksamkeit und nehmen unwichtige nicht zur Kenntnis.

Die Befriedigung des Grundbedürfnisses nach Status kann eine Motivation für Stolz auf die eigene gesellschaftliche Position sein. »Ein stolzer Mensch«, schrieb Charles Darwin (2000/1872), »drückt sein Gefühl der Überlegenheit über andere dadurch aus, dass er seinen Kopf und seinen Körper aufrecht hält. Er ist erhaben (*haut* oder hoch) und macht sich selbst so groß als möglich, so dass man metaphorisch von ihm sagt, er sei vor Stolz aufgeschwollen oder ausgestopft« (S. 263 im englischen Original, deutsche Übersetzung von Victor Carus). Er schaut auf andere »herunter«, und mit gesenkten Augenlidern lässt er sich herab, sie zu sehen. Im Gegensatz dazu wird die Emotion der Demut mit einem gesenkten Haupt und einem abgewandten Blick zum Ausdruck gebracht.

Beim Status geht es um etwas, was andere Menschen Ihnen geben müssen; man kann es sich nicht selbst geben. Ihr Status ist ein Indikator dafür, wie viel Respekt und Achtung Ihnen zukommt. Die Leute fühlen sich beleidigt, wenn man ihnen weniger Achtung entgegenbringt, als es ihnen zusteht, und sie fühlen sich geschmeichelt, wenn man ihnen mehr Achtung erweist, als es angemessen wäre. Durch Status sehen sich Menschen veranlasst, aufmerksam auf Ihr Ansehen zu achten und ihm einen hohen Stellenwert beizumessen.

Status bringt Menschen dazu, materialistische Wertvorstellungen zu haben. Dazu gehört ein Leben in einer repräsentativen Wohngegend, Besitz teurer Autos und das Tragen modisch gestalteter Kleidungsstücke. Wie befriedigen arme Menschen ihr Bedürfnis nach Status? Schließlich können wir nicht alle in einer repräsentativen Wohnung leben oder einen Mercedes fahren. Eine Familie legte Wert darauf, gestylte Kleidung zu tragen, die sie sich selbst genäht hat, weil sie es sich nicht leisten konnte, schöne Mode zu kaufen. Eine andere Familie raffte all ihr Bargeld zusammen, das sie hatte, um einen teuren Geländewagen der Marke Hummer zu kaufen. Obwohl sie in einer wirtschaftlich benachteiligten Gegend ihrer Stadt wohnte, fuhr sie in einem prestigeträchtigen Wagen umher. Eine dritte Familie kaufte sich ein Haus, das sie sich wirklich nicht leisten konnte. Sie lebte arm in ihrem Haus, doch beeindruckte alle, die wussten, welches Ansehen die Wohngegend hat.

Status ist für Menschen, die auf die soziale Schicht achten, die treibende Kraft, wenn sie sich einen potenziellen Partner suchen. Personen mit einem starken Bedürfnis nach Status arbeiten darauf hin, was die soziale Schicht angeht, in eine »gute Familie« einzuheiraten, jemanden zu heiraten, der reich ist, oder eine Person zu heiraten, die schön oder attraktiv ist (sozusagen einen großen Fang zu machen). Menschen mit einem geringen Bedürfnis nach Status lassen jedoch bei der Partnerwahl Geld oder soziale Schicht außer Acht.

Status bringt Menschen dazu, sich für eine bestimmte Kleidung zu interessieren. Angestellte haben beispielsweise einen höheren Status als Arbeiter. Rechtsanwälte ziehen einen Anzug mit Weste an, um den Eindruck hervorzurufen, dass sie Erfolg haben; Ärzte ziehen einen weißen Kittel an, um den Eindruck wissenschaftlichen Expertentums zu erwecken. Und Priester kleiden sich einfach, um ihren Status vor Gott zu demonstrieren.

Das Streben nach Status veranlasst die Menschen, die Frisur, die Mode und die Manieriertheiten von gefeierten Stars nachzuahmen. Elvis machte Koteletten populär, die Beatles brachten uns die langen Nackenhaare, und Michael Jackson verleitete amerikanische Jugendliche dazu, weiße Handschuhe zu tragen. Wegen Marilyn Monroe kleideten sich amerikanische Frauen glamourös, wegen Jackie Kennedy elegant und wegen Madonna sexy.

Da niemand eitle Menschen mag, finden Personen mit hohem Status einen Weg, die Aufmerksamkeit auf ihren Status zu ziehen, ohne allem Anschein nach Angeber zu sein. Ein bekannter Rocksänger z.B. hängt seine Auszeichnungen in der Toilette auf. Er denkt sich, alle, die ihn besuchen, würden die Auszeichnungen dort sehen und trotzdem meinen, er sei bescheiden, weil er sie auf die Toilette verbannt hat.

Status hat Vorteile für das Überleben. Reiche Menschen essen gut und bekommen die beste medizinische Versorgung. Als im Jahr 1906 das Luxusschiff *Titanic* sank, ruderten die Passagiere aus der ersten Klasse vom sinkenden Schiff weg, während die Passagiere der unteren Klassen in ihren Kabinen eingeschlossen waren; denn auf dem Schiff standen nicht genügend Rettungsboote für alle zur Verfügung.[2,3]

- Menschen mit einem **starken Grundbedürfnis nach Status** messen Reichtum, materiellen Dingen und der sozialen Schicht einen hohen Wert bei. Sie bringen sich vielleicht mit allem in Verbindung, was beliebt ist, und distanzieren sich von allem, was unbeliebt ist. Sie bewundern möglicherweise die oberen 10000 und sind beeindruckt von äußeren Anzeichen für gesellschaft-

---

2 Die Grundbedürfnisse nach Status und Macht korrelieren vielleicht wegen ihres gemeinsamen Ursprungs miteinander. Im Unterschied zu Tieren können Menschen auf zwei Arten Dominanz erlangen: eigenes Verdienst versus Vererbung. Menschen können dadurch zu VIPs werden, dass sie große Leistungen aufweisen, oder dadurch, dass sie in eine hochgestellte Familie hineingeboren werden. Manche Menschen kommen sich wegen ihrer Leistungen wichtig vor (fällt unter die Kategorie Grundbedürfnis nach Macht), während sich andere wichtig vorkommen wegen ihrer Abstammung, ihres Reichtums, ihres guten Aussehens oder wegen ihres Renommees (fällt unter die Kategorie Grundbedürfnis nach Status). Menschen, die etwas geleistet haben, betrachten diejenigen, die ihren Status ihrer Familie verdanken, als Personen, die keinen großen Respekt verdient haben, während die Letzteren auf die Leistungsmenschen herabblicken, weil sie arbeiten müssen, um zu wichtigen Menschen zu werden. Sie rühmen sich ihrer Untätigkeit genau deswegen, weil sie hervorheben wollen, sie seien so wichtig, dass sie noch nicht einmal arbeiten müssen.

3 Im RMP kommt kein allgemeines Motiv des Buhlens um Aufmerksamkeit vor. Stattdessen analysiert das RMP, worauf andere dem Willen einer Person nach ihre Aufmerksamkeit richten sollen. Wenn man beispielsweise um die Aufmerksamkeit einer Betreuungsperson buhlt, kann das durch Hunger oder Unwohlsein motiviert sein. Wenn man die Aufmerksamkeit anderer Menschen auf die eigenen Leistungen lenkt, ist das durch das Grundbedürfnis nach Macht motiviert, während es durch Status motiviert ist, wenn man die Aufmerksamkeit auf den eigenen Reichtum oder die soziale Herkunft lenkt.

Die Einstellung dazu, dass man um Aufmerksamkeit buhlt, kann unterschiedlich sein je nachdem, ob die Familie immer schon reich war oder zu den Neureichen zählt. Einige Neureiche prahlen vielleicht mit ihrem Reichtum oder zeigen ihn auf geschmacklose Weise. Manche Menschen aus schon immer reichen Familien vermeiden es möglicherweise zu prahlen, um sich von Neureichen abzusetzen. Sie meinen: »Wir wurden zu Höherem geboren und erzogen. Wir müssen uns nicht darauf einlassen, unseren Reichtum vorzuzeigen oder zu Angebern zu werden, damit die Leute von unserer Bedeutung erfahren.«

liches Ansehen wie Titel und Privilegien. Sie sehen sich veranlasst, die Manieriertheiten, die Kleidung und die Gewohnheiten angesehener oder reicher Menschen zu übernehmen. Sie mögen es, mit den »richtigen« Leuten in Verbindung gebracht zu werden, und sie sind beeindruckt von der Mitgliedschaft in angesehenen gesellschaftlichen Vereinigungen. Zu den Persönlichkeitsmerkmalen, die auf diese Menschen anwendbar sind, gehören förmlich, materialistisch, patrizisch, stolz, hochmütig und Achtung gebietend.

- Menschen mit einem **schwachen Grundbedürfnis nach Status** lassen sich nicht so leicht von den oberen 10000, von Reichtum und Ruhm beeindrucken. Sie sind der Auffassung, es sei falsch, jemanden nur deswegen zu bewundern, weil er oder sie zufällig in einer bestimmten Familie auf die Welt kam oder reich ist. Es macht ihnen nicht viel aus, was die anderen von ihnen denken. Sie identifizieren sich auch mit der Mittel- oder Unterschicht. Die Persönlichkeitsmerkmale, durch die sie sich beschreiben lassen, sind salopp, bodenständig, egalitär eingestellt, nicht förmlich und ungezwungen.

Unabhängigkeit

Unabhängigkeit ist das universelle Bedürfnis nach Autarkie. Dieses Bedürfnis bringt einen Menschen dazu, für sich selbst zu sorgen und nicht andere um einen Gefallen oder um Geld zu bitten. Unabhängigkeit veranlasst Menschen, ihre eigenen Entscheidungen zu treffen. Die Befriedigung dieses Bedürfnisses führt zu Freude an der persönlichen Freiheit, während die Nichtbefriedigung Gefühle der Abhängigkeit hervorruft.

Das Bedürfnis eines Menschen nach Unabhängigkeit ist die Motivation für seine Einstellung gegenüber der Individualität (wie sehr man also als Individuum hervorstechen möchte). Dieses Bedürfnis ist besonders stark ausgeprägt in der Jugend. Viele Teenager, die stark durch Unabhängigkeit motiviert sind, finden Methoden, um die Aufmerksamkeit auf ihre Individualität zu lenken, etwa indem sie ostentativ einen Ziegenbart oder ungewöhnliche Kleidung tragen.

Viele Fachleute haben die Korrelationen zwischen Unabhängigkeit und Macht überschätzt, wie dies etwa beim Stereotyp von der willensstarken, unabhängigen Führungspersönlichkeit der Fall ist. Ich unterscheide zwischen zwei Grundbedürfnissen. Macht legt fest, wie sehr man führen möchte, Unabhängigkeit jedoch bestimmt den Führungsstil. Eine unabhängige Führungspersönlichkeit fällt Entscheidungen für sich allein, während eine interdependente Person mithilfe von Konsens führt. Es ist auch möglich, sehr unabhängig zu sein, aber nicht führen zu wollen, wie es etwa das Beispiel eines meiner Verwandten zeigt, der es meidet, Ratschläge zu geben (dies fällt unter die Kategorie schwaches Grundbedürfnis nach Macht), und nie jemanden um einen Gefallen bittet (dies fällt unter die Kategorie starkes Grundbedürfnis nach Unabhängigkeit).

Unabhängigkeit hat Vorteile für das Überleben, weil es die jungen Leute dazu bringt, das Elternhaus zu verlassen und auf sich selbst gestellt loszuziehen. Bei Tieren führt Unabhängigkeit dazu, dass die Suche nach Futter auf ein größeres geografisches Gebiet ausgedehnt wird, und vergrößert damit die Chancen, dass genügend Nahrung zum Überleben gefunden wird.

- Menschen mit einem **starken Grundbedürfnis nach Unabhängigkeit** sind selbstständig. Ihre persönliche Freiheit kann für sie alles bedeuten; eventuell mögen sie es nicht, auf andere angewiesen zu sein. Für sie kann es sehr wichtig sein, dass alles so gemacht wird, wie sie es machen wollen (»so, wie ich es will, oder überhaupt nicht«). Sie ordnen sich nicht einfach unter, um mit anderen zurechtzukommen. Wenn sie Situationen oder andere Menschen einschätzen müssen, halten sie sich vorzugsweise an Logik, Naturwissenschaft und Rationalität – und nicht etwa an Intuition. Zu den Persönlichkeitsmerkmalen, durch die sie sich beschreiben lassen, gehören autonom, unabhängig, selbstständig und Unbehagen bei übermäßig gefühlsbetonten Erfahrungen.

- Menschen mit einem **schwachen Grundbedürfnis nach Unabhängigkeit** vertrauen bei der Befriedigung ihrer Bedürfnisse auf andere. Sie schätzen psychologische Unterstützung, vor allem beim Fällen von Entscheidungen. Bei der Einschätzung von Situationen oder anderen Menschen verlassen sie sich gerne auf ihre Intuition. Sie sind auf der Suche nach mystischen Erfahrungen, wie etwa nach »der Einheit des Bewusstseins«, dem Nirwana, dem »Sein im Grenzbereich«, der »höchsten Erfahrung« und dem »Flow«. Zu den Persönlichkeitsmerkmalen, durch die sie sich beschreiben lassen, gehören demütig, interdependent und mystisch oder Vorliebe für übermäßig gefühlsbetonte Erfahrungen.

KAPITEL 4

Normale Persönlichkeitstypen

Sehr starke, aber auch sehr schwache Grundbedürfnisse können das Leben eines Menschen in einem Maße beherrschen, dass sie die Persönlichkeit eines Individuums bestimmen. Wenn dies geschieht, sprechen einige Experten von einem »Persönlichkeitstypus«. In diesem Kapitel werden wir uns mit sieben Persönlichkeitstypen beschäftigen: mit dem Workaholic, dem Wettkämpfer, dem Menschenfreund, dem Denker, dem Romantiker, dem Einzelgänger und dem Asketen. Ich werde zeigen, wie die 16 Grundbedürfnisse jeden Einzelnen dieser Typen erklären können. Ich werde auch einen Kommentar zur Normalität dieser Typen abgeben, auch wenn einige Experten in dieser Hinsicht anderer Ansicht sind.

Workaholic

Psychodynamiker: Unbewusst motiviert, vor persönlichen Schwierigkeiten zu flüchten.

Motivationsanalyse: Bewusst motiviert durch ein starkes Leistungsbedürfnis.

Tom ist Soziologieprofessor und lehrt an einer Universität in Texas. Ich kenne ihn seit mehr als 20 Jahren. Tom ist ein freundlicher, liebenswerter und angenehmer Mensch. In der Highschool spielte er American Football und trainiert immer noch jeden Tag. Doch seine beiden hervorstechendsten Eigenschaften sind sein Intellekt und seine Fähigkeit zu arbeiten. Er scheint immer zu lesen, zu denken, zu schreiben, zu lehren oder vorzutragen.

Wenn es ums Arbeiten geht, schießt er den Vogel ab. Er scheint alles zu lesen, was auf seinem Gebiet veröffentlicht worden ist. Sein Wissen auf dem Gebiet der Soziologie ist gewaltig. Wenn ich ihn besuche, unterbreche ich ihn immer bei der Arbeit. Wenn ich ihn verlasse, setzt er sich sofort wieder an den Schreibtisch. Wenn ich ihn anrufe, komme ich ihm immer beim Arbeiten dazwischen; wenn er mich anruft, ruft er fast immer aus dem Büro an.

Ich erinnere mich an ein Jahr, als ich zusammen mit einer Gruppe von Freunden an einer Konferenz teilnahm. Abends sahen wir uns alle einen Film im Fernsehen an, Tom ging jedoch in ein anderes Zimmer, um einige wissenschaftliche Zeitschriftenartikel zu lesen. Toms Ehe endete nach etwa 15 Jahren mit der Scheidung. Er arbeitete so viel, dass sich seine Frau an vielen Tagen, Abenden und sogar an Wochenenden einsam gefühlt haben muss. Er ist ein netter Mensch, aber es kann zu einem Problem werden, mit jemandem verheiratet zu sein, der immer arbeitet.

Obwohl Tom erfolgreich und glücklich ist, würden manche Psychologen anzweifeln, dass er seelisch gesund ist. Vor allem würden sie vermuten, dass er ein »Workaholic« ist. Dieser Begriff leitet sich von *alcoholic* (Alkoholiker) ab und bedeutet so viel wie »süchtig nach Arbeit«. Wegen der damit verbundenen nicht unwesentlichen Nachteile ist Workaholismus nach Frank J. Bruno (1993) ein psychologisches »Symptom«. Bruno weist darauf hin, dass man die Diagnose Workaholismus stellen kann, wenn der Betreffende mehr als 60 Stunden pro Woche arbeitet, auch arbeitet, wenn er krank ist, und nahezu die gesamte seelische Befriedigung aus seiner Arbeit zieht. Er deutet außerdem darauf hin, dass Workaholics zu Hause Probleme meiden, vor allem wenn es um Probleme mit dem eigenen Partner geht.

Nach Brunos Kriterien ist Tom ein Workaholic. Doch Tom ist einer der seelisch gesündesten Menschen, die ich kenne. Er sagt, er sei glücklich damit, so schwer zu arbeiten, und das glaube ich ihm auch. Er ist nahezu immer in guter Stimmung. Seine Scheidung wurde auf reife Weise und mit viel weniger Streitsucht abgewickelt, als dies sonst für solche Angelegenheiten typisch ist. Wenn man ihn fragt, warum er so viel arbeitet, sagt er, es mache ihm Spaß. Er ist glücklich und erfolgreich – warum sollte man bei ihm also eine seelische Krankheit diagnostizieren?

Stark	Durchschnittlich	Schwach
Neugier	Essen	Anerkennung
Macht	Familie	
	Ehre	
	Idealismus	
	Unabhängigkeit	
	Ordnung	
	Körperliche Aktivität	
	Eros	
	Sparen	
	Beziehungen	
	Status	
	Ruhe	
	Rache	

Tabelle 4.1: Tom (Typus: Workaholic)

In Tabelle 4.1 wird dargestellt, wie Tom meiner Auffassung nach die 16 Grundbedürfnisse priorisiert. Ich meine, dass sich seine Persönlichkeit durch ein sehr stark ausgeprägtes Bedürfnis nach Arbeit (fällt unter die Kategorie Grundbedürfnis nach Macht) und Wissen (fällt unter die Kategorie Grundbedürfnis nach Neugier) charakterisieren lässt. Durch beides zusammen sieht er sich veranlasst, die Stunden, in denen er wach ist, mit Lesen, Denken und Schreiben zu verbringen.

Wenn man die normale Persönlichkeit versteht, hilft uns dies dabei, zu vermeiden, dass man die Diagnose Abnormalität zu häufig stellt. Harte Arbeit ist ein ganz normaler Ausdruck des Grundbedürfnisses nach Macht (Selbstbehauptung). Vielleicht wäre Bruno nicht glücklich, wenn er so hart wie Tom arbeiten müsste – und das trifft auf 99 Prozent der Bevölkerung zu. Doch dies zeigt nur, dass wir Individuen sind. Wenn man bei Tom die Diagnose Workaholic stellt, verwechselt man Individualität mit Abnormalität.

Mir ist klar, dass Bruno Beispiele von Menschen anführen könnte, die eindeutig psychische Probleme haben und die sich in die Arbeit flüchten. Auch ich meine, dass manche Menschen vor dem Leben fliehen, indem sie sich in der Arbeit vergraben. Ich sage nur, dass es für die Diagnose eines psychischen Symptoms oder einer psychischen Störung nicht ausreicht, wenn jemand fast die ganze Zeit über arbeitet. Damit sich eine solche Diagnose rechtfertigen lässt, muss es andere, davon unabhängige Befunde geben, die für eine Störung sprechen. Wenn wir uns an die strikten psychiatrischen diagnostischen Kriterien für Workaholics hielten, würden wir vielleicht einige Menschen finden, die eine bedeutsame psychische Störung haben. Aber wir würden auch viele andere wie Tom finden, normale und glückliche Menschen, die ein leidenschaftliches Verhältnis zur Arbeit haben.

Wettkämpfer

Psychodynamiker: Unbewusst motiviert durch Geschwisterrivalität oder durch Unsicherheit im Hinblick auf die Liebe der Eltern.

Motivationsanalyse: Bewusst motiviert durch ein stark intrinsisches Bedürfnis zu siegen.

Bobby Knight, dem man den Spitznamen »der General« gab, hat mehr Erfolge als Basketballtrainer zu verbuchen als jeder andere vor ihm. Er ist in einer kleinen Stadt im ländlichen Ohio aufgewachsen. Obwohl einigen seine Beziehung zum Vater als emotional distanziert erschien, sagt er selbst von sich, er habe seinen Vater geachtet als »den diszipliniertesten Mann, den ich je gesehen habe« (Berger, 2000, S. 51). Er hat seinen Vater dafür bewundert, dass er stets seine Pflicht tat und keine Anstrengungen scheute.

Knight bewundert Wettkämpfer, aber er hat keine Achtung vor Versagern. In seinem letzten Jahr auf der Highschool beklagte er sich darüber, dass sein Basketballtrainer kein »Feuer unterm Hintern« hatte. Diese Kritik an seinem Trainer hätte fast dazu geführt, dass man ihn aus der Mannschaft geworfen hätte. Doch sein Vater überredete den Trainer, ihn im Team zu behalten.

Knight spielte von 1958 bis 1962 Basketball für die »Ohio State University Buckeyes«. Die Buckeyes gingen 1960 als Sieger aus dem landesweiten Wettkampf der National Collegiate Athletic Association (NCAA) hervor. Knight war nicht gut genug, um für eine so talentierte Mannschaft am Wettkampf teilzunehmen, und spielte selten. Mannschaftskameraden aus dieser Zeit erinnern sich an Knight als eine Person, die große Geschichten erzählte, gerne andere Leute zum Lachen brachte, aber auch ausfällig gegenüber anderen Spielern werden konnte.

Knight begann seine Karriere als Basketballtrainer an der Cuyahoga Falls High School in Ohio, wo man ihn als »Gift und Galle spuckenden, fordernden« Trainer beschrieb, der ein »extremes Wettbewerbsdenken« an den Tag legte (Berger, 2000, S. 72). Er wurde dann Trainer an der amerikanischen Militärakademie West Point. Nach sieben siegreichen Spielzeiten als oberster Trainer der Armee begann er eine 29 Jahre dauernde Amtszeit als Basketballcheftrainer der Indiana University. Knights Basketballmannschaften an dieser Universität gewannen in den Jahren 1976, 1981 und 1987 die landesweiten Meisterschaften der NCAA. Er trainierte auch die US-Basketballmannschaft 1984 bis zum Gewinn der Goldmedaille bei den Olympischen Spielen.

An der Indiana University zog Knight ein absolut sauberes Basketballprogramm durch, bei dem es nie zu einem Anwerbeskandal gekommen ist. Zeitweise agierte er wie ein Vater für seine Spieler, indem er ihnen nach dem Examen half, eine Arbeitsstelle zu finden, und ihnen zu Weihnachten nicht nur eine Karte, sondern ein Geschenk schickte. Er versprach den Eltern, dass ihre Söhne eine gute Ausbildung bekommen würden, und er hielt seine Versprechen. Wenn ein Spieler sein Studium nicht ernst nahm und Seminare schwänzte, ließ ihn Knight nicht an den Spielen teilnehmen. Die Mitglieder seiner Mannschaft legten zu 90 Prozent das Examen ab – das ist die höchste Quote in der Geschichte des amerikanischen Universitätssports.

In den gesamten 1980er und 1990er Jahren war Knight für die Absolventen der Indiana University ein Held, und im gesamten Bundesstaat Indiana galt er als sehr beliebt. Doch schadete er seinem Ansehen durch eine Reihe flegelhafter Wutausbrüche und durch seine offen kritische Einstellung gegenüber Menschen, die er nicht mochte. Im Jahr 2000 entband ihn Myles Brand, der Präsident der Indiana University, von seiner Aufgabe als Basketballtrainer der Hochschule.

Knight macht sich manchmal über Menschen lustig, die ihm blöd vorkommen. Bei den Panamerikanischen Spielen 1979 bezeichnete er den Berichten nach eine brasilianische Basketballfrauenmannschaft als einen »Haufen Huren« und schubste den Polizisten weg, der das Trainingslager bewachte. Beim Abendessen verspottete ihn ein Fan: »Knight ist ein Arschloch! Knight ist ein Arschloch!« Knight nahm sich den Mann zur Brust und stopfte ihn in den Mülleimer. 1985 warf er einen Stuhl quer über das Basketballfeld, um gegen eine Entscheidung des Schiedsrichters zu protestieren. 1987 schlug er während eines Spiels mit der Faust auf den Anschreibetisch eines Zeitnehmers und musste deswegen eine Strafe von 10000 Dollar zahlen. 1993 versetzte er seinem Sohn, der damals Spieler in der Mannschaft war, einen Tritt. Im Jahr 2000, kurz nachdem Berichte an die Öffentlichkeit gedrungen waren, dass er angeblich einen Spieler am Genick gepackt hätte, wurde er entlassen. »Wenn meine Zeit auf der Erde vorbei ist und meine Aktivitäten eine Sache der Vergangenheit sind«, sagte Knight einmal, »möchte ich, dass man mich mit dem Bauch nach unten ins Grab legt, damit mich die Kritiker am Arsch lecken können.«

Die Psychoanalytiker erklären Wettbewerbsdenken mit realer oder vorgestellter Rivalität um die Liebe der Eltern. Der kleine Junge beispielsweise wünscht sich die Liebe seiner Mutter und betrachtet seinen Vater als Rivalen. Aus Angst vor den Vergeltungsmaßnahmen des Vaters unterdrückt der Junge seinen Ärger, der schließlich im Sport oder im Geschäftsleben als Wettbewerbsgeist frei wird. Die Psychoanalytiker könnten auch sagen, dass Knight Leistung als unbewusstes Mittel schätzte, um die Liebe seines distanzierten Vaters zu erlangen.

Stark	Durchschnittlich	Schwach
Macht	Anerkennung	
Rache	Neugier	
	Essen	
	Familie	
	Ehre	
	Idealismus	
	Unabhängigkeit	
	Ordnung	
	Körperliche Aktivität	
	Eros	
	Sparen	
	Beziehungen	
	Status	
	Ruhe	
	Neugier	

Tabelle 4.2: Bobby Knight (Typus: Wettkämpfer)

In Tabelle 4.2 wird dargestellt, wie ich die Hauptthemen im Erwachsenenleben von Knight erklären würde. Knight möchte siegen, weil es ihm intrinsisch Spaß macht (fällt unter das Grundbedürfnis nach Rache). Meiner Auffassung nach ist es ein Fehler, das Bedürfnis des Wettkämpfers nach Siegen als Mittel für das Erreichen anderer Ziele zu halten. Ich glaube, dass man einen Wettkämpfer am besten als jemanden begreift, der Siege um ihrer selbst willen intrinsisch hoch bewertet.

Weil Knight einen hohen Preis dafür bezahlt hat, dass er es nicht gelernt hat, seine flegelhaften Wutausbrüche unter Kontrolle zu bringen, könnten einige Experten aus dem Bereich der Psychodynamik sagen, dass Knight einen »Todeswunsch« hat. Diese Experten vermuten zudem vielleicht, dass er ein tief verwurzeltes Minderwertigkeitsgefühl hat und versucht, dies durch außergewöhnliche Leistung als Trainer zu kompensieren. Ich stimme mit diesen psychodynamischen Vorstellungen nicht überein. Ich habe den Verdacht, dass Knight unterschätzte, wie schwer die persönlichen Folgen seiner Flegelhaftigkeit wiegen können (siehe Kapitel 10 über persönliche blinde Flecken). Im Eifer des Gefechts hat er möglicherweise vergessen, mit welchem Preis Wutausbrüche für ihn verbunden sein können. Eventuell dachte er, dass er damit davonkommen könne, oder vielleicht unterschätzte er, welchen Schatten Flegelhaftigkeit auf das Ansehen und die Leistungen einer Person werfen kann.

Viele Experten sind der Ansicht, dass mit Leuten, die Schwierigkeiten haben, ihren Wettkämpferinstinkt unter Kontrolle zu bringen, »etwas nicht ganz stimmt«. Ich bin damit nicht einverstanden: Ich glaube, dass Knights Wettkämpfertrieb ihn zu flegelhaften Wutausbrüchen veranlasste, die ihm schwere Probleme bereiteten, dass dies ihn aber auch motivierte, Basketballspiele zu gewinnen, und viele junge Spieler inspirierte. Ich versuche nicht, Knight zu entschuldigen, ich wehre mich nur dagegen, seine sehr realen Persönlichkeitsprobleme als Störung oder als Abnormalität einzustufen.

Menschenfreund

Psychodynamiker: Unbewusst motiviert durch selbstzerstörerisches Denken und Schuld.

Motivationsanalyse: Bewusst motiviert durch eine intrinsisch hohe Bewertung der sozialen Gerechtigkeit.

John Brown wurde im Jahr 1800 in eine ausgesprochen religiöse Familie hineingeboren. Er widmete sein Leben der Abschaffung der Sklaverei und den Rechten der Afroamerikaner. 1825 begleitete er ein afroamerikanisches Paar in eine Kirche. Er ermutigte die beiden, sich zusammen mit ihm auf eine Kirchenbank zu setzen und nicht im hinteren Teil des Raums Platz zu nehmen. »Die ganze Kirche fiel über ihn her«, schrieb seine Tochter Ruth. »Meine Brüder waren so angeekelt, eine solche Verspottung der Religion [in der Reaktion der Kirchengemeinde] mit ansehen zu müssen, dass sie aus der Kirche austraten und nie wieder einer anderen beitraten« (Hinton, 1968, S. 37).

Er hatte die Hoffnung, dass der Bundesstaat Kansas zu einem freien Staat werden und sich die Verteilung der Sitze im amerikanischen Kongress zugunsten der Abschaffung der Sklaverei verschieben würde. Deswegen verließ John Brown seine Familie und zog nach Kansas. Unermüdlich durchreiste er diesen Staat und hielt Reden, in denen er die Abschaffung der Sklaverei forderte. Am besten ist er jedoch dafür in Erinnerung, dass er einen Angriff auf ein staatliches Waffenarsenal in Harper's Ferry (Virginia) organisierte. Als er aufgrund eines Richterspruchs gehängt wurde, wurde er zum Märtyrer der Bewegung gegen die Sklaverei.

Der berühmte Psychoanalytiker Karl Menninger (1989) schrieb, dass John Browns Märtyrertod durch selbstzerstörerische Tendenzen mit einer »aggressiven Komponente« motiviert sei. Menninger beanstandete, dass Browns geduldige Frau, während er im Land umherreiste, »auf einer trostlosen Farm in den Adirondack Mountains gegen Kälte, Hunger und erbärmliche Armut ankämpfte« (S. 112, eigene Übersetzung aus dem Amerikanischen). Schlimmer noch, so behauptete Menninger, Brown setzte seine Familie den gewalttätigen Angriffen und der Gefahr durch die Befürworter der Sklaverei aus. »Ein Sohn wurde darüber verrückt. Einen anderen erschoss man. Doch ihr Vater vereinnahmte sie weiterhin verbissen für seine [gegen die Sklaverei gerichteten] Zwecke.«

Menninger hatte kein gutes Wort für John Brown übrig. Die Schlussfolgerung aus seiner Analyse lautete, dass ein seelisch gesunder John Brown eine andere Sichtweise gehabt und die Sklaverei toleriert hätte, aus Furcht vor Vergeltungsmaßnahmen gegenüber seiner eigenen Person und seiner Familie. Nach Menninger hätte er mehr Zeit mit seiner Frau und seiner Familie verbringen und weniger Zeit dafür aufwenden sollen, seine Träume von der Abschaffung der Sklaverei zu verwirklichen. Waren John Browns Bemühungen, die Sklaverei zu bekämpfen, wirklich ein Ausdruck unbewusster selbstzerstörerischer Tendenzen, wie es Menninger behauptete?

Stark	Durchschnittlich	Schwach
Idealismus	Anerkennung	Familie
Rache	Neugier	Ruhe
	Essen	
	Ehre	
	Unabhängigkeit	
	Ordnung	
	Körperliche Aktivität	
	Macht	
	Eros	
	Sparen	
	Beziehungen	
	Status	

Tabelle 4.3: John Brown (Typus: Menschenfreund)

In Tabelle 4.3 ist dargestellt, wie man Browns Persönlichkeit durch die 16 Grundbedürfnisse erklären kann. Meine Analyse deutet darauf hin, dass Brown auf eine höhere Berufung reagierte, als er sein Leben dem Kampf gegen die Ungerechtigkeit der Sklaverei widmete. Er versuchte nicht, sich selbst zu zerstören, er versuchte, Amerika Gerechtigkeit zu bringen. Er strebte nicht nach Gerechtigkeit, um seine Schuld geringer werden zu lassen. Er strebte nach Gerechtigkeit, weil Menschen Gerechtigkeit intrinsisch sehr hoch bewerten. Er war kein Neurotiker, sondern ein gesunder Mensch, der unter dem rassistischen System der Sklaverei lebte. Gegenüber der Sklaverei stillzuhalten ist Feigheit und nicht Besonnenheit. Brown wollte nicht sterben, weil er unglücklich war oder Schuldgefühle bzw. aggressive Gefühle hegte. Er wollte hingerichtet werden, weil er richtigerweise zu der Einschätzung gekommen war, dass das Opfer etwas zu seiner gerechten Sache beitragen würde.

Warum hatte John Brown mehr Gespür dafür, dass den Afroamerikanern Gerechtigkeit widerfahren müsse, als für die Tatsache, dass seine eigene Familie litt? Nach den Ergebnissen unserer Forschungsarbeiten über die 16 Grundbedürfnisse hängen idealistische Bestrebungen fast überhaupt nicht mit dem Engagement für die Familie zusammen. Gerechtigkeit und Kinder sind zwei unterschiedliche Wertvorstellungen: Menschenfreunde sind nicht unbedingt Familienmenschen, und Familienmenschen setzen sich nicht unbedingt für menschenfreundliche Angelegenheiten ein.

Denker

Psychodynamiker: Unbewusst motiviert durch sublimierte Energie.

Motivationsanalyse: Bewusst motiviert durch eine hohe intrinsische Bewertung von Wissen und Ideen.

Isaac Newton (1643–1727) war einer der einflussreichsten Wissenschaftler der Geschichte. Im 17. Jahrhundert entwickelte er die revolutionären Konzepte der Trägheit und der Gravitation, um die Mechanik des Universums zu erklären. Er erfand auch die Differenzial- und Integralrechnung und man rühmt ihn dafür, dass er Mathematik und Physik zusammengeführt hat.

Newton hatte eine schwierige Kindheit. Sein Vater starb vor seiner Geburt, und er lebte sechs Jahre lang bei seinen Großeltern, die ihn wie ein Waisenkind behandelten. Als junger Mann traf er sich nicht mit Mädchen, sondern verbrachte einen großen Teil der Zeit in seinem Zimmer an der Cambridge University. Er hatte nur wenige Freunde und war, weil er nicht viel Geld hatte, sein Leben lang ausgesprochen geizig. Am Ende verließ er die Universität, um Vorsteher der königlichen Münzanstalt zu werden. Im Alter von 84 Jahren starb er aufgrund einer Nierenkrankheit einen qualvollen Tod.

Newton war in starkem Maße von Neugier motiviert. Er war unermüdlich auf der Jagd nach Wissen. Er dachte tief gehend über Alltagsbeobachtungen nach, die die meisten Menschen als Lapalien abtun. Als er einen Wasserlauf betrachtete, fragte er sich, warum das Wasser beim Strömen über Steine das Muster bildete, das man beobachten konnte. Als er sich ein Tennisspiel ansah, fragte er sich, warum der Ball auf einer bestimmten Kurve flog, wenn er vom Schläger »angeschnitten« wurde – und warum nicht auf einer geraden Flugbahn. Er hielt sich über seine Ideen auf dem neuesten Stand, indem er sie in Notizbüchern vermerkte.

Newton vertiefte sich stets in seine Gedankengebäude, selbst wenn er seine Aufmerksamkeit eigentlich einer konkreten Sache der »Außenwelt«widmen sollte, um die es gerade ging. Einmal dachte er z.B. gerade über ein mathematisches Problem nach, als die Schafe, auf die er aufpassen sollte, auf den benachbarten Bauernhof liefen. Als offensichtlich wurde, dass er nicht geeignet war, Bauer zu werden, schrieb er sich bei der Cambridge University ein. Im Alter von 24 Jahren erreichte er den Status eines Lehrstuhlinhabers.

Newton veröffentlichte sehr wenig. Wenn er ein Problem löste, behielt er es gewöhnlich für sich, statt es anderen mitzuteilen. Er hielt die Veröffentlichung seiner größten Entdeckungen jahrzehntelang zurück. Als man ihn nach den Gründen dafür fragte, sagte er, er wolle Streitgespräche vermeiden. Er wusste, dass seine Vorstellungen vom Universum richtig waren. Aber er konnte es nicht ertragen, dass andere sie einer Kritik unterzogen.

Newton verbrachte einen großen Teil seines Lebens für sich. Er lebte alleine in Cambridge, arbeitete als Einzelkämpfer, hatte keine engen Freunde und traf sich nicht mit Frauen. Er heiratete nie und hatte nur wenig Spaß in seinem Leben.

Die Freudianer glauben, dass eine übersteigert intellektuelle Einstellung durch »sublimierte« sexuelle Energie motiviert wird. (*Sublimierung* ist ein unbewusster Prozess, bei dem angeblich sexuelle Triebregungen in kreative Energien umgewandelt werden.) Zugunsten der Sublimierungshypothese könnten die Freudianer anmerken, dass sich Newton nur für die Wissenschaft interessierte und den Eros ausgrenzte.

Stark	Durchschnittlich	Schwach
Anerkennung	Essen	Familie
Neugier	Ehre	Eros
	Idealismus	Beziehungen
	Unabhängigkeit	
	Ordnung	
	Körperliche Aktivität	
	Macht	
	Sparen	
	Status	
	Ruhe	
	Rache	

Tabelle 4.4: Isaac Newton (Typus: Denker)

In Tabelle 4.4 ist dargestellt, wie ich Newtons Persönlichkeit erklären würde. Meiner Auffassung nach regte Newtons starkes Bedürfnis nach Kognition (das unter dem Grundbedürfnis nach Neugier einzuordnen ist) sein intellektuelles Wesen an. Denken war ihm eine Belohnung für sich, denn er mochte intrinsisch die intellektuelle Aktivität sehr. Er organisierte sein Leben so, dass er sein Bedürfnis zu denken befriedigen konnte – so wurde er z.B. Professor und lebte ohne viele äußere Ablenkungen alleine.

Neugier veranlasst die Menschen, sich über ihre Ideen Gedanken zu machen. Newton schätzte seine Ideen so sehr, dass er sie in seinem Notizbuch niederschrieb, damit er sie nicht vergaß. Er vertiefte sich so sehr in den Kosmos der Wissenschaft, dass er den irdischen Ereignissen, die um ihn herum geschahen, wenig Aufmerksamkeit schenkte.

Die Tatsache, dass Newton ein einsames Leben ohne viel Eros akzeptierte, lässt sich durch schwach ausgeprägte Grundbedürfnisse nach Eros und Beziehungen erklären. Wären bei ihm die Grundbedürfnisse nach Eros oder Beziehungen auch nur durchschnittlich ausgeprägt gewesen, hätte er eine derartige Lebensweise nicht ertragen. Das Faktum, dass er wenig veröffentlichte, deutet auf eine überdurchschnittliche Angst vor Kritik hin (fällt unter die Kategorie Bedürfnis nach Anerkennung). Sein überdurchschnittliches Bedürfnis nach Anerkennung ließ sich vielleicht darauf zurückführen, dass er als Kind im Stich gelassen wurde. Möglicherweise kam er aber auch einfach so auf die Welt.

Romantiker

Psychodynamiker: Setzt unbewusst Sexualität dazu ein, die Liebe, die die Eltern ihm in der Kindheit vorenthalten haben, zu kompensieren.

Motivationsanalyse: Bewusst motiviert durch eine intrinsische Bewertung der Sexualität.

Menschen mit sehr starken Bestrebungen in Richtung Sexualität weisen einen auf Eros ausgerichteten Persönlichkeitstypus auf. Sie denken immer an Sexualität und Eros, dafür leben sie. Sie fühlen sich von vielen potenziellen Partnern angezogen und neigen nicht dazu, der Versuchung zu widerstehen. Sie sind empfänglich für sexuelle Reize, die andere ausströmen. Katherine Hepburn sagte einmal über den großen Schauspieler John Barrymore, dass es ihm schlechterdings nicht möglich war, ein Mädchen an sich vorbeigehen zu lassen, ohne sich an einem Teil seiner Anatomie zu vergreifen (Gill, 2002, S. 90).

Peggy Guggenheim, die reiche Wohltäterin und Sammlerin moderner Kunst, rühmte sich ihrer sexuellen »Vitalität« und ihrer »Leidenschaft«. Sie hielt Menschen für besser, die eine erotische Leidenschaft zeigten, als solche, die weniger »Leben« in sich hatten. Für sie war Eros wichtiger als nahezu alles andere. Ihr starkes Streben nach Eros brachte sie dazu, über einen großen Teil ihres Lebens hinweg viele Sexualpartner zu haben. Wenn man sie fragte: »Wie viele Ehemänner haben Sie gehabt?«, erwiderte sie: »Meinen Sie meine eigenen oder die von anderen Leuten?« (Gill, 2002, S. 80). Nach ihrer Autobiografie, in der sie ihre sexuellen Eroberungen festhielt und wahrscheinlich etwas übertrieb, hatte sie zwei Ehemänner, unzählige Liebhaber und eine große Liebe. Sie ließ zwischen zwei und 17 Abtreibungen vornehmen – dazu machen ihre Biografen unterschiedliche Angaben.

Frau Guggenheim hatte eine unglückliche Kindheit: Ihre Eltern verbrachten viel Zeit getrennt voneinander. Nachdem ihr Vater beim Untergang des Luxuspassagierschiffs *Titanic* ums Leben gekommen war, stellte ihre Mutter Kinderfrauen ein, um sie großzuziehen. Sie erbte ein Vermögen und zog nach Europa, sah sich jedoch gezwungen, nach New York zurückzukehren, als der Zweite Weltkrieg ausbrach. Während sie in New York lebte, eröffnete sie eine einflussreiche Galerie für moderne Kunst und schuf ein wichtiges Forum für junge Künstler. Sie »unterstützte drei der bedeutsamsten künstlerischen Bewegungen der letzten hundert Jahre: den Kubismus, den Surrealismus und den abstrakten Expressionismus« (Gill, 2002, S. XV).

Stark	Durchschnittlich	Schwach
Eros	Anerkennung	Familie
Sparen	Neugier	Ehre
Status	Essen	Idealismus
	Unabhängigkeit	
	Ordnung	
	Körperliche Aktivität	
	Macht	
	Beziehungen	
	Ruhe	
	Rache	

Tabelle 4.5: Peggy Guggenheim (Typus: Romantikerin)

Tabelle 4.5 zeigt, wie man Peggy Guggenheims Persönlichkeit durch die 16 Grundbedürfnisse erklären kann. Sie hatte ein sehr starkes Bedürfnis nach Eros: Sexualität spielte eine bedeutsame Rolle für ihr Selbstkonzept. Sie verbrachte eine beträchtliche Zeit damit, ihren erotischen Neigungen zu folgen, und nutzte ihre Position als Kunstmäzenin, um Zugang zu Künstlern als potenziellen Liebhabern zu bekommen.

Manche Experten sagen, dass Promiskuität Zeichen eines Mangels an Selbstachtung und daher ein neurotisches Persönlichkeitsmerkmal ist. Promiskuitive Menschen versuchen vielleicht, die Liebe ihrer Eltern zu kompensieren, die man ihnen vorenthielt, als sie Kinder waren. Der Biograf Anton Gill schreibt, dass Frau Guggenheim die Sexualität dazu nutzte, ein Bedürfnis, geliebt zu werden, zu befriedigen und ihr Selbstwertgefühl zu stärken. Er wies ferner darauf hin, dass sie auf Sex mit Künstlern aus war, weil er ihr ein unbewusstes psychologisches Gefühl vermittelte, durch sie eine Kreativität zu bekommen, die sie nicht hatte.

Im Gegensatz dazu habe ich den Verdacht, dass Peggy Guggenheims Promiskuität durch eine ungewöhnlich starke Leidenschaft für Sexualität gesteuert wurde. Wenn Menschen einen guten Appetit haben, essen sie viele unterschiedliche Nahrungsmittel; wenn sie einen starken Sexualtrieb haben, haben sie viele unterschiedliche Partner. So war es auch bei Peggy Guggenheim. Für die herkömmlichen Moralvorstellungen, die vielleicht ihre Promiskuität gehemmt hätten, hatte sie zudem nicht viel übrig.

Einige Experten meinen, es müsse, um Promiskuität richtig zu verstehen, noch einen anderen Faktor geben als einen starken Sexualtrieb und schwach ausgeprägte herkömmliche Moralvorstellungen. Der Existenzialpsychologe Rollo May (1988) z.B. behauptete, dass Promiskuität Ausdruck einer Unfähigkeit sei, Beziehungen zu anderen aufzubauen, es sei denn, es handelt sich um oberflächliche Beziehungen. In seinem Buch *Love and Will* unterschied er zwischen Eros und Libido. *Eros* ist der Wunsch, sich mit einem Partner zu vereinigen, ihn zu erschaffen und ihn zu lieben, während die *Libido* der Wunsch nach Freisetzung ist. Beziehungen aufgrund von Eros sind demnach erfüllend und spirituell befriedigend, wohingegen jene, die nur auf Sex beruhen, rein körperlich und nicht erfüllend sind. May glaubte, dass es in einer rein sexuellen Beziehung nur eine Sache der Zeit sei, bevor die Partner ein Gefühl der Leere empfinden.

Ich meine nicht, dass Peggy Guggenheim ihre Promiskuität als einen Vorstoß ins Leere auffasste – im Gegenteil gehörte die Sexualität zu den wenigen Dingen, die für sie bedeutsam waren. Sie schrieb kein Tagebuch über ihre sexuellen Eroberungen, um ihre existenzielle Angst zu offenbaren, sondern um sich mit ihrer Leidenschaftlichkeit zu brüsten. Sie beteuerte den Sinn in ihrem Leben und lamentierte keineswegs über das Nichtvorhandensein von Sinn.

Einige Experten glauben, es sei eine Vereinfachung oder zirkuläres Denken, wenn man sagt, dass Peggy Guggenheim promiskuitiv gewesen sei, weil sie einen starken Sexualtrieb hatte. Sie unterstellen, dass »etwas nicht stimmen kann« mit Menschen, die ohne eine tieferes Gefühl der Verpflichtung von einem Geliebten zum nächsten wandern. Sie wissen, dass sie selbst promiskuitive Beziehungen als sinnlos erleben würden, sind daher verblüfft, wenn sich jemand eine solche Lebensweise zu eigen machen kann.

Ich behaupte jedoch das Gegenteil dessen, was Experten wie Rollo May sagen. Menschen wie May brauchen eine monogame Beziehung, um das Leben als sinnvoll zu erfahren. Aber Menschen wie Peggy Guggenheim sehen einen Sinn in sexueller Leidenschaft. Rollo May verwechselte Individualität und Abnormalität.

Einzelgänger

Behaviorismus: Mangel an sozialen Fertigkeiten.

Psychodynamiker: Mehrere Ursachen: abnorme Entwicklung, schizoide Persönlichkeitsmerkmale, Misstrauen gegenüber anderen, unbewusste Feindseligkeit, Furcht vor Ablehnung.

Motivationsanalyse: Bewusst motiviert durch eine intrinsisch hohe Bewertung der Einsamkeit.

Einzelgänger messen intrinsisch der Einsamkeit einen hohen Wert bei. Einsamkeit kann etwas Friedliches und Ruhiges sein, sie kann die Harmonie mit der Umwelt fördern. Sie bietet eine Gelegenheit, das Leben in einem entspannten Tempo ohne viele Ablenkungen zu erfahren. Aus der Einsamkeit können manche Menschen Freude an einfachen Dingen gewinnen, wie etwa die Schönheit der Natur zu bewundern, für sich selbst zu singen, ein gutes Buch zu lesen oder Tiere genau zu beobachten.

Einsamkeit schafft Gelegenheiten, uns über unser Leben und unsere Erfahrungen klar zu werden. Der Naturforscher David Thoreau und der Polarforscher Richard E. Byrd führten Tagebuch, damit sie über ihre Erlebnisse nachdenken und sie verarbeiten konnten. Religiöse Rückzugsorte wie Klöster nutzen Einsamkeit als Gelegenheiten für Meditation und spirituelle Erfahrungen. Manche Menschen betrachten das Leben an einem Rückzugsort als eine positive Möglichkeit, spirituell zu leben.

Viele Einzelgänger weisen Persönlichkeitsmerkmale auf, die andere Menschen davon abhalten, sie kennenzulernen (Tressler, 1937). Sie können brüsk sein, herablassend, anderen gegenüber kritisch, es fällt ihnen vielleicht schwer, Menschen zu loben oder ihnen zu schmeicheln, sie sind selbstzentriert, griesgrämig und zeigen wenig Interesse an dem, was andere zu sagen haben. Sie spielen möglicherweise die Probleme anderer Personen herunter. Sie lernen Menschen nicht sehr gut kennen, lächeln selten oder dominieren selten in Gesprächen.

Wir können zwischen Intimsphäre und Unsicherheit unterscheiden. Während der Einzelgänger intrinsisch nicht gerne mit anderen verkehrt und dies vielleicht sogar als lästig empfindet, würde der unsichere Mensch gerne mehr mit anderen zusammen sein, hat aber Angst vor Ablehnung. In der Motivationsanalyse wird behauptet, dass ein schwaches Grundbedürfnis nach Beziehungen zu einem Rückzug ins Private motiviert, dass jedoch ein starkes Grundbedürfnis nach Anerkennung zu Unsicherheit motiviert.

Henry David Thoreau (1817–1862), der amerikanische Schriftsteller und Naturforscher, organisierte sein Leben im Einklang mit seinen Bedürfnissen nach Einsamkeit und Ruhe. Er sagte einmal, dass die Ordnung der Dinge umgekehrt werden sollte – die siebte Tag sollte für den Menschen der Tag der Plackerei sein und die anderen sechs Tage sein Sabbat, damit er sich in dieser Zeit um seine Seele kümmern kann.

Thoreau war ein unabhängiger und neugieriger Mensch. Als junger Mann arbeitete er als Lehrer. Doch dann kündigte er, um seine eigene Schule zu gründen, denn er wollte sich nicht an die Auflagen der Schulaufsichtsbehörde halten, nach denen er die Kinder körperlich züchtigen musste. Er hörte später als Lehrer auf, um Naturforscher und Schriftsteller zu werden. Er beschäftigte sich gern wissenschaftlich mit der Natur und las auch gerne. 1845 baute Thoreau am Ufer des Teichs Walden Pond ein Fachwerkhaus, in dem er zwei Jahre lang als Eremit lebte und die Natur erforschte. Er fand heraus, dass er so einfach leben konnte, dass er in sechs Wochen mit seiner eigenen Hände Arbeit das Geld verdienen konnte, das er für ein Jahr brauchte. Er war Vegetarier und aß einfach. Er trank keinen Wein, er rauchte nicht und konsumierte auch sonst keinen Tabak. Er kleidete sich einfach.

Thoreau war seinen Eltern treu ergeben, er entschied sich sogar, mit ihnen zusammenzuleben, nachdem er vom Walden Pond weggezogen war. Er war patriotisch, verantwortungsbewusst, ehrlich und fair. Er unterstützte die Abschaffung der Sklaverei und schrieb einen Essay über seine Gegnerschaft zur Sklaverei mit dem Titel »Civil Disobedience« (Bürgerlicher Ungehorsam).

Stark	Durchschnittlich	Schwach
Ehre	Anerkennung	Eros
Unabhängigkeit	Neugier	Beziehungen
Idealismus	Essen	Status
	Familie	Ruhe
	Ordnung	
	Körperliche Aktivität	
	Macht	
	Sparen	
	Rache	

Tabelle 4.6: Henry David Thoreau (Typus: Einzelgänger) Auf der Grundlage einer Biografie von Harding (1965)

In Tabelle 4.6 ist dargestellt, wie die 16 Grundbedürfnisse als Erklärung für Thoreaus Persönlichkeit dienen können. Sein sehr gering ausgeprägtes Grundbedürfnis nach Beziehungen veranlasste ihn, der Einsamkeit einen hohen Stellenwert beizumessen. Er lehnte Einladungen zum Abendessen ab und sagte, das sei verschwendete Zeit. Er hatte nur wenige Freunde. Er heiratete auch nicht (möglicherweise motiviert durch ein schwach ausgeprägtes Grundbedürfnis nach Eros).

Psychodynamische Theoretiker sahen das Bedürfnis, Beziehungen zu anderen Menschen einzugehen und zu pflegen, als natürlichen Bestandteil der normalen Entwicklung. Sie behaupteten, dass Einzelgänger Angst vor Zurückweisung haben, Opfer überbehütender Eltern sind, eine unbewusste Feindseligkeit hegen, Menschen misstrauen oder vielleicht keine sozialen Fertigkeiten haben. White und Watt (1973, S. 178) wiesen darauf hin, dass die soziale Isolierung durch eine abnorme Entwicklung verursacht wird. Cameron (1963, S. 647f.) deutete an, dass Einzelgänger eine »schizoide Persönlichkeitsstörung« haben, die durch einen abnormen Argwohn gegenüber anderen gekennzeichnet ist.

Im Gegensatz dazu geht die Motivationsanalyse davon aus, dass viele Einzelgänger ganz normale Menschen sind, die zufällig Wert auf Einsamkeit legen. Alle Menschen halten die Anzahl der sozialen Beziehungen in den Grenzen, auf die sie sich einlassen wollen. Dies beruht darauf, wie sehr sie intrinsisch Wert auf Beziehungen bzw. auf Einsamkeit legen. Um uns wohlzufühlen, brauchen wir es manchmal, mit anderen zusammen zu sein, aber manchmal müssen wir alleine sein. Kontaktfreudige Menschen, die in viel stärkerem Maß mit anderen zusammen sein müssen als Durchschnittsmenschen, lernen Gewohnheiten, die Menschen anziehen. Einzelgänger, die viel häufiger allein sein müssen als Durchschnittsmenschen, entwickeln Gewohnheiten, die Menschen abstoßen. Manche Einzelgänger mögen selbstverständlich seelisch krank sein, aber dasselbe kann auf gesellige Menschen zutreffen (wie etwa gesellige Hochstapler). Der entscheidende Punkt besteht darin, dass das Persönlichkeitsmerkmal, ein Einzelgänger zu sein, durch individuelle Variationen in Bezug auf normale Motive und Wertvorstellungen verursacht wird, nicht durch eine Schizophrenie oder durch Vorgänge, die einer Schizophrenie ähneln.

Asket

Psychodynamiker: Unbewusst motiviert durch Selbstdestruktivität.

Motivationsanalyse: Bewusst motiviert durch eine extrem starke Bewertung der persönlichen Ehre.

Das Wort Asketentum hat seinen Ursprung im anstrengenden körperlichen Training, dem sich die griechischen Sportler und Krieger unterzogen. Heute bedeutet das Wort so viel wie Ausdauer bei körperlichen Entbehrungen für spirituelle Zwecke. Um zu bekunden, dass der Geist wichtiger ist als der Körper, lehnen Asketen weltliche Annehmlichkeiten ab. Sie leben möglicherweise z.B. in einem für die Öffentlichkeit abgesperrten Bereich wie einer Zelle, einer Höhle oder einem Kloster. Sie dürfen vielleicht keinen sexuellen Verkehr haben, auch nicht nur ein einziges Mal im Leben. Sie tragen eventuell Gewichte mit sich herum, schneiden sich in den Körper und halten Unannehmlichkeiten aus wie das Sitzen auf harten Stühlen ohne Kissen oder den Verzicht auf Feuer, wenn es draußen kalt ist. Sie essen einfache Nahrungsmittel wie Gerste und Wasser, und sie kleiden sich einfach. Sie verzichten auf alle Vergnügungen wie Tanzen, Kunst, Spiele und Partys. Sie verkehren nicht sozial mit anderen Menschen. Manche Asketen brechen die Familienbande ab und leben alleine. Sie schwören allen ehrgeizigen Bestrebungen ab. Zu den Akten der Selbsterniedrigung gehört es, sich selbst auszupeitschen, dem eigenen Körper Schmerzen zuzufügen und im Schmutz zu leben.

Das christliche Asketentum ist in den USA wohlbekannt. Mönche und Nonnen leben abgeschottet von der Gesellschaft, tragen einfache Kleidung und legen das Gelübde des Zölibats ab. Viele der christlichen Heiligen waren Asketen.

Der heilige Benedikt (480–547) war, in Bezug auf das klösterliche Leben, eine der einflussreichsten Personen der katholischen Kirche. Angewidert vom lasterhaften Leben in Rom verließ er die Stadt, um als Eremit alleine in einer Höhle zu leben. Seine Prophetengabe, die Ausführung von Wundern und sein Ruf, besonders fromm zu sein, zog Schüler an, die unbedingt Mönch werden wollten. Er übernahm die Leitung eines Klosters in Subiaco und gründete anschließend das Kloster in Monte Cassino. Das zuletzt genannte Kloster wurde zu einem der einflussreichsten Rückzugsorte in der Geschichte des Christentums.

Er verfasste die so genannte *Benediktsregel*, bei der es sich um ein Handbuch handelt, in dem die Pflichten eines Mönchs und die Organisation des klösterlichen Lebens genau erklärt werden. Als die Lombarden Monte Cassino plünderten, waren die Mönche vorher gewarnt worden und flohen mit einer Kopie der *Benediktregel* nach Rom. Diese wurde zu einer einflussreichen Orientierungshilfe für das Leben in christlichen Klöstern auf der ganzen Welt.

Psychologen haben Einzelgänger im Allgemeinen für vielleicht etwas verwirrt gehalten. Doch als Benedikt Rom verließ, um in einer Höhle zu leben, waren einige Menschen so inspiriert von der Vorstellung, sich an einen einsamen Ort zurückzuziehen, dass sie sich einfach zu ihm in seiner Höhle gesellen mussten. Diese Menschen dachten nicht: »Der arme Benedikt kommt in der Großstadt nicht zurecht und hat sich in einer Höhle verkrochen, um seine Wunden zu lecken. Mal sehen, wie seine Diagnose lautet.« Stattdessen dachten sie: »Toll! Was für eine großartige Idee, die Benedikt da gehabt hat. In einer Höhle leben, in der man seiner Spiritualität nachgehen kann und nicht von der Oberflächlichkeit der Großstadt abgelenkt wird.« Die meisten Menschen könnten es nicht aushalten, in einer Höhle zu leben. Doch für manche, die ihrer Spiritualität einen sehr hohen Stellenwert zuordnen, ist dies die einzig mögliche Lebensweise.

Der Psychiater Karl Menninger (1989) schrieb, dass die Askese eine Form der Selbstzerstörung sei. Menningers Theorie geht davon aus, dass der heilige Benedikt in einer Höhle lebte, weil er schuldbeladen war und unbewusst dachte, er sei nicht würdig, Freude zu empfinden.

Stark	Durchschnittlich	Schwach
Ehre	Anerkennung	Familie
	Neugier	Eros
	Essen	Beziehungen
	Idealismus	Status
	Unabhängigkeit	
	Ordnung	
	Körperliche Aktivität	
	Macht	
	Sparen	
	Ruhe	
	Rache	

Tabelle 4.5: Der heilige Benedikt (Typus: Asket) Auf der Grundlage einer Biografie von McCann (1958)

In Tabelle 4.7 ist dargestellt, wie die 16 Grundbedürfnisse als Erklärung für Benedikts Persönlichkeit dienen können. Das sehr starke Grundbedürfnis nach Ehre kann Benedikt dazu motiviert haben, die moralische Disziplin hoch zu bewerten. Er strebte danach, sich die Freuden des Fleisches zu versagen, um eine Wertaussage zu machen, dass der Geist wichtiger ist als der Körper. Das starke Bedürfnis nach Ehre war bei ihm auch die Motivation für seine Aufrichtigkeit und sein moralisches Verhalten.

Während Menschen mit einem starken Bedürfnis nach Status Reichtum und Ruhm anstreben und stolz darauf sind, lehnen diejenigen mit einem schwachen Bedürfnis nach Status demütig Reichtum und Ruhm ab. Das bei Benedikt schwach ausgeprägte Bedürfnis nach Status motivierte ihn, sich einfach zu kleiden und einfach zu leben, weltlichen Reichtum abzulehnen und nicht zur Kenntnis zu nehmen, was andere von ihm hielten, weil er das Leben eines Eremiten führte.

Schlussfolgerungen

Die 16 Grundbedürfnisse erklären Persönlichkeitstypen als wiederholte Bemühungen, sehr starke und sehr schwache Grundbedürfnisse zu befriedigen. Sehr starke Grundbedürfnisse nach Macht, Rache, Idealismus, Neugier, Eros und Ehre bringen die Menschen dazu, entsprechende Persönlichkeitstypen zu entwickeln, die man Workaholic, Wettkämpfer, Menschenfreund, Denker, Romantiker und Asket nennt. Sehr schwache Grundbedürfnisse nach Beziehungen veranlassen die Menschen dazu, zu Einzelgängern zu werden. Die 16 Grundbedürfnisse erklären potenziell den Persönlichkeitstypus, ohne dass auf eine unbewusste Psychodynamik Bezug genommen wird.

Diese sieben Persönlichkeitstypen sind normal, auch wenn einige Experten sie für abnormal halten. Psychodynamische Experten haben argumentiert, dass viele dieser Persönlichkeitsmerkmale durch unbewusste und oft irrationale seelische Faktoren verursacht werden. Sie haben behauptet, dass alle oder die meisten dieser Merkmale durch Angstabbau motiviert sind. Für mich führen diese Auffassungen in die Irre. Die sieben Persönlichkeitstypen sind Beteuerungen der individuellen Wertvorstellungen (wie etwa Leistung, Erfolg, soziale Gerechtigkeit, Wissen, Sinnlichkeit, Ungestörtheit und Spiritualität). Die Wertvorstellungen sind nicht unbewusst, und die Menschen wehren sich nicht dagegen, sie anzuerkennen. Da die Wertvorstellungen die Persönlichkeit detailreicher erklären, als es bei den Bemühungen um eine »tiefer gehende« psychodynamische Analyse der Fall ist, ziehe ich es vor, Persönlichkeitstypen als Affirmation von Wertvorstellungen und nicht als Ausdruck einer unbewussten Psychodynamik zu betrachten.

Das Argument, man solle diese Persönlichkeitstypen als normal ansehen, ist wesentlich. Die Persönlichkeitstypen helfen Menschen dabei, ihre individuelle Eigentümlichkeit auszuleben. Die Menschen erleben ihren Persönlichkeitstypus als bedeutungsvollen Bestandteil ihres Lebens. Diese Personen zeigen normale psychologische Funktionsabläufe wie normale Informationsverarbeitung, rationales Denken, Gedächtnis und Wahrnehmung. Sie sind nicht depressiv, ängstlich, hyperaktiv oder irrational, sie haben weder Wahnvorstellungen noch Halluzinationen. Die Argumentation, dass eine Abnormalität vorliegt, beruht auf der Vorstellung, viele Menschen seien unglücklich damit, ein solches Leben zu führen, oder alle Menschen wären glücklicher damit, ein anderes Leben zu führen. Bei diesen Vorstellungen handelt es sich um unzulässige Werturteile, bei denen Individualität und Abnormalität miteinander verwechselt werden. Vielleicht würden Sie oder ich mit einigen dieser Lebensweisen nicht glücklich werden. Aber das heißt nicht, dass die meisten Personen, die diesen Persönlichkeitstypen entsprechen, im Vergleich zum Durchschnittsmenschen besonders unglücklich sind.

Obwohl dieses Kapitel zeigt, welche konzeptuelle Bedeutung die 16 Grundbedürfnisse für das Verständnis der Persönlichkeitstypen haben, hat man bei keiner der beschriebenen Personen tatsächlich die 16 Grundbedürfnisse erfasst. Dieses Kapitel ist als Erläuterung der konzeptuellen Relevanz der 16 Grundbedürfnisse für eine mögliche Erklärung der Persönlichkeit zu verstehen. Das Kapitel enthält keine wissenschaftlichen Belege für die Validität der Motivationsanalyse. Solche Belege sind in Kapitel 2 zusammengefasst. Da es bei den Fallbeispielen in den folgenden Kapiteln um Menschen geht, die das Reiss Motivation Profile ausgefüllt haben, liefern diese Kapitel empirische Hinweise darauf, wie nützlich die Anwendung der Motivationsanalyse ist.

KAPITEL 5

Bewältigung persönlicher Schwierigkeiten

Wir werden uns nun damit beschäftigen, welche Schlussfolgerungen sich aus den 16 Grundbedürfnissen für das Coaching und die Beratung von Menschen ziehen lassen, die ihre persönlichen Schwierigkeiten bewältigen wollen. Solche Probleme können zu einer beträchtlichen Unzufriedenheit führen, die Monate oder gar Jahre andauern kann – doch handelt es sich deswegen um leichte Formen psychischer Krankheiten? Haben persönliche Schwierigkeiten irgendetwas mit »wirklichen« psychischen Krankheiten wie einer Schizophrenie oder einer Manie zu tun? Freud (1951/1901) war dieser Auffassung, ich bin es jedoch nicht.

Freud meinte, dass persönliche Schwierigkeiten leichte Formen psychischer Krankheiten sind. Er stützte diese Auffassung auf drei Behauptungen, die ich allesamt anzweifle. Freud war der Meinung, dass das Bedürfnis, mit Angst fertig zu werden, sowohl die Ursache für psychische Krankheiten als auch für persönliche Schwierigkeiten ist. Er vermutete, dass sowohl psychische Krankheiten als auch persönliche Schwierigkeiten Ausdruck unbewusster Kindheitserlebnisse seien. Er empfahl, dass man psychische Krankheiten am besten heilen und auch mit persönlichen Schwierigkeiten am besten fertig werden könne, wenn man sich ernsthaft mit den unbewussten Gefühlen aus der Kindheit beschäftige.

Ich dagegen lehne Freuds Hypothese ab, dass persönliche Schwierigkeiten das Ergebnis von Bestrebungen seien, mit Angst umzugehen. Ich bin der Auffassung, dass jedes der 16 Grundbedürfnisse als motivierender Faktor für unterschiedliche persönliche Schwierigkeiten bei verschiedenen Menschen wirken kann. Ein Kind mit schlechten Noten in der Schule kann durch ein schwaches Bedürfnis nach Neugier motiviert sein und nicht durch Angst. Ein Geschäftsmann, der übergangen wird, weil seine Vorgesetzten ihm nicht trauen, kann ein schwaches Bedürfnis nach Ehre haben, nicht Angst. Obwohl Freud vielleicht richtig angemerkt hat, dass der Umgang mit Angst bei bestimmten psychischen Krankheiten eine wichtige Rolle spielt, irrte er, als er annahm, dass der Umgang mit Angst das primäre Motiv ist, das persönlichen Schwierigkeiten zugrunde liegt.

Ich stelle die Freud'sche Strategie infrage, dass man versucht, die persönlichen Schwierigkeiten von Erwachsenen zu beheben, indem man besser versteht, wie sie sich als Kinder fühlten. Die Analyse der Kindheit ist zeitaufwändig, teuer, oft unwirksam und selten erforderlich, um persönliche Schwierigkeiten zu lösen. Wir müssen uns mit der Kindheit auseinandersetzen, damit wir Kindern und Eltern helfen können, nicht damit wir Erwachsenen dabei helfen, ihre Probleme zu lösen.

Die beste Strategie zur Behebung persönlicher Schwierigkeiten besteht darin, zu verstehen, warum die Betreffenden momentan nicht die richtige berufliche Entwicklung eingeschlagen haben oder nicht zu ihrem Partner passen. Partner mit unterschiedlich ausgeprägtem Sexualtrieb beispielsweise streiten möglicherweise ständig darüber, wie oft sie miteinander schlafen sollten. Nachdem sie ihre Kindheit analysiert haben und zu der Schlussfolgerung gekommen sind, dass ihre unterschiedlichen Sexualtriebe auf unterschiedliche Einstellungen bei ihren Eltern zurückgehen, müssen sie immer noch mit ihren gegensätzlichen Sexualtrieben zurechtkommen. Es hilft ihnen vielleicht ein wenig, wenn sie glauben, den Ursprung ihrer Unterschiede zu verstehen. Aber dieses Verständnis reicht oft nicht aus, um die momentanen Probleme zu lösen.

Bei der Motivationsanalyse analysieren wir die Konflikte so, wie sie heute bestehen, und wir suchen nach Kompromissen und Lösungen, die im Einklang mit den wichtigsten Wertvorstellungen der Betreffenden stehen. Wir verwenden nur wenig Zeit darauf, in welcher Weise die Kindheitserlebnisse einen Einfluss auf die Wertvorstellungen und Konflikte der Erwachsenen haben. *Statt die Klienten nach ihrer Kindheit zu befragen, sollten Berater sie nach ihren Motiven und Wertvorstellungen fragen.* Statt anzunehmen, dass Ängste aus ungelösten Konflikten während der Kindheit das Motiv für die Schwierigkeiten der Klienten sind, sollten die Berater die 16 Grundbedürfnisse der Klienten erfassen. Statt ihnen zu helfen, dass sie die Gefühle gegenüber ihren Eltern während der Kindheit abklären, sollten die Berater ihnen helfen, abzuklären, inwiefern ihre 16 Grundbedürfnisse aufgrund ihrer momentanen Lebensverhältnisse nicht erfüllt werden. Oft werden persönliche Schwierigkeiten durch einen Wertekonflikt zwischen den individuellen, augenblicklichen Situationen im Berufs- und Privatleben verursacht, oder dadurch, dass die Bedürfnisse eines Menschen enttäuscht und nicht erfüllt werden.

Joe ist ein gutes Beispiel für eine Person, deren Belastung im Beruf durch einen Konflikt zwischen Wertvorstellungen veranlasst wird. Joe war Vorgesetzter eines Arbeiters, der ein Kind mit komplexen Behinderungen hatte. Das Kind benötigte eine ständige medizinische Betreuung. Joes Chef wollte, dass er dem Arbeiter kündigte, um die Arbeitgeberkosten für die Krankenversicherung zu senken. Doch Joe empfand es als nicht richtig, einen Arbeitnehmer dafür zu bestrafen, dass er sich als Elternteil um ein Kind mit komplexer medizinischer Betreuung kümmern musste. Die Belastung, der Joe an seiner Arbeitsstelle ausgesetzt war, ging auf einen Wertekonflikt zurück (Joes Ehre im Gegensatz zu den berechnenden Überlegungen seines Chefs). Da Joe ein starkes Grundbedürfnis nach Ehre hat, sollte er für eine Firma arbeiten, die Menschen mit hohen ethischen Standards belohnt. Die Lösung für ihn wäre es, seinen Job bzw. seinen Vorgesetzten zu wechseln, und nicht, seine Kindheit zu analysieren.

Sam ist ein weiteres Beispiel dafür, wie Konflikte zwischen Wertvorstellungen Auslöser für persönliche Probleme sein können. Sam war Manager in einem Konzern. Er verbrachte nur wenig Zeit mit seinen Mitarbeitern und neigte nicht zu Smalltalk. Er dachte, eine gute Arbeit zu leisten, indem er sich auf die Ziele seiner Firma konzentrierte und nicht viel Zeit am Getränkeautomaten verbrachte bzw. mit den Menschen, deren Vorgesetzter er war, nicht »Händchen hielt«. Einige seiner Mitarbeiter jedoch interpretierten seine Schroffheit so, dass sie meinten, ihm egal zu sein. Andere dachten, er sei arrogant und sehe auf die Mitarbeiter herab. Er hatte ein schwach ausgeprägtes Grundbedürfnis nach Beziehungen. Dies veranlasste ihn, bei Smalltalk ungeduldig zu werden und viel Zeit allein in seinem Büro zu verbringen. Sein starkes Bedürfnis nach Ungestörtheit stand im Widerspruch zu seiner Rolle als Vorgesetzter. Er musste sich bewusst dazu durchringen, mehr Zeit mit seinen Mitarbeitern zu verbringen. Vielleicht hätte er sich eine Arbeit suchen sollen, bei der nicht die Fähigkeiten eines Vorgesetzten vorausgesetzt werden.

Da viele persönliche Probleme aus Wertekonflikten zwischen einem Individuum und seiner beruflichen oder häuslichen Situation entstehen, sollten die Berater ihren Klienten beibringen, wie sie kluge Entscheidungen fällen können, damit sie ihrer Eigenart gerecht werden und künftig Probleme vermeiden. Wenn man die richtige Karriere bzw. den richtigen Beruf auswählt, braucht man keinen Berater mehr, der einem beibringt, wie man die beruflichen Probleme auf Kindheitserlebnisse zurückführt.

Wenn man verstehen will, wie die eigenen Motive und Wertvorstellungen möglicherweise zu den momentanen persönlichen Schwierigkeiten führen, kann man das RMP ausfüllen. Die eigenen stärksten und schwächsten Grundbedürfnisse sind diejenigen, die am ehesten zu den persönlichen Problemen führen, die man gerade hat. Bedürfnisse durchschnittlicher Intensität lassen sich leicht befriedigen und führen nur selten zu persönlichen Schwierigkeiten. Eine Person beispielsweise mit einem durchschnittlich ausgeprägten Bedürfnis nach Neugier kann mit vielen Vorgesetzten auskommen. Doch eine sehr neugierige Person wird am besten mit Vorgesetzten leben können, die Intellektuelle mögen. In ähnlicher Weise kann eine Person mit einem durchschnittlichen Bedürfnis nach Ruhe mit vielen Vorgesetzten auskommen. Doch ein ewiger Kämpfer wird am ehesten mit einem Vorgesetzten leben können, der Risiken meidet (was unter die Kategorie ausgeprägtes Bedürfnis nach Ruhe fällt).

Berufliches Coaching ist eine kurzfristig wirksame Methode, um Menschen dabei zu helfen, dass sie ihre persönlichen Probleme lösen bzw. dass die negativen Folgen nicht so schlimm ausfallen. Im Folgenden finden Sie einige Beispiele dafür, wie Trainer das RMP dazu genutzt haben, Menschen mit persönlichen Problemen zu helfen.

Warum wurde Judy Boxerin?

Judy, 36, wollte verstehen, was sie dazu veranlasste, Meisterin im Frauenboxen zu werden. Die Ergebnisse ihres RMP sind in Tabelle 5.1 (auf Seite 131) dargestellt. Nach diesen Ergebnissen erfüllte das Boxen bei Judy die bei ihr stark ausgeprägten, kombinierten Bedürfnisse nach körperlicher Aktivität und nach Rache. Sie erzählte mir, dass es ihr wirklich Spaß mache, auf andere Frauen einzuschlagen (ausgeprägtes Grundbedürfnis nach Rache). Und der Boxring war der einzige sozial angemessene Ort, um dies zu tun.

Da viele Menschen Frauenboxen als etwas Negatives sehen, fragte ich Judy, was sie von dieser Einstellung halte. Sie sagte, sie möge diese ablehnende Einstellung, weil sie sich dadurch wie eine Rebellin fühle. Ihre Bemerkungen zu diesem Thema standen im Einklang mit ihrem schwach ausgeprägten Grundbedürfnis nach Status, das Menschen dazu bringen kann, sich nicht darum zu kümmern, was sich schickt.

Weil Boxen ein Sport ist, der mit den unteren sozialen Schichten in Verbindung gebracht wird, entschied sich Judy für das Boxen, um zum einen ihre Identifizierung mit den einfachen Leuten zu beteuern und um zum anderen zu zeigen, dass es ihr gleichgültig war, was die Gesellschaft meinte, wie sich eine Dame verhalten sollte.

Ich fragte Judy, ob sie sich Sorgen mache, dass sie im Ring einmal eine Verletzung davontragen würde. Sie erwiderte: »Ich habe überhaupt keine Furcht und eine hohe Schmerztoleranz.« Wenn sie anders gestrickt wäre, so nehme ich an, hätte sie wahrscheinlich nicht einen solchen Spaß am Boxen haben können. Im RMP fallen Furchtlosigkeit und fehlende Sensibilität für Schmerzen unter einer schwaches Grundbedürfnis nach Ruhe.

Stark	Durchschnittlich	Schwach
Körperliche Aktivität	Anerkennung	Status
Rache	Neugier	Ruhe
Essen	Familie	
Eros	Ehre	
	Idealismus	
	Unabhängigkeit	
	Ordnung	
	Macht	
	Sparen	
	Beziehungen	

Tabelle 5.1: Das RMP für Judy

Dadurch, dass Judy einen körperlich fordernden Sport wie Boxen betreibt, kann sie eine Menge essen, ohne viel zuzunehmen. Sie sagte, sie wolle nicht zunehmen, weil ihr Erotik Spaß mache, sie ein aktives Sexualleben habe und für potenzielle Partner so attraktiv wie möglich bleiben wolle.

Judys Eltern wollten nicht, dass sie Boxerin wird: Judy gestand ein, ihre Motivation bestünde zum Teil darin, dass sie sich bei ihnen für die Dinge rächen wolle, die sie ihr angetan hatten, als sie noch kleiner war. Nach dem gesunden Menschenverstand würde man sagen, dass ihr Ärger auf ihre Eltern der Grund für ihre Entscheidung war, Boxerin zu werden. Herkömmliche Berater würden möglicherweise die Hoffnung haben, dass sich Judy in Zukunft eine weniger konkurrenzbetonte und weniger aggressive Lebensweise zu eigen machen würde. Dies könnte nach Auffassung der Berater geschehen, wenn sie ihr helfen würden, besser mit ihrem Ärger auf ihre Eltern umzugehen.

Im Gegensatz dazu lässt die Motivationsanalyse darauf schließen, dass Judy von sich aus viel Wert auf Rache legt. Beim starken Grundbedürfnis nach Rache geht es nicht um einen blockierten Ärger aus der Kindheit, wie die Freudianer sagen, sondern vielmehr um ein genetisch ausgelöstes Bedürfnis, häufiger als der Durchschnittsbürger Erfahrung mit Konfrontation zu machen. *Judy ist nicht rachsüchtig, weil sie ärgerlich auf ihre Eltern ist; sie ist ärgerlich auf ihre Eltern, weil sie rachsüchtig ist.* Judy mag ihr gesamtes Leben lang auf Konfrontation aus sein, weil sie gerne Erfolg hat und den Sieg als etwas Sinnvolles erlebt.

Warum Ken nicht gut verkaufen kann

Ken ist ein 40-jähriger verheirateter Geschäftsmann, der in Indien lebt. Er bemühte sich bei Mike Jay um ein berufliches Coaching, da er mit seiner Firma, die Konzernmanagern Spiritualitätstrainings anbot, geschäftlich nicht erfolgreich war. Er wollte wissen, was er tun konnte, um besser im Vertrieb zu werden und sein Geschäft aufzubauen.

Die Ergebnisse von Kens RMP, die in Tabelle 5.2 dargestellt sind, zeigen drei Motive, die seiner Effektivität im Vertrieb Grenzen setzen: ein schwaches Grundbedürfnis nach Beziehungen, ein starkes Grundbedürfnis nach Anerkennung und ein schwaches Grundbedürfnis nach Status.

Stark	Durchschnittlich	Schwach
Anerkennung	Neugier	Essen
Sparen	Familie	Ehre
Ruhe	Idealismus	Unabhängigkeit
	Macht	Ordnung
	Rache	Körperliche Aktivität
		Beziehungen
		Status

Tabelle 5.2: Das RMP für Ken. Bei der Business-Version des RMP wurde Eros durch Schönheit (nicht aufgelistet) ersetzt.

Effektive Verkäufer sind extravertiert: freundlich, liebenswert und gut im Smalltalk. Ken jedoch war introvertiert (schwaches Grundbedürfnis nach Beziehungen). Potenziellen Kunden gegenüber war er schroff, weil er hoffte, die Interaktion so schnell wie möglich beenden zu können. Es ist schwierig, Menschen etwas zu verkaufen, wenn sie das Gefühl haben, dass sich jemand unwohl dabei fühlt, mit ihnen zusammen zu sein.

Behavioristen würden Ken wahrscheinlich soziale Fertigkeiten vermitteln, durch die er seine Interaktionen mit potenziellen Kunden verbessern kann. Obwohl Ken solche Fertigkeiten schnell erlernen würde, wäre es nur eine Frage der Zeit, bis er wieder darauf zurückfiele, introvertiert zu sein. *Ken war nicht introvertiert, weil es ihm an Fertigkeiten mangelte; Ken fehlten die sozialen Fertigkeiten, weil er introvertiert war. Für Ken hatte die Einsamkeit intrinsisch einen hohen Stellenwert.*

Effektive Verkäufer haben das Selbstvertrauen, das sie brauchen, um die Zurückweisung durch einen Kunden schulterzuckend abzutun und sich dem nächsten zuzuwenden. Ken jedoch neigte dazu, über die Zurückweisung weiter nachzudenken (starkes Bedürfnis nach Anerkennung). Er war unsicher, und ihm fehlte es an Selbstvertrauen. Menschen, die Ablehnung befürchten, halten sich mit ihren Anstrengungen zurück. Denn der Misserfolg tut nicht so weh, wenn sie gar nicht erst den Versuch unternehmen. Ken z. B. bat die Menschen nicht direkt um einen Geschäftskontakt, weil er Angst davor hatte, dass sie ihn abweisen würden.

Effektive Verkäufer zeigen gegenüber dem potenziellen Kunden ein Maß an persönlichem Respekt, der ihrem Status entspricht. Ken jedoch achtete nicht recht auf den Status (schwaches Grundbedürfnis nach Status). Einige Kunden fühlten sich verletzt, wenn er ihnen nicht *die* Aufmerksamkeit widmete, die sie ihrer Meinung nach verdient hatten. Andere fühlten sich unwohl, weil er ihnen gegenüber mehr persönlichen Respekt zeigte, als es ihnen ihrer Meinung nach gebührte.

Kens schwaches Grundbedürfnis nach Unabhängigkeit kann als Motiv für sein Interesse an Spiritualität gedient haben. Er schätzte das Gefühl des Einsseins und mystische Erfahrungen; er interessierte sich für

Metaphysik und gefühlsbetonte Erfahrungen. Obwohl er keinen Spaß am normalen gesellschaftlichen Umgang hatte (wegen seines schwach ausgeprägten Grundbedürfnisses nach Beziehungen), schätzte er enge Beziehungen sehr, in denen er eine spirituelle Verbindung spürte (wegen eines schwach ausgeprägten Grundbedürfnisses nach Unabhängigkeit).

Die Ergebnisse von Kens RMP zeigten, dass er sich nicht dazu veranlasst sah, Verkäufer zu sein, sondern eher spiritueller Trainer. Deswegen riet ihm sein Coach Mike Jay, ein geschäftliches Team aufzubauen, damit seine Interessen stärker berücksichtigt würden. Ken stellte einen Verkäufer und einen guten Assistenten für die Verwaltungsaufgaben ein. Man empfahl ihm, sich auf das zu konzentrieren, was er gerne tat: Manager an Spiritualität heranzuführen.

In der Falle des Erfolgs

Tom war ein 58-jähriger Mann, dem eine erfolgreiche Immobilienfirma gehörte. Obwohl er ein beträchtliches Einkommen hatte, wollte er ein Coaching bekommen, denn er fühlte sich nicht ausgefüllt. Die Arbeit, die früher einmal anspruchsvoll und aufregend war, war langweilig geworden. Er dachte daran, eine neue Firma zu gründen, aber er machte sich Gedanken über das damit verbundene Risiko: Angesichts der Tatsache, dass er 58 Jahre alt war, hätten beim Scheitern des neuen Unternehmens seine Notgroschen aufbraucht und die Jahre seines Ruhestands zum Desaster werden können. Sollte er auf Nummer sicher gehen und sich jetzt mit all dem Geld, das er brauchte, zur Ruhe setzen? Oder sollte er seine Notgroschen für sein neues geschäftliches Abenteuer verwenden?

Tom bat den erfolgreichen Coach Mike Jay um Rat. Dieser legte Tom das RMP vor, um ihn darin zu unterstützen, eine kluge Entscheidung zu fällen, wie er mit dem Rest seines Lebens umgehen sollte.

Stark	Durchschnittlich	Schwach
Ehre	Neugier	Anerkennung
Körperliche Aktivität	Idealismus	Essen
	Macht	Familie
	Unabhängigkeit	Sparen
	Ordnung	Ruhe
	Beziehungen	Rache
	Status	

Tabelle 5.3: Das RMP für Tom. Bei der Business-Version des RMP wurde Eros durch Schönheit (nicht aufgelistet) ersetzt.

Wie in Tabelle 5.3 dargestellt, hatte Tom eine ungewöhnliche große Anzahl von Grundbedürfnissen, die von der Bezugsnorm abwichen. Er hatte Lust am Leben, weil er sich um mehr Dinge tief gehender kümmerte als die meisten anderen Menschen.

Tom hatte Abenteuergeist. Sein schwaches Grundbedürfnis nach Ruhe brachte ihn dazu, dass er Risiko und Aufregung brauchte, um sich lebendig zu fühlen. Sein schwaches Bedürfnis nach Anerkennung verschaffte ihm das Selbstvertrauen, das er benötigte, um neue Projekte auszuprobieren. Sein sicheres und erfolgreiches Immobilienunternehmen hemmte ihn in seiner Abenteuerlust. Dieser Konflikt war die Ursache der existenziellen Angst, die ihn dazu verleitet hatte, um ein Coaching zu bitten.

Wenn Menschen einen Beruf haben, der ihre Grundbedürfnisse nicht befriedigt, fangen sie an, sich zu fragen, welchen Sinn ihre Arbeit hat. Möglicherweise empfinden sie ein vages Gefühl, dass etwas fehlt, ohne dass sie in der Lage sind, den Punkt auszumachen, an dem das Problem liegt. Tom bat um ein Coaching, weil er eine neue Firma gründen wollte. Doch im Alter von 58 Jahren konnte er es sich nicht leisten, Geld zu verlieren. Er saß in der Falle seines Erfolgs aus früheren Zeiten. Er hatte die Erwartung, dass es aufregend sein würde, eine neue Firma zu gründen. Doch er erkannte auch, dass er, wenn er sein Geld verlieren würde, für den Ruhestand nicht genügend auf der hohen Kante hätte. Die Ergebnisse des RMP halfen ihm dabei, seine existenzielle Angst zu verstehen.

Schwache Führungspersönlichkeit

Rolf ist Vorstandsvorsitzender bei einer mittelständischen Firma im herstellenden Gewerbe. Seine leitenden Angestellten betrachteten ihn als »schwache« Führungskraft, was ihn ärgerte. Er bat Peter Boltersdorf um ein Coaching, um einen besseren Einblick in seinen Führungsstil zu bekommen. Die Ergebnisse seines RMP sind in Tabelle 5.4 dargestellt.

Stark	Durchschnittlich	Schwach
Familie	Anerkennung	Beziehungen
Macht	Neugier	
Körperliche Aktivität	Essen	
Sparen	Ehre	
	Idealismus	
	Unabhängigkeit	
	Ordnung	
	Eros	
	Status	
	Ruhe	
	Rache	

Tabelle 5.4: Das RMP für Rolf

Die Grundbedürfnisse, anhand derer man den Führungsstil am besten verstehen kann, sind Macht, Rache und Unabhängigkeit. Menschen mit einem starken Grundbedürfnis nach Macht finden Gefallen an der Führungsrolle und neigen dazu, hart zu arbeiten. Dagegen haben Personen mit einem schwachen Grundbedürfnis nach Macht eine Abneigung gegen die Führungsrolle, und sie haben die Tendenz, ein Gleichgewicht zwischen Arbeit und anderen Lebensbereichen herzustellen. Da Rolf ein starkes Grundbedürfnis nach Macht hatte, war er sehr gerne Vorstandsvorsitzender. Zunächst war er glücklich damit, lange zu arbeiten. Doch als seine Kinder größer waren, wollte er mehr Zeit mit ihnen verbringen. Sein starkes Bedürfnis nach Familie war ein »wichtigeres Motiv« als sein Bedürfnis nach Macht. Ihm ging es in der Regel gut, wenn die Arbeit sein Leben beherrschte, außer, wenn sie einen störenden Einfluss auf seine Rolle als Vater hatte.

Wenn Rolf ein schwaches Grundbedürfnis nach Macht gehabt hätte, hätte er es nahezu immer vermieden, bis lange in den Abend hinein zu arbeiten, und sich darüber geärgert, wenn die Arbeit mit seinen Freizeitaktivitäten in Konflikt geriet. Weil er ein stark ausgeprägtes Grundbedürfnis nach Macht und ein sogar noch stärkeres Grundbedürfnis nach Familie hatte, übernahm er die harte Arbeit bereitwillig, außer in der Zeit seines Lebens, als dies nicht im Einklang mit seiner Vaterrolle stand. Der Coach Boltersdorf empfahl ihm, er solle einen Assistenten einstellen, um seine Arbeitsbelastung zu verringern. Dies würde ihm Zeit verschaffen, die er mit seinen Kindern verbringen könne.

Ein starkes Grundbedürfnis nach Macht veranlasst einen Menschen dazu, Ratschläge zu erteilen. Als Rolf Mitarbeitern einen persönlichen Rat gab, nahmen ihm viele die Einmischung übel. Er verstand ihren Groll erst nach und nach, denn er dachte ja, er würde den Leuten helfen. (Siehe Kapitel 7 zu der Frage, wie starke Grundbedürfnisse dazu motivieren, »blinde Flecken« im persönlichen Bereich zu haben.) Da Rolf fast alles als Problem ansah, das einer Lösung bedurfte, erwartete er von seinen Mitarbeitern, dass sie seinen Rat zur Lösung ihrer persönlichen Probleme goutierten.

Rolf wurde als »schwache« Führungspersönlichkeit wahrgenommen, weil er Konflikte scheute (schwaches Grundbedürfnis nach Rache). Rolfs RMP-Wert für Rache war im unteren durchschnittlichen Bereich, gerade an der Grenze zur schwachen Ausprägung. Sein unterdurchschnittliches Bedürfnis nach Rache brachte ihn dazu, die Konfrontation zu vermeiden.

Rolfs Fall erinnerte mich an eine Freundin, Jane, die Dekanin an einer Universität wurde. Wie Rolf war sie sehr ehrgeizig, vermied jedoch Konflikte. Ihr Ehrgeiz trieb sie dazu, in der Stufenleiter innerhalb der Universitätshierarchie aufzusteigen, indem sie Freundschaften schloss und Konfrontation, Konkurrenz und Rivalitäten mied. Als sie auf der Stufe der Dekanin angelangt war, erforderte ihre Aufgabe von ihr, in Konflikten zu vermitteln. Sie musste Menschen damit konfrontieren, dass sie schlecht mit Geld umgingen oder keine guten Leistungen zeigten oder sich unmoralisch verhielten. Jane erlebte ihre Aufgabe als belastend. Nach nur einem Jahr gab sie ihre Funktion als Dekanin auf. Sie wurde als liebenswerte, aber schwache Führungspersönlichkeit wahrgenommen.

Langsam beim Fällen von Entscheidungen

Einige Experten unterscheiden zwischen aufgabenorientierten und prozessorientierten Managern. Aufgabenorientierte Manager bevorzugen schnelle Entscheidungen und die Erledigung von Aufgaben, während prozessorientierte Manager mithilfe von Konsensentscheidungen führen. Prozessorientierte Manager nehmen sich die erforderliche Zeit, um sich mit den Akteuren zu besprechen, die verschiedenen Meinungen zu diskutieren und vor dem weiteren Vorgehen Gemeinsamkeiten aufzubauen. Daher neigen prozessorientierte Manager dazu, Entscheidungen langsamer zu fällen als aufgabenorientierte Manager.

Roland war Leiter einer Vertriebsabteilung mit 30 Mitarbeitern, die für eine deutsche Lebensmittelkette arbeitete. Seine Vorgesetzten beklagten sich darüber, dass er zu viel Zeit brauchte, um Entscheidungen zu fällen. Die Firma zog Peter Boltersdorf hinzu, damit er Roland darin trainierte, Entscheidungen schneller zu fällen.

Stark	Durchschnittlich	Schwach
Macht	Familie	Unabhängigkeit
Neugier	Ehre	Anerkennung
Beziehungen	Idealismus	Essen
	Ordnung	
	Körperliche Aktivität	
	Sparen	
	Status	
	Ruhe	
	Rache	

Tabelle 5.5: Das RMP für Roland. Bei der Business-Version des RMP wurde Eros durch Schönheit (nicht aufgelistet) ersetzt.

Tabelle 5.5 zeigt die Ergebnisse von Rolands RMP. Ihm machte es Spaß, Einfluss auf Menschen zu nehmen (starkes Bedürfnis nach Macht). Aber er wollte, dass seine Mitarbeiter mit seinen Vorstellungen übereinstimmten (schwaches Bedürfnis nach Unabhängigkeit). Da man Zeit braucht, um einen Konsens herbeizuführen, dauerte es bei ihm lange, bis er zu einer endgültigen Entscheidung kam. Coach Boltersdorf gab Roland den Rat, er müsse ein stärker an den Aufgaben orientierter Manager sein, um seine Mitarbeiter zufrieden zu stellen.

Von seinem RMP her war Roland im Hinblick auf die Motivation gut dazu geeignet, als Leiter des Vertriebsteams zu arbeiten. Sein stark ausgeprägtes Grundbedürfnis nach Beziehungen bedeutete, dass er wusste, wie er sich bei Kunden beliebt machen konnte, damit sie ihn mochten. Sein schwach ausgeprägtes Grundbedürfnis nach Anerkennung führte bei ihm zu Selbstvertrauen, so dass er Zurückweisungen schulterzuckend abtun und sich dem nächsten Kunden zuwenden konnte. Sein durchschnittliches Bedürfnis nach Status reichte aus, um zu wissen, dass viele Kunden mit hohem Status besondere Aufmerksamkeit erwarteten.

Ein Manager, der nicht Nein sagen kann

Frank ist ein 37-jähriger Manager bei einer deutschen Firma und hat die Aufgabe, Verhandlungen mit Gewerkschaften zu führen. Er bat Peter Boltersdorf um ein Coaching, weil er stark dazu neigte, es allen recht zu machen. Frank war ein derartiger Gutmensch, dass er Gewerkschaftern Zugeständnisse machte, die er sich nicht leisten konnte. Er erlaubte seiner Assistentin sogar, sich eine Woche frei zu nehmen, obwohl er sie gerade in dieser Woche brauchte.

Stark	Durchschnittlich	Schwach
Anerkennung	Neugier	Beziehungen
Macht	Essen	
Ordnung	Familie	
Status	Ehre	
Ruhe	Idealismus	
Rache	Unabhängigkeit	
	Körperliche Aktivität	
	Sparen	

Tabelle 5.6: Das RMP für Frank. Bei der Business-Version des RMP wurde Eros durch Schönheit (nicht aufgelistet) ersetzt.

In Tabelle 5.6 sind die Ergebnisse von Franks RMP dargestellt. Sein starkes Grundbedürfnis nach Anerkennung brachte ihn dazu, bei anderen Zustimmung einzuholen und feinfühlig auf Kritik zu reagieren. Er hatte Angst davor, zu Menschen Nein zu sagen. Denn er hatte Angst, dass sie ihn dann nicht mehr mögen würden.

Weil Franks Tendenz, es allen Menschen recht zu machen, am stärksten war, wenn er jemandem zum ersten Mal begegnete, riet Coach Boltersdorf ihm, immer mit dem folgenden Satz zu reagieren: »Ich komme in 15 Minuten auf Sie zurück.« Dadurch hatte Frank Zeit, über die Vorzüge des Ansinnens nachzudenken und nicht impulsiv zu reagieren. Frank berichtete darüber, dass die negativen betrieblichen

Konsequenzen seiner Persönlichkeitstendenz, es allen recht machen zu wollen, durch diese Technik abgemildert wurden.

Unerfüllte geistige Bedürfnisse

Ein viel zu großer Teil des Verhaltens, das Menschen mit geistiger Retardierung zeigen, wird auf ihre unterdurchschnittliche Intelligenz zurückgeführt und nicht so sehr auf ihre anderen menschlichen Qualitäten (Reiss & Reiss, 2004). Personen mit geistiger Retardierung haben manchmal unerfüllte Bedürfnisse, weil die anderen dazu neigen, nur ihre geistige Retardierung zu sehen. Um dazu beizutragen, dass diese Bedürfnisse erfasst werden, habe ich eine spezielle Version des RMP für Menschen mit geistiger Retardierung und Entwicklungsbehinderungen entwickelt. Das RMP/MRDD wird von Lehrern und Eltern ausgefüllt, die die Motive und Bedürfnisse der betroffenen Jugendlichen oder Erwachsenen einstufen.

Martin war ein 13-jähriger Junge, der eine leichte geistige Retardierung aufwies. Sein Lehrer füllte das RMP/MRDD aus; dies war Bestandteil einer schulischen Evaluation der sonderpädagogischen Dienste.

Stark	Durchschnittlich	Schwach
Neugier	Unabhängigkeit Ehre Körperliche Aktivität Status Rache Anerkennung Ruhe	Ordnung Idealismus Beziehungen

Tabelle 5.7: Das RMP/MRDD. Wegen der »Methodenvarianz« (Unterschiede zwischen den Informationen, die man aus Selbsteinstufungen erhält, und denen, die man aus Einstufungen durch andere erhält) unterscheiden sich einige der Grundbedürfnisse, die mithilfe der MRDD-Version erhoben werden, von denen, die durch die Selbsteinstufung im RMP erfasst werden.

Wie in Tabelle 5.7 dargestellt, hatte Martin einen überdurchschnittlichen Wert für Neugier. Dieser Befund stand im Einklang mit dem wissbegierigen Verhalten, das Martin im Unterricht und während der psychologischen Testerhebungen an den Tag legte. Als ihm die Schulpsychologin beispielsweise ein Bild von einer Hand zeigte, an der ein Fingernagel fehlte, fragte er, ob so etwas Menschen wirklich zustoßen könne. Als er gebeten wurde, das Wort »Alphabet« zu definieren, gab er die richtige Antwort und fragte dann, wer das Alphabet erfunden habe. Als er nicht ausmachen konnte, welcher wichtige Bestandteil auf einem Bild eines Lagerregals in einem Supermarkt fehlte, grübelte er noch zwei Tage danach über diesen fehlenden Bestandteil nach.

Martin zeigte eine bemerkenswerte geistige Neugier, wenn man berücksichtigt, dass er geistig retardiert ist. Er war ein langsamer Lerner, aber er hatte Wissensdurst. Doch die Menschen neigten dazu, von seinen geistigen Bedürfnissen wegen seiner unterdurchschnittlichen Intelligenz nicht Notiz zu nehmen. Wenn dies so weitergegangen wäre, wäre Martin richtig unglücklich geworden.

Bei einem Versuch, die geistigen Ansprüche von Menschen mit MRDD zu erfüllen, eröffnete Tom Fish vom Nisonger Center an der Ohio State University eine landesweite Kette von Buchclubs, die er »The Next Chapter Book Club« nannte (Fish et al., 2006). Menschen mit MRDD treffen sich in örtlichen Cafés und Buchläden, um ein Buch zu lesen oder um sich einfach nur zusammenzusetzen. Da viele Mitglieder des Buchclubs nicht lesen können, lesen ihnen freiwillige Helfer etwas vor, und sie wiederholen die Wörter. Die Buchclubs bieten Menschen wie Martin eine ungewöhnliche Gelegenheit, die Freude an geistiger Stimulierung zu erleben. Sie sind bei einzelnen Personen und bei den Eltern außerordentlich beliebt.

Beratung im Hospiz

Dr. Mary Ellen Milos demonstrierte bei der Beratung von John, einem 61-jährigen Mann, der an Krebs starb, eine innovative Anwendung des RMP. Auf der Grundlage des Konstrukts des wertebasierten Glücks (Reiss, 2000a) half sie John dabei, in den letzten Tagen seines Lebens wichtige Erfahrungen zu machen. Im Folgenden finden Sie einige der Höhepunkte bei der Fallberatung von Dr. Milos:

- Da Johns RMP ein stark ausgeprägtes Grundbedürfnis nach Ehre aufwies, veranlasste er 24 Personen, ihm einen Brief zu schreiben, in dem sie Kommentare zu ihren Beobachtungen zum Thema Ehre abgaben, und ließ die Briefe dann in ein Album binden.
- Da John ein stark ausgeprägtes Bedürfnis nach Familie hatte, traf man Vorkehrungen, damit John eine gute Zeit mit seiner Familie verbringen konnte.
- Da John ein stark ausgeprägtes Bedürfnis nach Eros hatte, arrangierte man ein romantisches Essen mit seiner Frau.
- Da John religiös war und ein starkes Bedürfnis nach Beziehungen hatte, wurden seine engsten Freude eingeladen, um zusammen mit ihm zu beten.

Sowohl John als auch seine Familie bewerteten die Erfahrung als sehr positiv.

Schlussfolgerungen

Die Motivationsanalyse kann nützlich sein, wenn man die persönlichen Probleme von psychisch gesunden Menschen analysiert. Im Allgemeinen sind die verbreitetsten Ursachen für persönliche Probleme unerfüllte Grundbedürfnisse oder ein Konflikt zwischen den Wertvorstellungen im Beruf und Zuhause. Die folgende dreistufige Vorgehensweise wird eingesetzt, wenn man Menschen, die persönliche Probleme haben, einem Coaching unterzieht.

Stufe 1. Beschreiben Sie die Eigenart der persönlichen Probleme des Betreffenden, deretwegen er um Beratung/Coaching bittet.

Beispiele: Judy wollte wissen, warum sie sich dafür entschieden hatte, Boxerin zu werden. Kenneth hatte wenig Erfolg im Verkauf. Im Alter von 58 Jahren langweilte sich Tom bei seiner Arbeit und fragte sich, ob er eine neue Firma gründen sollte. Rolf wurde als schwache Führungspersönlichkeit wahrgenommen. Rolands Vorgesetzte dachten, es dauere zu lange, bis er Entscheidungen treffe. Frank wollte es allen recht machen und hatte den fragwürdigen Ruf, er sei jemand, der sich leicht ausnutzen ließ. Martin war mit der Schule unzufrieden.

Stufe 2. Analysieren Sie mithilfe des RMP, wie das beschriebene persönliche Problem durch eines oder mehrere der Grundbedürfnisse starker oder schwacher Ausprägung motiviert ist.

Beispiele: Da es Judy von sich aus Spaß machte, auf Menschen einzuschlagen, bot ihr das Boxen die seltene, sozial angemessene Gelegenheit, dies zu tun. Ken war ein schlechter Verkäufer, weil er ein schwach ausgeprägtes Grundbedürfnis nach Beziehungen hatte und deshalb Smalltalk ablehnte. Tom hatte das Bedürfnis nach Abenteuern (schwaches Grundbedürfnis nach Anerkennung und nach Ruhe) und ihn langweilte es daher, eine erfolgreiche Firma zu führen, weil es nichts Riskobehaftetes mehr war. Rolf scheute Konflikte (motiviert durch ein unterdurchschnittliches Bedürfnis nach Rache). Rolands starkes Grundbedürfnis nach Macht veranlasste ihn, Entscheidungen zu fällen, bevor er sich mit anderen Menschen beraten hatte. Doch sein schwaches Grundbedürfnis nach Unabhängigkeit brachte ihn dazu, sich mit anderen Menschen zu beraten, obwohl er seine Entscheidung bereits getroffen hatte. Franks starkes Grundbedürfnis nach Anerkennung und Rache motivierte ihn, es jedem recht zu machen und sich dann darüber zu ärgern, dass er sich so leicht ausnutzen ließ. Martin war geistig neugierig und wies doch eine geistige Retardierung auf.

Stufe 3. Entwickeln Sie einen praktischen Plan, wie man das persönliche Problem lösen kann und dabei das RMP der Person berücksichtigt.

Beispiele: Judy wurde angeraten, es sinnvoll zu finden, dass sie eine Boxmeisterin ist, weil diese Aktivität ihr starkes Grundbedürfnis nach Rache befriedigt. Ken riet man, in seiner Firma ein Team aufzubauen und Verkäufer anzuwerben, die eine Ergänzung für seine Interessensbereiche waren. Tom wies man darauf hin, dass er vor einer existenziellen Entscheidung stehe, bei der er glücklicher werde, wenn er eine neue Firma gründete, aber unglücklich, wenn die Firma scheiterte. Rolf sagte man, er würde als schwache Führungspersönlichkeit wahrgenommen, weil er Konflikte meide, nicht weil er mehr Zeit für seine Familie haben wolle. Roland ermahnte man, dass sein Bedürfnis nach Unabhängigkeit seine Chefs ärgere. Denn es verleite ihn dazu, Entscheidungen langsamer zu fällen, als sie es wollten. Frank gab man den Rat, seine Entscheidungen hinauszuzögern, so dass er nicht aufgrund des Impulses handelte, es allen recht zu machen. Martins Eltern empfahl man, sein starkes Bedürfnis nach Neugier trotz seiner geistigen Retardierung zu befriedigen.

KAPITEL 6

Sechs Gründe für zu schlechte Leistungen bei Jugendlichen

Wenn Schülerinnen und Schüler in der weiterführenden Schule zu schlechte Leistungen zeigen, fragen sich die Eltern, was falsch gelaufen ist. Sie suchen nach Erklärungen, aber manchmal gibt es keinen offensichtlichen Grund. Das Kind war vielleicht ein durchschnittlicher oder sogar ein vorbildlicher Schüler, als es unerwarteterweise schlechte Noten mit nach Haus brachte, aufhörte, die Hausaufgaben zu machen, anfing, den Lehrern Widerworte zu geben, weglief oder sich die falschen Freunde suchte. Manche Eltern sind dann mit ihrer Weisheit am Ende, wenn sie herauszubekommen versuchen, wie es zu einem solchen Verhalten kommen konnte.

Harvey P. Mandel und Sander I. Marcus (1995) haben eine spannende Analyse schlechter Schulleistungen bei Jugendlichen vorgelegt. Aufgrund ihrer Arbeit mit Tausenden von Schülern, deren Leistungen hinter den Erwartungen zurückblieben, kamen sie zu der Schlussfolgerung: »Schüler mit zu schlechten Leistungen sind in der Tat hoch motiviert – aber mit einem anderen Ziel, als gute Noten zu bekommen. Und der Schlüssel dazu, ihnen zu helfen, dass sie die Kurve bekommen und in der Schule wieder gute Leistungen zeigen, ist es, herauszufinden, worin ihre Motivation besteht.« (S. 3)

Ich werde sechs verbreitete, in der Motivation begründete Faktoren für zu schlechte Leistungen besprechen. Über jeden Einzelnen dieser Faktoren kann man etwas mithilfe von standardisierten Testwerten im Reiss School Motivation Profile herausfinden. Vier der sechs Ursachen sind etwas ganz Normales. Nur zwei davon sind mögliche Symptome einer psychischen Störung. Wenn ich sage, dass zu schlechte Leistungen oft das Ergebnis normaler Motivationsfaktoren sind, meine ich damit nicht, dass es für Jugendliche vollkommen in Ordnung ist, in der Schule schlechte Noten zu bekommen. Ich sage vielmehr, dass die Lösung nicht in der Therapie fehldiagnostizierter oder nicht vorhandener Störungen liegt.

Nach der Definition bezeichnet man mit zu schlechten Leistungen eine chronische Diskrepanz zwischen der Gesamtleistung einer Person und ihrem Leistungspotenzial. Jugendliche mit zu schlechten Leistungen bekommen Noten, die weit unterhalb ihres Potenzials liegen.

Psychodynamik der schlechten Leistung

Das Jugendalter ist eine Zeit, in der der Wunsch der Teenager nach Unabhängigkeit enttäuscht wird. Jugendliche möchten unabhängige Erwachsene werden, aber sie brauchen weiterhin ihre Eltern zur finanziellen Unterstützung. Teenager bringen bisweilen ihre Frustration dadurch zum Ausdruck, dass sie ihre Eltern provozieren: Sie laufen weg, reden respektlos, ziehen über die Wertvorstellungen der Eltern her, bringen schlechte Noten nach Hause oder verabreden sich mit Personen, die die Eltern ablehnen.

Experten aus dem Bereich der Psychodynamik weisen auf eine Reihe von Faktoren für schlechte Leistungen in der Schule hin (Rimm, 1986; White & Watt, 1973). Dazu gehören überbehütende Eltern, die dem natürlichen Wunsch des Kinds nach Unabhängigkeit nicht gerecht werden, Geschwisterrivalität, die vermutlich etwas zur grundlegenden Aufsässigkeit von Teenagern beiträgt, und Eltern, die miteinander streiten oder sich scheiden lassen. Zu den weiteren möglichen psychodynamischen Faktoren gehören ein mangelhaftes Selbstkonzept, ein unrealistisches Erwartungsniveau und unbewusste Schuld (das Gefühl, den Erfolg nicht verdient zu haben).

Lernstörungen

Aus dem, was man in den 1950er Jahren »Schulversager« nannte, wurde in den 1960er Jahren »Lernbehinderungen«. Der Grundgedanke bestand darin, dass ein Schüler immer, wenn er schlechtere Leistungen aufweist, als es seinem Potenzial entspricht, irgendeine Art von Lernbehinderung haben muss, die diese Diskrepanz erklärt. In den 1990er Jahren wurde die Aufmerksamkeitsdefizit-Hyperaktivitätsstörung (ADHS) zur allgemeinen Diagnose für Schüler mit Lernproblemen. Man hält ADHS für eine Störung, die sich durch Unaufmerksamkeit und Zappeligkeit auszeichnet. Sie wird mit stimulierenden Medikamenten wie etwa Ritalin behandelt. Obwohl Ritalin wirksam ist (z.B. Gimpel et al., 2005), glauben einige Experten, dass es zu oft verschrieben wird (z.B. Rafalovich, 2005).

Ich bin der Auffassung, dass es sich bei Lernbehinderungen und ADHS um echte Störungen handelt, mit deren Hilfe sich bei einigen Kindern schlechte Leistungen erklären lassen. Ich glaube aber auch, dass die Diagnose zu häufig gestellt wird. Viele Kinder sind in der Schule einfach deshalb unaufmerksam, weil sie sich langweilen. Daher wird bei einem normalen Mangel an geistiger Neugier manchmal die falsche Diagnose ADHS gestellt. Manche Kinder bekommen die Diagnose, weil sie zappelig und vergesslich sind. Dies ist aber vielleicht ein normales Anzeichen für ein schwaches Bedürfnis nach Ordnung. Viele Experten neigen dazu, jeden, der ein Problem in der Schule hat, mit einer Diagnose bzw. einem Etikett zu versehen. Das führt dazu, dass die Diagnosen Lernstörungen und ADHS zu häufig gestellt werden. Oft sind die Ursachen für schlechte Leistungen in der Schule motivationaler Natur und hängen nicht mit irgendeiner »Störung« oder Behinderung zusammen.

Intrinsische und extrinsische Motivation

Der Sozialpsychologe Mark Lepper von der Stanford University macht die Schulen für die vielen Schüler mit zu schlechten Leistungen verantwortlich (Lepper, Corpus & Lyengar, 2005). Lepper ist der Auffassung, dass Kinder mit dem Potenzial auf die Welt kommen, zu lebenslangen

Lernern zu werden. Aber unser Bildungssystem verwandelt das Lernen in einen gnadenlosen Konkurrenzkampf um goldene Sternchen, Noten und andere extrinsische Belohnungen. In den Schulen wird die natürliche Freude am Lernen ersetzt durch die Plackerei für Noten und Zeugnisse. Würden die Schulen die Schülerinnen und Schüler ohne Tests, Noten und Abgabefristen ausbilden, würde die natürliche Neugier der Schüler aufblühen, und sie würden viel mehr lernen, als sie es jetzt tun.

Der Autor Alfie Kohn (1993) behauptete:

> *Wir alle beginnen unser Leben mit einer starken Faszination für die Welt um uns herum und mit einer Neigung, sie ohne irgendwelche extrinsischen Anreize zu erkunden ... Die meisten amerikanischen Schulen marinieren die Schüler im Behaviorismus; es überrascht daher nicht, dass die intrinsische Motivation der Kinder im Endergebnis aufgezehrt wird. Typischerweise sind sie in dem Maße, in dem sie älter werden und ihren Weg durch die Grundschule machen, immer stärker extrinsisch orientiert. (S. 91)*
>
> *Wenn sie in die Schule kommen, sind sie ununterbrochen fasziniert von der Welt. Sie haben großes Vergnügen an ihrer neu gefundenen Fähigkeit, ihren Namen in großen krakeligen Buchstaben zu schreiben und alles, was sie sehen können, zu zählen ... Dann, wenn es zum letzten Mal klingelt, ist der Bann gebrochen ... Sie zählen die Minuten bis zum Ende der Stunde, die Tage bis zum Wochenende ... Sie fragen: »Müssen wir das wissen?« (S.142)*

Die These von Lepper und Kohn, dass die Menschen mit dem Potenzial auf die Welt kommen, die weiterführende Schule zu genießen, beruht auf einem Missverständnis dessen, was die Motivation der Menschen ausmacht. Die Tatsache, dass Babys ihre Umwelt erkunden, deutet nicht darauf hin, dass Jugendliche von Geburt an über das Potenzial verfügen, Spaß an der weiterführenden Schule zu haben. Wir müssen zwischen erkundender und geistiger Neugier unterscheiden. *Erkundende Neugier (sich durch neuartige Reize angezogen fühlen) veranlasst sowohl Babys als auch Erwachsene, die Umwelt zu taxieren und sich frei in ihr zu bewegen, außer wenn Neuartigkeit Furcht und ein Gefühl der Fremdheit auslöst. Im Gegensatz dazu veranlasst das Grundbedürfnis nach geistiger*

Neugier (das Bedürfnis nach Kognition) die Menschen dazu, sich beim Denken auf etwas zu konzentrieren, um Wissen zu erwerben und die Wahrheit herauszufinden. Bei geistiger Neugier geht es um Abstraktion, Denken und Problemlösen. Die Ergebnisse unserer Forschung zu den sechzehn Grundbedürfnissen deuten auf keinen besonderen Zusammenhang zwischen erkundender und geistiger Neugier hin.

Am einfachsten können Sie sich den Fehler in Kohns Analyse vor Augen führen, wenn Sie über Menschen nachdenken, die Sie kennen und die Entdecker oder Denker sind. Beachten Sie, dass Entdecker nicht notwendigerweise Denker sind und Denker nicht unbedingt Entdecker. Aufgrund seiner Annahme, dass Babys naturgemäß Entdecker sind, erwartete Kohn irrtümlicherweise, dass Schülerinnen und Schüler von Highschools Denker sind, und fragte dann: »Was ist schiefgegangen?« Kohn kam zu der Schlussfolgerung, dass das Problem darin bestehen muss, dass unsere Schulen im Behaviorismus »mariniert« sind.

Sind Schüler von Geburt an intellektuell neugierig? Macht das Denken Spaß? Nach der Theorie der sechzehn Grundbedürfnisse kann das Denken Spaß machen, und zwar *bis zu einem bestimmten Punkt,* ab dem die Konzentration auf eine Sache beim Denken frustrierend ist. Menschen kommen mit unterschiedlichen Vorlieben im Hinblick darauf, wie viel sie denken wollen, auf die Welt (Cacioppo et al., 1996). *Die Kernfrage für Menschen, die im Bildungsbereich arbeiten, ist, wie lange sich die meisten Schüler beim Denken auf etwas konzentrieren können, bevor sie vor Frustration schreien.* Während sich manche Schüler beim Denken stundenlang auf etwas konzentrieren können, können andere nur für ein paar Minuten gedanklich bei etwas bleiben. Doch die Schule dauert sechs bis acht Stunden, für alle. Dies deutet darauf hin, dass das Lernen in der Schule für viele Schüler naturgemäß frustrierend ist. Lehrer können die natürliche geistige Neugier ihrer Schüler nicht anregen, weil viele von ihnen nicht länger als einige Minuten am Stück denken wollen. Das Bildungssystem beruht auf einem falschen Modell von der Natur des Menschen, einem Modell, bei dem angenommen wird, alle Schüler hätten das Potenzial, sechs bis acht Stunden am Tag geistig neugierig zu sein.

Lepper und Kohn machten den verbreiteten Fehler, die Intensität der Motivation außer Acht zu lassen. Babys erkunden immer nur für ein paar Minuten ihre Umwelt. Schüler weiterführender Schulen sollen mindestens sechs Stunden am Tag mit geistigen Arbeiten verbringen. Es handelt sich um einen logischen Sprung, wenn man behauptet, dass Schüler weiterführender Schulen von Geburt an das Potenzial hätten, sechs Stunden oder mehr Spaß an geistiger Betätigung zu haben, weil Babys ein paar Minuten am Stück ihre Umwelt erkunden.

Lepper und Kohn ließen die Frage außer Acht, *wie viel* Neugier möglicherweise von Geburt an vorhanden ist. Wenn beispielsweise die weiterführende Schule täglich nur 30 Minuten dauerte, würden sich viel weniger Schüler darüber beklagen. Das Problem besteht nicht darin, dass unsere Schulen in Behaviorismus mariniert sind, sondern darin, dass der Schultag für die meisten Schüler zu lang ist. Die Schulen müssten viele nichtgeistige Aktivitäten anbieten, ansonsten langweilen sich ihre Schüler immer mehr und werden noch stärker frustriert, als sie es heute schon sind.[1]

Sechs Gründe für zu schlechte Leistungen

Das Reiss School Motivation Profile (RSMP) ist eine Anwendung des RMP auf Jugendliche. Das RSMP wird von Erziehungsberatern und Schulpsychologen als Hilfsmittel eingesetzt, um zu schlechte schulische Leistungen, berufliche Interessen und andere motivationale The-

---

1 Sozialpsychologen haben eine weitere Begründung dafür vorgebracht, dass man zu schlechte Leistungen auf die Konkurrenz um Noten zurückführen kann. Danach belegen mehr als 100 wissenschaftliche Untersuchungen, dass der Einsatz von Belohnungen in Experimentallabors der intrinsischen Neugier kurzzeitig zuwiderläuft (Deci, Koestner & Ryan, 1999). Andere Experten, die sich dieselben Befunde genau angesehen haben, kamen zu dem Schluss, dass Belohnungen der intrinsischen Motivation nicht zuwiderlaufen (Eisenberger & Cameron, 1996). Bei meiner Forschungsarbeit entdeckte ich mehrere formallogische Fehler (Reiss, 2005a; Reiss & Sushinsky, 1975). Wir sollten vermeiden, irgendwelche Schlussfolgerungen aus den Studien zur intrinsischen und extrinsischen Motivation zu ziehen. Die gesamte gedankliche Konstruktion, dass es nur zwei Arten von Motiven gibt, die als intrinisch und extrinsisch bezeichnet werden, ist nicht valide und widerspricht den Befunden, die in Kapitel 2 zur Validierung der 16 Motivarten dargestellt wurden.

men zu evaluieren. Das RMSP kann den Schulen dabei helfen, etwas über normale Gründe für schlechte Leistungen herauszufinden, und somit die Anzahl der Fälle verringern, in denen jemand überflüssigerweise die Diagnose Lernstörung bekommt.

Paula Kauvanaugh ist eine ehemalige Erziehungsberaterin an der Hinsdale Central High School in Illinois. Sie setzte den RSMP bei 49 Schülern (33 Jungen und 16 Mädchen) der neunten, zehnten und elften Klasse ein. Diese hatten einen Notendurchschnitt, der im Bereich der unteren 10 Prozent ihrer Klasse lag. Es waren aber keine Schüler darunter, die sonderpädagogisch betreut werden mussten. Sie hatten unterdurchschnittliche Werte im standardisierten Leistungstest ACT, der in den USA als Hochschuleingangstest verwendet wird.

Alle Schüler nahmen an der Studie in individuellen Sitzungen von etwa 45 Minuten teil. Nach einem allgemeinen Gespräch, mit dem das Ziel verfolgt wurde, die Schüler zu entspannen und von ihnen Hintergrundinformationen zu erhalten, wurde ihnen das RSMP-Erhebungsinstrument zur Selbsteinstufung vorgelegt. Die Ergebnisse wurden den Schülern per E-Mail zusammen mit einem Bericht zugeleitet, in dem sie interpretiert wurden. Wenn die Eltern daran interessiert waren, konnten sie die Testergebnisse ihres Kinds mit Paula Kavanaugh am Telefon besprechen.

Die Ergebnisse dieser Erhebungen deuten auf sechs allgemeine motivationale Faktoren für schlechte schulische Leistungen hin. Anhand der standardisierten Testwerte kann man den RSMP daraufhin auswerten, welcher dieser Faktoren auf einen bestimmten Schüler anwendbar war. Bei einigen Schülern war dies mehr als ein Faktor. Insgesamt lag bei 43 der 49 Schüler mit schlechten Leistungen in der Stichprobe von Paula Kavanaugh einer der folgenden sechs motivationalen Ergebnisse im RSMP vor.

Grund Nr. 1: Mangel an Neugier

Wie schon angemerkt wird in der Motivationsanalyse zwischen Intelligenz und geistiger Neugier unterschieden. Intelligenz ist ein Indikator für die Fähigkeit einer Person, Probleme zu lösen, während es sich bei der geistigen Neugier um einen Indikator für die Motivation (oder das Bedürfnis) einer Person zu denken handelt. Die beiden Persönlichkeitsmerkmale weisen einen nur geringen Zusammenhang auf (Cacioppo et al., 1996). Manche Menschen sind intelligenter, als sie neugierig sind, und andere sind neugieriger, als sie intelligent sind.

Im RSMP weisen die Schüler mit schlechten Noten in der weiterführenden Schule ein Niveau der geistigen Neugier auf, das weit unter der Norm liegt. Diese Schüler hatten keinen Spaß am Denken. Ihnen fehlte es allgemein an geistiger Neugier (im Unterschied zur fehlenden Neugier für bestimmte Gebiete). Diese Schüler zeigten z.B. schlechte Leistungen in den Naturwissenschaften, weil sie schnell frustriert waren, wenn sie gebeten wurden, sich auf etwas zu konzentrieren und mit ihren Gedanken bei etwas zu bleiben.

Nichtneugierige Menschen mögen es nicht, wenn sie denken müssen. So fragte sich ein Schüler aus der Unterstufe: »Warum können sie keine Pille erfinden, die ich nehmen könnte, wenn ich irgendetwas wissen muss?« Dieser Schüler wollte frustrierende Lernprozesse umgehen und direkt zu einem guten Ergebnis gelangen. Er wollte sachkundig sein, doch er wollte nicht denken.

Nichtneugierige Menschen haben das Potenzial, Wissen, das sie anwenden können, hoch zu bewerten. Ich erinnere mich an einen Talkmaster im Radio, der einen Präsidenten dafür kritisierte, dass es ihm an geistiger Neugier fehle. Er war etwas erstaunt über das politische Detailwissen des Präsidenten. Er sagte: »Wie kann es einem Präsidenten an geistiger Neugier mangeln, wenn er viele Stunden damit verbringt, Stimmbezirk für Stimmbezirk die Ergebnisse mehrerer früherer Wahlen zu analysieren?« Offensichtlich wusste der Talkmaster nicht, dass es einem Menschen an geistiger Neugier mangeln kann, er aber trotzdem ein Interesse an praktischem Wissen aufweist. Aufgrund eines schwachen Bedürfnisses nach geistiger Neugier kann man nur vorhersagen, dass sich der Präsident nicht groß anstrengen wird, um theoretischen, unpraktischen Gedanken nachzugehen. Ehrgeiz (der unter die Kategorie »starkes Bedürfnis nach Macht« fällt) kann einen Präsidenten, der sich erneut zur Wahl stellt, dazu bringen, sich viele Tage lang mit den Ergebnissen in den einzelnen Stimmbezirken zu beschäftigen.

Nichtneugierige Schüler interessieren sich für relevantes Wissen, aber nicht für theoretische Gedanken. Sie könnten z. B. mit Interesse lernen, wie man Autos repariert, aber sie interessieren sich nicht für den »großen Knall«, durch den unser Universum entstand. Sie könnten sich dafür interessieren, zu lernen, wie man einen Basketball wirft oder Möbel herstellt, aber nicht für die Amtseinführung von Präsident James Madison im Jahr 1809. Sie beklagen sich vielleicht darüber, dass der Lehrplan langweilig oder nicht von Belang ist. Aber das liegt daran, dass sie von ihrer Natur her geistige Aktivitäten nicht mögen, die von ihnen fordern, etwas über ein Gebiet zu lernen, das keinen direkten Nutzen für ihr momentanes Leben bringt.

Obwohl ein schwach ausgeprägtes Grundbedürfnis nach Neugier eine Erklärung für schlechte Noten ist, so kann es doch nicht als Entschuldigung dafür dienen. Diesen Schülern fehlt es an der natürlichen Motivation für schulisches Lernen, aber sie können mithilfe von Selbstdisziplin, Belohnungen, Anreizen und positiver elterlicher Zuwendung zum Lernen motiviert werden. Eltern sollten von geistig nichtneugierigen Schülern erwarten, dass sie ihre Hausaufgaben pünktlich machen, bei Klausuren nicht durchfallen und ihren Abschluss in der weiterführenden Schule schaffen.

Schüler, denen es an geistiger Neugier fehlt, werden mit der Schule zu kämpfen haben, aber sie haben vielleicht das Potenzial, überragende Leistungen in anderen Lebensbereichen zu zeigen, wie etwa im Geschäftsleben, im Handwerk, in den darstellenden Künsten, im Sport, im Baugewerbe und in der Landwirtschaft. Vielleicht zeigen sie die besten Leistungen in Kursen, die an der Praxis orientiert sind und praktische Anleitungen geben. Möglicherweise brauchen sie Disziplin und extrinsische Anreize, um ordentliche Noten zu bekommen.

Grund Nr. 2: Mangel an Ehrgeiz

Im RSMP sind geringe Werte für Macht ein Anzeichen für unterdurchschnittlichen Ehrgeiz. Nichtehrgeizigen Schülern fehlt es am Willen und an der Initiative, von anderen Menschen werden sie als locker und nichtdominant erlebt. Sie widerstehen der Versuchung, andere zu beeinflussen. Sie können Zuschauer sein, die beobachten, wie sich etwas entwickelt, ohne dass sie versuchen, auf die Geschehnisse Einfluss zu nehmen.

Mangel an Ehrgeiz ist nicht unbedingt mit einem Mangel an Selbstvertrauen verbunden. Nichtehrgeizigen Schülern fehlt es nicht an Ehrgeiz, weil sie unsicher sind – sie haben keinen Ehrgeiz, weil sie nicht so gerne ihren Willen äußern wollen. Einige leben in der Überzeugung, dass ihre Lebensfreude nicht durch ihre Schullaufbahn oder ihre berufliche Entwicklung beeinträchtigt werden sollte.

Diese Schüler zeigen schlechte Leistungen, weil sie sich nicht anstrengen. Sie setzen sich anspruchslose Ziele und meiden schwierige Kurse, weil sie nicht hart arbeiten möchten. Nichtehrgeizige Schüler, die intelligent sind, bekommen vielleicht doch noch durchschnittliche oder sogar überdurchschnittliche Noten, aber nur, wenn sie dies erreichen, ohne hart arbeiten zu müssen.

Nichtehrgeizige Schüler können bereit sein, in mäßigem Tempo zu arbeiten, aber nicht mit mehr Anstrengung. Manche Lehrer tun sie als unmotiviert oder faul ab; in Wirklichkeit sind sie jedoch hoch motiviert, harte Arbeit und Willenskraft zu meiden. Im Vergleich zum durchschnittlichen Schüler legen nichtehrgeizige Schüler mehr Wert auf die Freizeit und weniger Wert auf Leistung.

Wenn man einen nichtehrgeizigen Schüler dazu drängt, sich anzustrengen, gibt er auf. Lehrer und Eltern müssen auf der Hut sein, allzu viel Druck auf einen nichtehrgeizigen Schüler auszuüben. Viele von ihnen sind bereit, in mäßigem Tempo zu arbeiten, rebellieren jedoch dagegen, sich mehr anzustrengen, um ihr ganzes Potenzial auszuschöpfen.

Da Leistung bei ihnen nicht zu den Prioritäten gehört, haben Schüler, die keinen Ehrgeiz haben, die Tendenz, ihr ganzes Leben lang schlechte Leistungen zu zeigen. Eltern und Berater müssen mit diesen Kindern einvernehmlich Standards für Lernzeiten und für Noten festsetzen. Diese Schüler wollen vielleicht nicht in die schwierigsten Kurse gehen, aber sie zeigen eine akzeptable Leistung in weniger schwierigen Kursen. Was »schwierig« und was »nicht so schwierig« ist, hängt natürlich vom Potenzial des Schülers ab. Eltern und Lehrer sollten nicht gleich denken, mit Schülern, denen es an Antrieb fehlt, sei etwas nicht in Ordnung. Mit nichtehrgeizigen Schülern ist eigentlich nichts im Argen, sie haben nur Wertvorstellungen, die sich von den Klassenkameraden mit hoher Leistung unterscheiden.

Grund Nr. 3: Ärger herausfordern

Manche Schüler mit hohen RSMP-Werten für Rache provozieren ständig Ärger. Sie sind darauf aus, es sich selbst zu beweisen, indem sie sich mit Gleichaltrigen streiten, die sie herausfordern oder enttäuschen. Sie können sich in solche Schwierigkeiten hineinmanövrieren, dass sie von ihren Schularbeiten abgelenkt werden und sie deshalb Noten bekommen, die weit unter ihren Fähigkeiten liegen.

Streitlust ist in jedem Lebensalter ein wichtiger Grund für schlechte Leistungen. Streitlustige Schulkinder verwickeln sich auf dem Spielplatz, in der Schulcafeteria, in den Gängen der Schule oder sogar im Klassenzimmer in Auseinandersetzungen (Mandel, 1997). Streitlustige Erwachsene verwickeln sich in so viele Streitereien mit anderen, dass sie von dem abgelenkt werden, was notwendig ist, um voranzukommen. Sie haben die fatale Neigung, aus potenziellen Freunden Feinde zu machen. Jungen neigen eher dazu, streitlustig zu sein, als Mädchen.

Schüler mit einem starken Bedürfnis nach Rache reagieren sensibel auf Fälle von Beleidigung, Konkurrenz und Konflikt. Sie sind schnell dabei, in die Offensive zu gehen und zurückzuschlagen. Sie lassen sich von Gleichaltrigen beeindrucken, die Kämpfe gewinnen. In der Studie von Paula Kavanaugh war es bei Schülern mit einem starken Bedürfnis nach Rache doppelt so wahrscheinlich, dass sie wegen Verstoßes gegen die Disziplinarordnung zum Schulleiter zitiert wurden, als bei Schülern mit mittleren Werten für Rache.

Häufig ist Streitlust ein Persönlichkeitsmerkmal, das sich aus normalen Schwankungen beim Grundbedürfnis nach Rache ergibt. Streitlust ist etwas Normales, wenn sie in einem heftigen Bedürfnis nach Konkurrenz und Sieg zum Ausdruck kommt oder wenn sie Menschen zur Selbstverteidigung veranlasst. Streitlust kann jedoch abnorm sein, wenn sie sich in dauernder Gewalt, Brutalität oder schlecht im Zaum gehaltenem Ärger äußert oder wenn sie Bestandteil eines bestimmten Musters von Symptomen einer anerkannten psychischen Störung ist.

Eltern und Berater sollten streitlustigen Schülern dabei helfen, sozial angemessene Ventile für ihre konkurrenzorientierte Eigenart zu finden. Konkurrenzorientierung wird in vielen Karrieren einschließlich des Sports, des Militärs und der Wirtschaft belohnt. Konkurrenzorientierte Schüler sollten den Unterschied lernen zwischen sozial angemessenem Wettbewerb und unangemessener bzw. übermäßiger Konfrontation oder Aggression. Man muss ihnen nahe bringen, wie schädlich sich unangemessene Konfrontationen und Wutausbrüche auf ihren Ruf und ihren Status auswirken können. Einige sehr konkurrenzorientierte Schüler können von einem Antiaggressionstraining profitieren.

Grund Nr. 4: Furcht vor Misserfolg

Eine Reihe von wissenschaftlichen Artikeln bringen die Furcht vor Misserfolg mit schlechten Leistungen in Verbindung (z.B. Atkinson & Feather, 1966; Hill, 1972). Beim RSMP deuten hohe Werte in Bezug auf das Grundbedürfnis nach Anerkennung auf eine überdurchschnittliche Furcht vor Misserfolg und einen Mangel an Selbstvertrauen hin. Diese Schüler machen sich Sorgen darüber, dass sie bei Tests nicht gut abschneiden, haben möglicherweise Testangst oder zeigen keine beständigen Leistungen. Sie strengen sich bei einfachen Aufgaben wirklich an, aber nicht bei schwierigen Aufgaben. Vielleicht sind sie für schlechte oder für nicht beständige Leistungen bekannt.

Schüler, die einen Misserfolg befürchten, reagieren unangemessen auf Kritik. Wenn Lehrer oder Eltern sie kritisieren, hören sie vielleicht gar nicht, was ihnen gesagt wird. Kritik kann dazu führen, dass sie abschalten oder zumindest schlechte Leistungen zeigen. Einige Schüler mit zu schlechten Leistungen könnten ihre Noten durchaus verbessern, wenn ihnen ihre Lehrer oder Eltern weniger kritisch gegenüberstünden.

Diese Schüler sind dann am besten, wenn sich Eltern und Lehrer hinter sie stellen und sie ermutigen. Sie reagieren eher auf Lehrer, die nicht vorschnell urteilen, und sie arbeiten am besten in einer stützenden, nichtkritischen Umwelt. Sie brauchen Selbstvertrauen. Sie sollten dazu ermutigt werden, sich auf ihre Stärken zu besinnen und sich nicht auf ihre Schwächen zu konzentrieren. Sie brauchen Ermutigung, um maximale Leistung zu zeigen.

Gefühle der Unsicherheit sind sehr verbreitet und in dieser Hinsicht normal. Fast jeder fühlt sich in der einen oder anderen Situation unsicher. Ein starkes Grundbedürfnis nach Anerkennung (Unsicherheit in den oberen 20 Prozent der Bevölkerung) ist jedoch *manchmal* ein Anzeichen für eine psychische Störung und dafür, dass eine Beratung erforderlich ist. Schulpsychologen, die den RSMP einsetzen, stellten fest, dass viele Schüler, die zu ihnen geschickt wurden, beim Bedürfnis nach Anerkennung hohe Werte aufwiesen, was auf einen möglichen Mangel an Selbstwertgefühl hindeutet.

Grund Nr. 5: Berechnung

In der Studie von Paula Kavanaugh hatten 21 von 49 Schülern mit schlechten Leistungen (42,9 Prozent) RSMP-Werte für Ehre, die signifikant unter dem Durchschnitt lagen. Diese Schüler legten weniger Wert auf Moral und Charakter als der Durchschnitt. Geringe RSMP-Werte für Ehre werden mit Berechnung in Verbindung gebracht.

Berechnende Schüler sehen nichts Falsches darin, ein Versprechen zu brechen, wenn damit Vorteile für sie verbunden sind. Opportunismus kann kurzfristig zu persönlichen Erfolgen führen, doch langfristig müssen berechnende Menschen womöglich einen hohen Preis bezahlen, wenn die anderen ihren Opportunismus erkennen. Berechnende Menschen sind vielleicht nur in dem Maße anderen gegenüber loyal, wie sich diese ihnen gegenüber loyal verhalten. Ihr Mangel an Loyalität gegenüber ihren Vorgesetzten ist vielleicht der wichtigste Grund dafür, dass berechnende Erwachsene leicht »in Ungnade fallen« können und somit schlechte Leistungen zeigen.

Berechnende Schüler können illoyal, pflichtvergessen und nicht vertrauenswürdig sein. Sie zeigen zu schlechte Leistungen, wenn sie sich vor Hausaufgaben und anderen Verantwortungen gegenüber der

Schule drücken. Manche Lehrer geben ihnen schlechte Noten, weil sie keine Verantwortung tragen und einen schlechten Charakter haben.

Diese Schüler müssen lernen, dass ihre Lehrer und Eltern ihnen nichts durchgehen lassen. Man muss ihnen beibringen, dass Menschen, die schwindeln, am Ende sehr wahrscheinlich entdeckt werden. Sie brauchen vielleicht strikte moralische Grenzen. Sie werden sich an die Regeln halten, wenn es für sie von Vorteil ist, das zu tun.

Berechnung kann die Folge normaler Schwankungen in der Bewertung von Ehre und Charakter sein. Darauf aus zu sein, dass man die Nummer 1 wird, ist verbreitet und kein Anzeichen für eine psychische Störung. Aber bei einer Person, die aggressiv ist, kann Berechnung bedeuten, dass sie keine moralischen Hemmungen gegenüber Aggression hat.

Grund Nr. 6: Spontaneität

In der Studie von Paula Kavanaugh zu Schülern mit schlechten Leistungen hatten 14 von 49 Schülern (28,6 Prozent) RSMP-Werte für Ordnung, die signifikant unter dem Durchschnitt lagen. Ein schwach ausgeprägtes Bedürfnis nach Ordnung veranlasst Schüler, spontan und desorganisiert zu sein.

Spontane Menschen zeigen vor allem deswegen schlechte Leistungen, weil sie zu viele Dinge gleichzeitig tun. Das, was sie anfangen, schließen nicht ab: Sie neigen dazu, eine neue Aufgabe zu beginnen, bevor sie die alte Aufgabe abgeschlossen haben. Ihr Mangel an Aufmerksamkeit für das Detail und ihre allgemeinen Planungs- und Organisationsdefizite sorgen auch dafür, dass sie als Schüler nicht versetzt werden. Einige Lehrer stufen sie als schlechter ein, weil sie schlampig sind. Es ist im Allgemeinen nicht hilfreich, ihnen Organisations- und Planungsfertigkeiten beizubringen, weil sie aus freier Entscheidung heraus desorganisiert sind, nicht aus Mangel an Fertigkeiten. Da sie ihre Fähigkeit, sich an Ereignisse anzupassen, wenn sie auftreten, hoch bewerten, haben sie wenig Sinn für Pläne.

Schüler mit einem geringen Bedürfnis nach Ordnung können kreativ sein. Obwohl einige Lehrer Kreativität schätzen, bestrafen Schulen bisweilen Kreativität. Zudem neigen viele Lehrer dazu, ein starkes Bedürfnis nach Ordnung zu haben und kreative neue Ideen als fremdartig und wirr abzutun.

Diesen Schülern muss man beibringen, sich zu einem Zeitpunkt auf einen einzelnen Handlungsablauf zu konzentrieren. Sie müssen lernen, eine Aufgabe abzuschließen, bevor sie sich der nächsten zuwenden. Sie müssen auch lernen, wie andere sie wahrnehmen. Manche spontanen Schüler glauben, dass sie auf Lehrer einen guten Eindruck machen, wenn sie an mehreren Projekten gleichzeitig arbeiten. Dabei meinen die Lehrer in Wirklichkeit, dass sie zu zerstreut sind, um eine Aufgabe richtig zu erledigen.

Der beliebte Schüler

Tom Peters, 12 Jahre, war ein Siebtklässler, der zum Schulpsychologen gehen musste, weil er große Schwierigkeiten in der Schule hatte. Seine Mutter führte das auf einen Mangel an Selbstvertrauen zurück und sagte, Tom wolle gut in der Schule sein, meine jedoch, dass er »dumm« sei. Seine Mutter berichtete, dass er sich mit seinem älteren Bruder vergleiche, der ein guter Schüler war. Der Schulpsychologe setzte den RSMP ein sowie einen Intelligenztest, einen Leistungstest und Tests zur sozialen und emotionalen Funktionsfähigkeit. Die Ergebnisse deuteten darauf hin, dass Tom eine durchschnittliche Intelligenz, durchschnittliche Werte in standardisierten Leistungstests und keine offensichtlichen sozialen oder emotionalen Probleme aufwies. Seine schlechten Noten gingen nicht auf einen Mangel an Intelligenz zurück, sondern eher darauf, dass er sein Potenzial nicht ausschöpfte.

Tom war allgemein beliebt, höflich und sportlich. Wenn man ihn nach seinen persönlichen Stärken fragte, berichtete er, dass er ein guter Sportler in einer Reihe von Sportarten sei. Er sagte, dass er viele Freunde habe und gute Noten bekomme, wenn er sich anstrenge. Auf die Frage nach seinen persönlichen Schwächen antwortete er, dass er zu viele Vieren bekomme, weil er sich nicht genügend anstrenge. Er sagte, dass manche Kurse ihn »im Kopf krank machen«.

Stark	Durchschnittlich	Schwach
Familie	Anerkennung	Neugier
Körperliche Aktivität	Ehre	Unabhängigkeit
Beziehungen	Idealismus	
Status	Ordnung	
	Macht	
	Ruhe	
	Rache	

Tabelle 6.1: RSMP für Tom Peters. Die Skalen zu Essen, Eros und Sparen wurden bei Tom nicht eingesetzt.

In Tabelle 6.1 sind die Ergebnisse für Toms RSMP dargestellt. Sie deuten darauf hin, dass Toms Bedürfnisse nach körperlicher Aktivität und nach Beziehungen durch die Teilnahme am Sport befriedigt wurden.

Die Sorgen der Mutter, es fehle Tom an Selbstvertrauen, ließen sich anhand der Ergebnisse des RSMP nicht bestätigen. Er zeigte ein durchschnittlich ausgeprägtes Grundbedürfnis nach Anerkennung, was darauf schließen ließ, dass seine Furcht vor Misserfolg innerhalb der normalen Bandbreite lag. Wegen der durchschnittlichen Werte sowohl für Anerkennung als auch für Ruhe war es zudem nicht möglich, dass Testangst ein bedeutsamer Faktor bei seinen schlechten Leistungen war.

Bezogen auf den RSMP lag Toms Wert für Neugier im Bereich der unteren zwei Prozent der Normierungsstichprobe, was sehr wenig ist und darauf hindeutet, dass er überhaupt nicht gerne denkt. Toms Noten lagen unterhalb seines Potenzials, weil er kein geistig interessierter Mensch ist, und das war sein eigentliches Problem.

Der Schulpsychologe empfahl, Tom solle weiterhin den normalen Unterricht besuchen. Seine Eltern wurden ermutigt, ihn häufiger daran zu erinnern, dass er oberhalb eines minimalen Notenschnitts bleiben müsse, damit er auch künftig am Sport teilnehmen könne.

Der Schüler mit falscher Diagnose

Kevin Smith, 14 Jahre, war ein Achtklässler, der erst kürzlich in eine neue Schule in New York gekommen war. Im Bericht des Psychologen stand, dass er häufig seine Schulaufgaben nicht mache und manchmal den Kopf hängen lasse. Der Schulpsychologe führte diese Verhaltensweisen auf eine Depression zurück, bei der es sich um eine schwere seelische Krankheit handele. Er gab Kevin die Diagnose »emotional gestört« und empfahl den Wechsel in eine Sonderschule. Die neue Schule bat ihren eigenen Psychologen darum, ein neues Gutachten über Kevin zu schreiben.

Stark	Durchschnittlich	Schwach
Familie	Anerkennung	Neugier
Körperliche Aktivität	Ehre	Unabhängigkeit
Beziehungen	Idealismus	Macht
Status	Ordnung	
	Ruhe	
	Rache	
	Rache	

Tabelle 6.2: RSMP für Kevin Smith. Die Skalen zu Essen, Eros und Sparen wurden bei Kevin nicht eingesetzt.

Der neue Schulpsychologe führte mit Kevin und seiner Mutter ein Interview, bat Kevins Lehrer, sein soziales und emotionales Verhalten einzustufen, und setzte den RSMP ein. Die Mutter berichtete, dass Kevin eine gute Beziehung zu seinen Eltern habe und dass eine gewisse Geschwisterrivalität vorliege, aber er es weiterhin schaffe, mit seinen beiden älteren Brüdern Ballspiele und andere Spiele zu machen. Sie hielt ihn für einen im Grunde genommen glücklichen Schüler, einen guten Sportler, aber für einen Menschen, der nie gerne zur Schule ging. Seine beruflichen Pläne bestanden darin, dass er einmal in der Baufirma der Familie arbeiten würde.

Wie in Tabelle 6.2 dargestellt, hatte Kevin durchschnittliche RSMP-Werte für die Grundbedürfnisse nach Anerkennung, Ruhe und Rache. Er hatte hohe Werte für Beziehungen und für Familie. Dieses Ergebnismuster steht nicht im Einklang mit der diagnostizierten affektiven Störung. Außerdem berichtete die Mutter nicht über bedeutsame Symptome einer seelischen Krankheit. Auch die Einstufungen des Lehrers zum sozialen und emotionalen Verhalten deuteten nicht auf affektive Probleme hin. Er schien glücklich zu sein, und glückliche Menschen sind nur selten seelisch krank.

Kevins schlechte Leistungen können auf seine mangelnde Anstrengungsbereitschaft in der Schule zurückgeführt werden. Er hatte ein schwaches Bedürfnis nach Neugier und nach Macht. Dies ist ein Hinweis darauf, dass er geistige Aktivitäten nicht sehr mochte und dass es ihm an Ehrgeiz fehlte. Von den sechs geläufigen Gründen für schlechte Leistungen, wie sie im RSMP erfasst werden, lagen bei Kevin zwei vor.

Die Empfehlung, dass Kevin auf eine Sonderschule gehen sollte, wurde zurückgenommen. Die Diagnose »emotional gestört« wurde als Fehler bezeichnet. Kevin ging weiterhin in den ganz normalen Unterricht, wohin er auch gehörte.

Der gewalttätige Schüler

Obwohl Gregory Izzas Noten gerade noch ausreichend waren, sollte ein Gutachten über ihn erstellt werden. Denn die Polizei hatte bei ihm verräterische Zeichnungen und Notizen gefunden, die darauf hindeuteten, dass er plante, eine Bombe in seiner Schule zur Explosion zu bringen. Zu diesem Zeitpunkt war Gregory 13 Jahre alt.

Stark	Durchschnittlich	Schwach
Anerkennung	Familie	Neugier
Status	Unabhängigkeit	Ehre
Ruhe	Macht	Idealismus
Rache	Körperliche Aktivität	Ordnung
	Beziehungen	

Tabelle 6.3: RSMP für Gregory Izza. Die Skalen zu Essen, Eros und Sparen wurden bei Gregory nicht eingesetzt.

In Tabelle 6.3 sind die Ergebnisse von Gregorys RSMP dargestellt. Sein Profilwert für Rache lag im Bereich der oberen zwei Prozent in der Normierungsstichprobe, was auf ein gewisses Aggressionspotenzial hindeutet. Sein Wert für Status lag im Bereich der oberen zehn Prozent, ein Indikator dafür, dass Gregory darauf aus war, sich wichtig zu fühlen (vielleicht die Aufmerksamkeit anderer zu bekommen). Seine sehr niedrigen Werte für Ehre und Idealismus, beides im Bereich der unteren zwei Prozent, wiesen auf eine mangelnde moralische Hemmung seiner aggressiven Tendenzen hin.

Gregory war ein gefährlicher Schüler: Er geriet leicht in Wut, buhlte um Aufmerksamkeit und scherte sich überhaupt nicht um Moral, Fairness und Gemeinschaft. Der vorrangige Faktor zur Eingrenzung seines Gewaltpotenzials war vielleicht seine Furcht, sich selbst zu verletzen; darauf deutete sein hoher Wert für Ruhe hin. Dadurch, dass er eine Bombe bauen und sie in seiner Schule zurücklassen wollte, wähnte sich Gregory jedoch an einem sicheren Ort, wenn die Bombe explodieren würde. Wäre im Testergebnis ein geringes Grundbedürfnis nach Ruhe gewesen, wäre er jähzornig, um Aufmerksamkeit buhlend, unmoralisch sowie furchtlos gewesen und ihm wären Fairness und Gemeinschaft völlig gleichgültig gewesen. Mit anderen Worten: Er wäre sogar noch gefährlicher gewesen, als er es schon war.

Gregorys schlechte Leistungen waren motiviert durch ein schwach ausgeprägtes Grundbedürfnis nach Neugier, Ehre und Ordnung. Das vorrangige Problem war in seinem Fall jedoch sein starkes Bedürfnis nach Rache, von dem sein schulisches Leben beherrscht war und das sich bei ihm störend auf das Lernen auswirkte. Das Gewaltpotenzial war real. Insgesamt lagen bei Gregory vier der sechs verbreiteten Gründe für schlechte Leistungen vor.

Bei ihm lag höchstwahrscheinlich eine Störung des Sozialverhaltens vor – keine gute Voraussetzung dafür, ihn in eine Sonderschule vor Ort zu schicken. Er wurde bis zum Ende des Jahres von der Schule verwiesen. Gregorys hoher Wert für Anerkennung deutete auf eine Furcht vor Misserfolg hin. Wie bereits erwähnt sind hohe Werte für Anerkennung manchmal ein Indikator für Probleme mit dem Selbstwertgefühl und andere seelische Schwierigkeiten. Gregorys schlechte Leistungen ließen sich nicht auf normale Ursachen zurückführen.

Wie man Jugendliche motiviert

Wie können Eltern und Lehrer Schüler mit schlechten Leistungen dazu motivieren, ihre Noten zu verbessern? Das hängt vom individuellen Fall ab. Das RSMP zeigt nicht nur die möglichen motivationalen Ursachen für schlechte Leistungen auf, sondern auch, wie man Schüler zu besseren schulischen Leistungen motivieren kann.

Denken Sie beispielsweise einmal an einen Schüler, der ein schwaches Grundbedürfnis nach Neugier und ein starkes Grundbedürfnis nach Ehre aufweist. Er möchte nicht gerne denken und geistige Ziele anstreben, er hält jedoch viel von Charakter und Selbstdisziplin. Die Eltern könnten ihn bitten, die Verpflichtung einzugehen, dass er bestimmte Leistungsstandards erfüllt. Er würde dann intrinsisch geistiges Lernen immer noch nicht mögen, aber fühlte sich dazu verpflichtet, seine Noten auf dem Niveau seines Potenzials zu halten.

Erziehungsberater, die mit schlechten Schülern arbeiten, müssen spezielle Ziele finden, die beim jeweiligen Jugendlichen Nachhall finden: etwa bestimmte Bestrebungen, bestimmte finanzielle Ziele und ein motivierender Wettbewerb. Eltern und Lehrer sollten bessere Noten in der Schule mit Zielen verknüpfen, die in den Augen des Schülers viel wert sind. Ein Schüler, der durch Rache, Macht und Status motiviert wird, könnte von einer erfolgreichen Karriere beim Militär oder im Sport träumen. Vielleicht können Erziehungsberater diesen Schüler motivieren, wenn sie ihm die Zusammenhänge zwischen Schulnoten und der Zulassung zu Militärakademien bzw. der Qualifikation für bestimmte Sportwettkämpfe aufzeigen.

Wie in Tabelle 6.1 und 6.2 dargestellt, hatten sowohl Tom Peters als auch Kevin Smith eine ausgeprägte Motivation, Sportler zu werden und beliebt zu sein, aber eine Abneigung gegen wissenschaftliches Lernen. Ihre Eltern sollten ihre Teilnahme an sozialen und sportlichen Aktivitäten einschränken, wenn sie mit ihren Noten nicht auf einem Niveau blieben, auf das man sich geeinigt hatte. Tom und Kevin waren in der Lage, eine solche von außen eingeforderte Disziplin zu verstehen und zu akzeptieren. Ohne extrinsische Anreize der Eltern bestand die Gefahr, dass Tom und Kevin bei Kursen durchfallen und in der Schule in ernste Schwierigkeiten geraten würden.

Gregory Izza jedoch war zu gefährlich, als dass er in der Schule bleiben konnte. Er musste an Experten im Bereich der psychologischen und psychiatrischen Versorgung überwiesen werden, die sich auf potenziell gewalttätige Jugendliche spezialisiert hatten. Die beste Möglichkeit, ihn zu erreichen, könnte wegen seines Bedürfnisses nach Status darin bestehen, mit materiellen Belohnungen zu arbeiten. Er braucht eine Umwelt, die ihn unterstützt und die Kritik an ihm dosiert einsetzt.

Schlussfolgerung

Schlechte Leistungen sind oft kein Symptom für eine psychische Störung. Schüler mit schlechten Leistungen sind nicht unmotiviert – sie können hoch motiviert sein, aber in einer anderen Richtung, als die Schule es will. Die sechs Motive, die mit Leistung in Konkurrenz stehen, sind Vermeidung von Denken, Mangel an Ehrgeiz, die Lust, Ärger zu provozieren, Furcht vor Misserfolg, Orientierung an der Nummer 1 und Spontaneität. Auf der Grundlage standardisierter Testwerte erfasst der RSMP beim jeweiligen Schüler diese miteinander konkurrierenden Motive. Der RSMP kann auch auf Möglichkeiten verweisen, wie man einen Schüler erreicht. Eltern und Lehrer müssen das Fachliche mit den intrinsischen Zielen des Schülers in Verbindung bringen, nicht mit dem, was nach Auffassung der Erziehungsberater die Ziele des Schülers sein sollten.

Wenn schlechte Leistung die Folge einer Störung oder einer psychischen Krankheit ist, kann sie auf eine Angststörung einschließlich Testangst (z.B. Gordon & Sarason, 1955; Speilberger et al., 1978), auf eine Lernbehinderung und auf eine Aufmerksamkeitsdefizit-Hyperaktivitätsstörung zurückgehen. Nachdem uns die Motivationsanalyse eine bessere Vorstellung von dem vermittelt hat, was normal ist, wird sie uns hoffentlich dabei helfen, zu diagnostizieren, was wirklich abnorm ist. Vielleicht kann die Motivationsanalyse zumindest teilweise dazu beitragen, die zu häufige Diagnose einer Störung bei Jugendlichen zu vermeiden.

Fünf von sechs verbreiteten Gründen für schlechte Leistungen bei Jugendlichen (alle außer Mangel an Neugier) treffen auch auf schlechte Leistungen bei Erwachsenen zu. Erwachsene, denen es an Ehrgeiz fehlt, neigen dazu, schlechte Leistungen zu zeigen, denn sie vermeiden Herausforderungen, strengen sich nur selten richtig an und lassen es vielleicht sogar zu, dass sie lange arbeitslos sind. Erwachsene, die kämpferisch sind, neigen zu schlechten Leistungen, weil sie sich viele Menschen zu Feinden machen. Erwachsene, die unsicher sind, neigen zu schlechten Leistungen, weil sie nicht so leistungsbereit sind und Schwierigkeiten damit haben, mit Bewertungen ihrer eigenen Person umzugehen. Erwachsene, die berechnend sind, neigen zu schlechten Leistungen, weil andere zu dem Schluss kommen, sie seien nur auf ihr eigenes Wohl aus. Erwachsene, die spontan sind, neigen zu schlechten Leistungen, weil sie so viele Dinge gleichzeitig machen.

KAPITEL 7

Selbstbezogenheit und der persönliche blinde Fleck

Als ich im Magazin der Bibliothek an der Ohio State University an einem Forschungsprojekt arbeitete, stieß ich auf George Ramsays Buch über das Wesen des Glücks aus dem Jahr 1843. Die Seiten waren fahl und brüchig, nachdem sie über 150 Jahre den Elementen ausgesetzt waren, aber ich gab mein Bestes, so viel zu lesen, wie ich konnte. Folgende Passage erregte besonders meine Aufmerksamkeit:

> *Derselbe Unterschied zwischen Gefühl und Armut an Vorstellungskraft beim Menschen erklärt etwas, was oft beobachtet wurde, nämlich dass eine Hälfte der Menschheit ihr Leben damit verbringt, sich über die Bestrebungen der anderen Hälfte zu wundern. Nicht in der Lage, das Vergnügen zu empfinden oder sich vorzustellen, welches sich aus anderen Quellen speist als ihren eigenen, meinen sie, der Rest der Welt sei nur unwesentlich besser als Verrückte, die auf leeren Tand aus sind. Sie umarmen sich selbst als die einzig Klugen, während sie in Wahrheit nur engstirnig sind.*

Ich habe jahrelang darüber gegrübelt, welche Bedeutung diese Worte haben. Jetzt habe ich die Vermutung, dass George Ramsay – ein unbekannter Philosophieprofessor aus dem 19. Jahrhundert von der Oxford University – die psychologischen Geheimnisse gelöst hat, die sich um langfristige Beziehungen ranken. Sein Gedanke von der »Selbstumarmung« oder Selbstbezogenheit, wie wir heute sagen würden, erklärt meiner Auffassung nach, warum Menschen mit unterschiedlichen Bestrebungen dazu neigen, sich gegenseitig misszuverstehen und ständig miteinander zu streiten.

Selbstbezogenheit ist die natürliche Neigung, zu glauben, dass unsere eigenen Wertvorstellungen die besten sind, nicht nur für uns, sondern möglicherweise für jeden. Wenn Menschen lernen, dass sie eine bestimmte Lebensweise glücklich macht, meinen sie, sie hätten etwas über das Wesen des Menschen gelernt. Doch in Wirklichkeit haben sie nur etwas über sich selbst gelernt. Gesellige Menschen denken: »Mit anderen zusammen zu sein macht Spaß«, obwohl sie eigentlich denken sollten sollten: »Mit anderen zusammen zu sein macht mir Spaß.« Intellektuelle nehmen an: »Es liegt im Wesen des Menschen, Spaß am Lernen zu haben«, obwohl sie eigentlich zu folgendem Schluss kommen sollten: »Mir macht Lernen Spaß.« Selbstsichere Psychologen behaupten: »Selbstständigkeit ist ein Zeichen menschlichen Wachstums.« Sie sollten aber behaupten: »Selbstständigkeit ist wichtig für mein eigenes Wachstum.«

Mit Selbstbezogenheit lässt sich erklären, warum Paare dazu neigen, immer wieder dieselben Streitigkeiten auszufechten. Denken Sie an das Beispiel eines Sparers, der mit einer Verschwenderin verheiratet ist. Der geizige Gatte beklagt sich bei der freigebigen Partnerin: »Du verschwendest unser hart verdientes Geld.« Die freigebige Gattin erwidert: »Warum soll man Geld besitzen, wenn man es nicht ausgeben kann?« Es kommt immer wieder Streit auf, weil beide Partner tief in ihrem Herzen davon überzeugt sind, dass ihre Wertvorstellung die gültige ist. Sparern und Verschwendern fehlt es an Erfahrungen, die sie dazu veranlassen könnten, jeweils die Wertvorstellungen des anderen zu würdigen. Sparer haben nur wenig oder gar keine Erfahrung damit, Geld auszugeben und Spaß daran zu haben. Folgerichtig reagieren sie ungläubig, wenn Verschwender ihnen erzählen, dass es ihnen so viel Spaß macht einzukaufen. Andererseits haben Verschwender nur wenig oder keine vergnüglichen Erfahrungen damit, dass sie ein gutes Gefühl dabei hatten, wenn sie eine Anschaffung auf später verschoben. Logischerweise reagieren sie erstaunt, wenn Sparer ihnen sagen, wie verantwortungsbewusst sie sich fühlten, als sie den Kauf eines neuen Wagens oder eines Fernsehers mit großem Bildschirm hinauszögerten. Da Menschen dazu neigen, ihren Gefühlen mehr als allem anderen zu glauben, sind sich Sparer sicher, dass Geiz auf lange Sicht das größte Glücksgefühl hervorbringt; und Verschwender empfinden dasselbe beim Kaufen.

Wir sind verblüfft, wenn andere das ablehnen, was uns glücklich macht, oder wenn sie sich das begeistert zu eigen machen, was uns unglücklich werden lässt. Ramsay formuliert es so: »Eine Hälfte der Menschheit verbringt ihr Leben damit, sich über die Bestrebungen der anderen Hälfte zu wundern.« Wir können nicht empfinden oder uns vorstellen, wie andere Menschen Spaß an etwas haben können, was wir nicht ausstehen können. Wir können nicht empfinden oder uns vorstellen, wie andere Menschen keinen Spaß an etwas haben können, was uns Spaß macht. Wir nehmen schlicht Folgendes an: Weil unsere Freude und unser Unbehagen etwas Reales sind, muss bei den anderen, die nicht dieselbe Freude oder dasselbe Unbehagen empfinden können, *etwas nicht stimmen*.

Wegen der Tendenz zur Selbstbezogenheit haben viele nicht so glückliche Menschen nie einen Zweifel daran, was zu einem Glücksgefühl führt: »Wenn ich nur erfolgreicher oder wohlhabender wäre oder besser aussähe, wäre ich wirklich glücklich.« Viele nicht so glückliche Menschen sind sich derartig sicher, zu wissen, was zum Glücksgefühl führt, dass sie Menschen, die glücklicher sind als sie, gute Ratschläge geben. Ein unglücklicher Intellektueller erzählt womöglich einem glücklichen Nichtintellektuellen: »Du kannst eigentlich nicht richtig glücklich sein. Um wirklich glücklich zu sein, musst du ein großes Wissen und ein tiefes Verständnis erwerben.« Ein nicht so glücklicher Puritaner sieht sich einen glücklichen Playboy an und denkt sich: »Sein Glücksgefühl ist oberflächlich. Wie kann man nur Beziehungen zu Menschen in so oberflächlicher Weise aufbauen? Er wäre glücklicher, wenn er tiefe, andauernde Beziehungen aufbauen könnte.«

Selbstbezogenheit gibt es in Bezug auf unsere stärksten und auf unsere schwächsten Grundbedürfnisse. Starke Grundbedürfnisse bringen uns dazu, positiv zu starken Wertvorstellungen zu stehen. Das macht es uns umso schwerer, Menschen zu verstehen, die entgegengesetzte Wertvorstellungen haben. Schwache Grundbedürfnisse haben ähnliche Auswirkungen, aber sie verleiten uns zu entgegengesetzten Wertvorstellungen. Denken Sie etwa an ehrgeizige Eltern und ein Kind, das alles ganz locker sieht. Die ehrgeizigen Eltern fragen das nichtehrgeizige Kind: »Warum suchst du dir nicht einen Beruf, strengst dich an und macht etwas aus deinem Leben?« Das nichtehrgeizige Kind antwortet: »Warum macht ihr nicht mal etwas anderes als Arbeit, Arbeit, Arbeit?« In diesem Beispiel haben die Eltern ein starkes Bedürfnis nach Macht, das Kind ein geringes. Der Streit ist durch Selbstbezogenheit motiviert – das heißt, die Eltern berufen sich beim Urteil darüber, was am besten für das Kind ist, auf ihre Wertvorstellungen. Konfliktlösung erfordert Folgendes: Ehrgeizige und nichtehrgeizige Menschen müssen verstehen, dass sie Individuen sind, so dass der eine intrinsisch Freude an dem hat, was der andere nicht mag, und umgekehrt. Toleranz gegenüber der Individualität ist häufig die einzige Lösungsmöglichkeit.

Zur Selbstbezogenheit kommt es bei förmlichen (starkes Grundbedürfnis nach Status) und bei nicht förmlichen (schwaches Grundbedürfnis nach Status) Menschen. Förmliche Menschen sind vielleicht der Auffassung, nicht förmliche Menschen seien unwichtig und könnten wegen ihrer Bedeutungslosigkeit ignoriert werden. Andererseits fragen sich nicht förmliche Menschen eventuell: »Sind förmliche Menschen Snobs?«

Gleichgültig, wie gut sich förmliche und nicht förmliche Menschen den jeweils anderen erklären können, die Wertvorstellungen des anderen bleiben ihnen ein Rätsel. Bei einer langfristigen Beziehung – wie etwa Chef / Mitarbeiter, Eltern / Kind oder Ehemann / Ehefrau – streiten sie vielleicht immer wieder von Neuem. Der förmliche Ehegatte beklagt sich bei der nicht förmlichen Ehegattin: »Du hast deinen Wagen vor dem Haus schlecht eingeparkt. Was werden die Nachbarn denken? Du musst lernen, auf das äußere Erscheinungsbild zu achten!« Die nicht förmliche Ehegattin antwortet: »Es ist mir egal, was die Nachbar denken. Ich muss keinen teuren Wagen besitzen, nur um die Nachbarn zu beeindrucken.«

Der Lehrling

Zur Selbstbezogenheit kommt es bei neugierigen und bei praktisch veranlagten Menschen. Intellektuelle meinen, jeder sollte zu einem lebenslangen Lerner werden, wohingegen praktisch veranlagte Menschen glauben, jeder sollte sich auf die vor ihm stehende Aufgabe konzentrieren und sie einfach erledigen. Lassen Sie uns z. B. einmal über die Standpunkte zweier Titanen des Wirtschaftslebens nachdenken: William »Bill« Gates III. und Donald Trump.

In einer Episode der Fernseh-Reality-Show *The Apprentice* (Der Lehrling) entließ Donald Trump einen jungen Mann, weil er zu viele Worte machte und zu viele Fragen stellte. Trump zielte darauf ab, dem jungen Mann eine Lektion zum Erfolg im Geschäftsleben zu erteilen, nämlich dass Taten wichtiger sind als Worte. Auf den ersten Blick scheint es bei dem Beispiel darum zu gehen, dass ein junger Mann im Beruf nicht so gute Leistungen gezeigt hat, wie es ihm möglich wäre. Wenn wir uns jedoch einmal genauer mit der Entlassung beschäftigen, erkennen wir den wahren Grund: Der junge Mann wurde entlassen, weil seine intellektuellen Wertvorstellungen den praktisch orientierten Wertvorstellungen seines Chefs widersprachen.

Menschen, die »zu viel reden« und viele Fragen stellen, haben wahrscheinlich ein starkes Bedürfnis nach Kognition (das fällt unter die Kategorie starkes Grundbedürfnis nach Neugier). Intellektuelle neigen dazu, hochgradig verbale und wissbegierige Menschen zu sein, die von ihren Vorgesetzten erwarten, dass sie von ihren geistigen Fertigkeiten beeindruckt sind. Intellektuelle erkennen nicht so schnell, wann ihre analytische Art den Vorgesetzten verärgert. Menschen, die meinen, Taten seien wichtiger als Worte, neigen dazu, ein schwaches Grundbedürfnis nach Neugier zu haben. Praktisch veranlagte Menschen neigen dazu, ihre Geduld mit den Intellektuellen zu verlieren, und glauben, dass sie sich zu stark auf irgendeinen »Elfenbeinturm« oder auf irrelevante Themen konzentrieren. Sie mögen Ideen mit unmittelbarer praktischer Relevanz zu schätzen wissen, aber keine theoretischen Ideen ohne offensichtliche, praktische Nutzanwendung.

Ich vermute, dass Donald Trump ein praktisch veranlagter Mensch mit einem schwachen Bedürfnis nach Neugier ist und dass der junge Mann, den er entlassen hat, weil er zu viele Fragen stellte, ein Intellektueller mit einem starken Bedürfnis nach Neugier ist. Trump entlässt Intellektuelle, weil er herausgefunden hat, dass *er* ein praktisch veranlagter Mensch ist. Er ist aufgrund von Selbstbezogenheit zu dem Schluss gekommen, dass er keine Intellektuellen für sich arbeiten lassen muss.

Obwohl viele Manager mit Donald Trump übereinstimmen würden, dass das Geschäftsleben kein geeigneter Ort für Intellektuelle ist, ist William »Bill« Gates III., der Mitbegründer von Microsoft, eine bemerkenswerte Ausnahme. Gates wurde im Jahr 1955 geboren und zeigte schon als kleines Kind ein hohes Maß an geistiger Neugier. Als er in der vierten Klasse war, wollte er Wissenschaftler werden. Er las eine Unmenge von Büchern und entwickelte früh ein Interesse an Bridge. Mit 9 hatte er die Enzyklopädie *World Book* gelesen. Als kleinen Jungen fragten ihn seine Eltern einmal, warum er denn nicht zum Essen komme, und er antwortete, dass er gerade »denke«.

Als Kind schimpfte er mit seinen Eltern, weil sie tiefgründiger über die Dinge nachdenken sollten. Er fragte sie wiederholt: »Denkt ihr überhaupt jemals nach?« Er besuchte die private Lakeside School, in der er im Alter von 13 Jahren sein erstes Computerprogramm schrieb. Er ging mit finanzieller Unterstützung durch das National Scholar Program an die Harvard University, brach sein Studium jedoch im zweiten Jahr ab, um gemeinsam mit Paul Allen die Firma Microsoft zu gründen.

Beim Aufbau von Microsoft stellte Gates die klügsten und neugierigsten Menschen ein, die er finden konnte – er gab intelligenten Angestellten den Vorzug vor erfahrenen. Er sagte, die Arbeit bei Microsoft sei »sich hinsetzen und nachdenken«, und wollte Angestellte, die neugierig genug waren, um fachlich auf dem Laufenden zu bleiben, und die ihre Intelligenz einsetzten, um neue Produkte zu entwickeln. Bei dem Einstellungsverfahren, das er bei Microsoft einführte, konfrontierte man die potenziellen Mitarbeiter mit anspruchsvollen Fragen, um ihre Neugier und ihre Denkfähigkeit zu erfassen.

Trump stellt Macher ein, Gates dagegen Denker. Trump ist ein Macher, Gates dagegen ein Denker. Die unterschiedlichen Auffassungen darüber, wen man einstellen sollte, sind meiner Meinung nach das Ergebnis von Selbstbezogenheit. Trump glaubt, dass seine praktisch orientierten Wertvorstellungen im Geschäftsleben zum Erfolg führen, nicht nur bei ihm, sondern ganz allgemein. Gates ist der Meinung, dass seine intellektuellen Wertvorstellungen im Geschäftsleben zum Erfolg führen, nicht nur bei ihm, sondern ganz allgemein. Ich vermute, dass beide für sich selbst recht haben und unrecht in der Verallgemeinerung.

Der Sparer

Abgesehen davon, dass Selbstbezogenheit einen Einfluss auf unser Urteil im Geschäftsleben hat, beeinflusst sie auch unsere politischen Auffassungen. Ein typisches Beispiel ist ein Leserbrief, der im *Wall Street Journal* veröffentlicht wurde. Der Autor des Leserbriefs, Sam, gab einen Kommentar ab zur Notlage der gewerkschaftlich organisierten Arbeiter in der Zulieferindustrie der Autohersteller. Die Arbeiter in den bankrott gegangenen Firmen verloren beträchtliche Vorteile in Bezug auf die Kranken- und die Rentenversicherung, was sie finanziellen Nachteilen aussetzte.

Nachdem Sam ein paar Krokodilstränen für die gewerkschaftlich organisierten Arbeiter vergossen hatte, machte er sie selbst wegen ihrer verschwenderischen Lebensweise für die Misere verantwortlich. Er war der Meinung, die gewerkschaftlich organisierten Arbeiter hätten während der wirtschaftlich guten Jahre in Detroit etwas Geld zur Seite legen und für ihren Ruhestand sparen sollen. Er schrieb: »Ich bin in Detroit aufgewachsen und als ich 1972 wegging, habe ich eins gelernt: Man muss sich auf sich selbst verlassen, man muss sparen; und wenn es zu schön ist, um wahr zu sein, so ist es wahrscheinlich auch so.« Er fügte hinzu, dass die Leute »sich weniger Gedanken darüber machen sollten, was sie einkaufen, und lieber anfangen sollten, sich mehr Gedanken darüber zu machen, was sie sparen können«.

In Sams Leserbrief werden die Wertvorstellungen des Sparens angepriesen. Er argumentiert, dass die Arbeiter, wenn sie seine Wertvorstellungen hätten, nicht in der misslichen Lage wären, in der sie sich nun befinden. Der Zulieferer für die Automobilindustrie Delphi ließ verlauten: »Entschuldigung, liebe Mitarbeiter, eure Rente wird halbiert werden, und die Hälfte dessen, was ihr übrig habt, werdet ihr für eure Krankenversicherung brauchen.« Sam meint, die Arbeiter hätten darauf erwidern sollen: »Kein Problem. Ich habe Ihnen von Anfang an nicht vertraut. Als ich im Alter von 19 Jahren hier anfing zu arbeiten, wusste ich, dass Ihre Versprechen zu gut waren, um wahr zu sein. Meine Frau und ich haben all diese Jahre wie die Geizhälse gelebt; und jetzt haben wir einen finanziellen Puffer und brauchen Ihre lausige Rente und Vergünstigungen gar nicht.«

Beachten Sie, dass Sam nicht den folgenden Leserbrief geschrieben hat: »Junge, Junge, bin ich glücklich, dass ich mein Geld gespart und es nicht stattdessen für meine Familie oder für mein eigenes Glück aufgebraucht habe.« Stattdessen hat Sam sinngemäß folgenden Leserbrief geschrieben: »Ihr Kerle hättet eher so sein sollen wie ich. Jetzt bekommt ihr, was ihr verdient habt, weil ihr anders seid als ich.« Sam macht die Arbeiter dafür verantwortlich, nicht erkannt zu haben, dass seine eigenen Wertvorstellungen denen von ihnen überlegen sind. Wenn es ums Sparen geht, glaubt Sam daran, dass das, was das Beste für ihn ist, auch das Beste für alle ist.

Wie Sam hat die Wirtschaftspresse die Gewerkschaften dafür verantwortlich gemacht, dass es der amerikanischen Automobilindustrie so schlecht geht. Warum haben die Kolumnisten den Gewerkschaften eher vorgeworfen, gierig zu sein, als den Vorstandsvorsitzenden? Auf den ersten Blick scheint dies unglaubwürdig zu sein. Denn die Vorstandsvorsitzenden bekommen ein Paket von Gehalt und Boni, das viele Millionen Dollar pro Jahr wert ist, wohingegen die Arbeiter nur einen winzigen Bruchteil dieses Betrags verdienen. Wenn ein Arbeiter, der 75 000 Dollar verdient, gierig ist, ist dann ein Vorstandsvorsitzender, der 300 Millionen Dollar in Aktienoptionen bekommt, nicht noch gieriger? Wenn man die Aktienoptionen hinzurechnet, bekamen einige Vorstandsvorsitzende für einige Stunden Arbeit mehr, als ein gewerkschaftlich organisierter Durchschnittsarbeiter im Jahr verdiente. Und doch glaubt die Wirtschaftspresse, dass die Arbeiter gieriger als die Vorstandsvorsitzenden sind!

Die Wirtschaftspresse macht vielleicht den Fehler, dass sie aufgrund von Selbstbezogenheit das Grundbedürfnis nach Status anpreist. Statusorientierte Menschen schätzen Reichtum und identifizieren sich mit der Oberschicht, während Verfechter des Egalitarismus weniger von Reichtum beeindruckt sind und sich mit dem Mann auf der Straße identifizieren. Da statusorientierte Menschen meinen, Vorstandsvorsitzende trügen viel mehr zum Erfolg einer Firma bei als die Arbeiter, erscheint es ihnen nur gerecht, dass die Vorstandsvorsitzenden besser entlohnt werden. Obwohl viele statusorientierte Menschen zustimmen würden, dass Vorstandsvorsitzende überbezahlt sind, geht es bei dem Meinungsunterschied eher um das Ausmaß als um Wertvorstellungen. Die Gier der Arbeiter stellt eine bedeutsamere Verletzung der statusbezogenen Wertvorstellungen dar als die Gier der Vorstandsvorsitzenden.

Der Trainer

Meine Kollegen und ich haben das RMP bei einer Reihe von Hochschulsportmannschaften und Profiteams erfasst. Zusätzlich verglichen James Wiltz, Michael Sherman und ich die RMPs von 415 Studierenden, die Mitglied keiner, einer oder zwei Sportmannschaften an der Highschool oder auf der Hochschule waren (Reiss, Wiltz & Sherman, 2001). Unsere Ergebnisse zeigten, dass körperliche Aktivität das wichtigste Grundbedürfnis im Zusammenhang mit Sportbegeisterung ist. Die Studierenden, die zwei oder mehr Sportarten betrieben, hatten bedeutend mehr Vergnügen an körperlichen Aktivitäten als die Studierenden, die sich nur an einer Sportart beteiligten. Und diejenigen, die sich nur an einer Sportart beteiligten, zeigten bedeutend mehr intrinsisches Vergnügen an körperlichen Aktivitäten als diejenigen, die sich an keiner Sportart beteiligten.

Wir konnten auch – offensichtlich das erste Mal in einer wissenschaftlichen Untersuchung – nachweisen, dass Sportler stärker familienorientiert sind. Die Verbindung zwischen Sport und Familienleben liegt auf der Hand. In der Jugendliga und selbst auf dem Niveau der weiterführenden Schule besteht das Publikum bei Sportwettkämpfen vor allem aus den Eltern der Sportler. Sport ist in diesen Familien häufig ein Thema. Während der Baseball-Saison sprachen mein Vater und ich häufig über die Unfähigkeit der New York Mets in den 1960er Jahren. Meine Kinder Michael und Ben sprechen sehr gerne mit ihren Eltern über Sport. Sie rufen vor, während und nach wichtigen Football-Spielen der Ohio State University an.

Peter Boltersdorf, der Mann, der erstmals die 16 Grundbedürfnisse auf den Sport angewandt hat, ist der Überzeugung, dass Trainer eine Neigung haben, motivierende Reden zu halten, bei denen es um ihre eigenen Wertvorstellungen geht, die manchmal ganz andere sind als die ihrer Mannschaft. Viele Sportler schätzen beispielsweise Berechnung hoch ein (fällt unter die Kategorie geringes Grundbedürfnis nach Ehre). Berechnende Sportler sehen nichts Falsches darin, die Regeln zu brechen oder ein Foul zu begehen, wenn sie meinen, dass die Schiedsrichter nicht hinsehen. Der einzige Grund, warum sich berechnende Sportler an die Regeln halten, ist der, dass sie Angst davor haben, wegen einer Bestrafung zum Schiedsrichter zitiert zu werden.

Einige Mannschaften mit berechnenden Spielern haben vielleicht zufällig einen ehrenhaften Trainer. Ehrenhafte Trainer halten den Charakter, die Verhaltensregeln und den Respekt vor der Tradition hoch. Aus lauter Selbstbezogenheit versuchen sie vielleicht, ihre Mannschaft dadurch zu motivieren, dass sie bei den Spielern an die Ehre appellieren. Sie sagen ihrer Mannschaft, dass bei diesem Spiel ihr Charakter auf dem Prüfstand steht. Sie sagen so etwas wie: »Geht auf das Spielfeld und zeigt allen, aus welchem Holz ihr geschnitzt seid!« Sie erinnern ihre Mannschaft daran, wie wichtig die Tradition ist. Möglicherweise setzen sie einen strikten Verhaltenskodex für das Verhalten auf dem Spielfeld und außerhalb durch.

Es macht für einen Trainer jedoch keinen Sinn, seine Spieler dadurch zu motivieren, dass er an Wertvorstellungen appelliert, die sie nicht haben. Sonntagsreden über den Charakter motivieren ehrenhafte Trainer, aber keine berechnenden Spieler. Der ehrenhafte Trainer mag der Auffassung sein, dass ein hervorragender Charakter der Mannschaft beim Siegen hilft, tatsächlich jedoch gibt es auch viele Schurken, die ihrer Mannschaft beim Siegen halfen. O. J. Simpson beispielsweise war aktiv an vielen Siegen im Football beteiligt. Doch Simpson wurde zivilrechtlich haftbar gemacht für den Mord an seiner Frau und Ron Goldman. Bitte verstehen Sie mich nicht falsch: Ich sage nicht, dass viele Sportler den gleichen Charakter wie Simpson haben. Ich sage nur, dass Sportler im Schnitt dazu neigen, berechnender zu sein als der Durchschnittsmensch in unserer Gesellschaft.

Trainer haben eine bessere Chance, ihre Mannschaft anzufeuern, indem sie an die Familienwerte appellieren, als an die Werte der Ehre. Trainer könnten darüber reden, wie sehr Kinder zur Mannschaft aufsehen und wollen, dass sie gewinnt.

Persönlicher blinder Fleck

Motive und Wertvorstellungen rufen einen so genannten »blinden Fleck« hervor, der die Menschen dazu bringt, einem Fehlurteil darüber zu unterliegen, was die anderen von ihnen halten. Sie meinen vielleicht, dass sie einen guten Eindruck machen – aber das Gegenteil ist richtig. Sie reizen und ärgern möglicherweise jemanden und erkennen das nicht. Zu solchen Fehlurteilen kommt es, wenn man dasselbe Verhalten ganz anders beurteilt als die meisten Menschen. Aufgrund einer Selbstbezogenheit überschätzt man, wie sehr andere Menschen die eigenen Wertvorstellungen teilen, und man unterschätzt das Ausmaß, in dem sich die anderen Menschen von einem selbst unterscheiden. Man denkt, das eigene Verhalten beeindrucke die Menschen, obwohl sie sich tatsächlich wegen des Verhaltens von einem abwenden, weil sie die Wertvorstellungen nicht teilen.

John Kerrys Bewerbung um die US-Präsidentschaft 2004 war ein typisches Beispiel dafür. Er hatte eine Neigung, Fragen mit langen, detailreichen Sätzen zu beantworten. Ursprünglich dachte er, er zeige den amerikanischen Wählern damit, dass er bedächtiger als sein Rivale George W. Bush sei. Kerrys Bedächtigkeit jedoch rief einen viel weniger positiven Eindruck hervor, als er gehofft hatte. Die Öffentlichkeit sagte nicht: »Kerry ist genau die Art eines bedächtigen Menschen, wie wir ihn im Weißen Haus brauchen.« Stattdessen sagte sie: »Ich mag ihn nicht. Es ist zu schwer zu verstehen.« Die Kampagne von Bush machte sich diese öffentliche Reaktion zunutze, indem man dort darauf hinwies, dass auch seine Kollegen im Senat ihn nicht mochten.

Als Kerry klarmachte, dass Bedächtigkeit ein wichtiges Merkmal sei, das ein Präsident haben muss, brachte er seine intellektuellen Wertvorstellungen zum Ausdruck. Da er ein starkes Grundbedürfnis nach Neugier hat, lässt er sich von bedächtigen Menschen beeindrucken. Wenn Präsident Bush besser nachgedacht hätte, bevor er den Krieg im Irak begann, argumentierte Kerry, wäre im Irak nicht nach dem Krieg ein solches Chaos ausgebrochen. Als er gefragt wurde, wie er es anders machen würde, sagte er, er hätte besser darüber nachgedacht, bevor er handelte. Als die Reporter protestierten und sagten, es gebe gar nicht so einen großen Unterschied zwischen dem, was er tun würde, und Bushs Politik, erklärte er, dass seine ausgeprägtere Bedächtigkeit die Chancen für zusätzliche künftige Fehler verringere. Dieses Argument sprach Leute an, die dachten, Bush sei simpel und es fehle ihm an Bedächtigkeit. Obwohl die Intellektuellen ihn bejubelten, kam die allgemeine Öffentlichkeit zu dem Schluss, dass Kerry nichts Neues für den Irak zu bieten hatte.

Präsident Bush konterte mit der Botschaft, dass entschlossenes Handeln wichtig sei. Bush brachte die Wertvorstellungen der praktischen Umsetzbarkeit (motiviert durch ein schwaches Grundbedürfnis nach Neugier) und Führung (motiviert durch ein starkes Grundbedürfnis nach Macht) zum Ausdruck. Bush wies darauf hin, dass Amerika Führungspersönlichkeiten brauche, die die Aufgabe erledigen können, nicht Führungspersönlichkeiten, die sich Pläne bis in die kleinsten Einzelheiten ausdenken. Bushs Ratgeber wiesen die Öffentlichkeit darauf hin, dass die Wahl ihnen die Möglichkeit bot, sich zwischen einem Denker und einem Macher zu entscheiden. Bush gewann die Wahl teilweise deshalb, weil er die Wertvorstellungen der Öffentlichkeit eher zum Ausdruck brachte als sein Gegenspieler.

Kerry versuchte, der amerikanischen Öffentlichkeit eine Botschaft zu verkaufen, die ihren eigenen Wertvorstellungen zuwiderlief. Die Öffentlichkeit in den USA misst den Intellektuellen und der Bedächtigkeit keinen hohen Stellenwert bei. Was die amerikanische Öffentlichkeit bei politischen Führern schätzt, ist Entschlossenheit, Unkompliziertheit und Handeln. In gewisser Hinsicht stellte Kerry sich selbst so dar, als stünde er als bedächtiger politischer Führer über der Öffentlichkeit, ob die Leute es nun wissen oder nicht. Kerrys Wertvorstellungen passten nicht so gut zu denen der Öffentlichkeit wie die von Bush; daher wurde Bush für eine zweite Amtszeit als US-Präsident wiedergewählt.

Kerry unterlag einem Fehlurteil im Hinblick darauf, wie die Menschen auf seine Botschaft der Bedächtigkeit reagieren würden. Denn er konnte nicht richtig einschätzen, wie viel intellektueller als die Öffentlichkeit er im Großen und Ganzen war. Man könnte ihn fragen: »Will die Öffentlichkeit einen Intellektuellen im Weißen Haus haben?« Da würde er sicher sagen: »Nein.« Warum ließ er sich dann als Kandidat aufstellen und propagierte die Wertvorstellung der Bedächtigkeit? Ein blinder Fleck! Kerry sah keinen Zusammenhang zwischen zwei verschiedenen Aspekten: dem Anpreisen der Wertvorstellung der Bedächtigkeit einerseits und der Auffassung der Öffentlichkeit, dass er ein Intellektueller sei, der zu sehr in der Welt der Gedanken lebt und sich nicht genügend auf die Welt der Taten konzentriert andererseits. Die Öffentlichkeit nahm seine Nuanciertheit als Unentschlossenheit wahr.

Wie Kerry meinen wir alle manchmal, dass wir einen besseren Eindruck machen, als es der Fall ist. Erinnern Sie sich an den Jungen in der Schule, der zu viele Fragen stellte? Er dachte, er beeindrucke die Leute damit, wie wissbegierig er war; er erkannte nicht, dass manche Leute dachten, er buhle nur um Aufmerksamkeit. Wie verhält es sich mit dem Chef, der andere, die nicht mit ihm übereinstimmen, als Idioten bezeichnet? Er glaubt, er würde nur einen hohen Leistungsstandard zugunsten der Firma aufrechterhalten. Er erkennt nicht, dass viele Menschen seinen Ehrgeiz als Egoismus interpretieren.

Ein weiteres Beispiel ist das des früheren Präsidenten Jimmy Carter, einem konfliktscheuen Menschen. Nach seiner Präsidentschaft widmete er sich Friedensmissionen und bekam dafür später den Friedensnobelpreis. Als militante Kräfte 1979 in Teheran amerikanische Geiseln nahmen, reagierte Carter nur langsam. Er mag die Hoffnung gehabt haben, dass die amerikanische Öffentlichkeit ihn für reif und verantwortlich hielt wegen der Art und Weise, wie er mit der Geiselsituation im Iran umging, ohne einen größeren Konflikt zu provozieren. Stattdessen verlor er die Wiederwahl teilweise deswegen, weil viele Menschen meinten, er sei eine »schwache« Führungspersönlichkeit. Carter unterschätzte, welcher Bedarf nach Symbolen für »Härte« und militärisches Draufgängertum in der Politik besteht.

Blinder Ehrgeiz

Einige Menschen mit einem stark ausgeprägten Grundbedürfnis nach Macht entwickeln das, was ich eine »Leithammel-Persönlichkeit« nenne. Sie können andere dadurch beeindrucken, dass sie eine starke Persönlichkeit haben: Sie können mutig in Bezug auf Gedanken, Taten und Worte sein. Sie bieten vielleicht schnell ihren Rat an und übernehmen Führungsrollen. Sie können sich hohe Ziele setzen und diese mit zielstrebiger Entschlossenheit verfolgen. Sie können über eine ungeheure Belastungsfähigkeit verfügen.

»Leithammel-Persönlichkeiten« überschätzen gewöhnlich, wie sehr sie andere mit ihrer Entschlossenheit, Stärke und Führungskraft beeindrucken. Der frühere General Alexander Haig beispielsweise erklärte kurz, nachdem Präsident Ronald Reagan 1982 angeschossen worden war, er habe das Weiße Haus unter Kontrolle. Haig dachte, er mache der Öffentlichkeit Mut damit, dass das Land zu einem Zeitpunkt in starken Händen war, an dem der Präsident daniederlag. Haig hatte erwartet, die Öffentlichkeit würde seinen Mut zu würdigen wissen, dass er angekündigte, er sei bereit, wenn notwendig, die Kontrolle über die Regierung zu übernehmen. Viele Menschen dachten jedoch, er sei ein bisschen zu eifrig dabei, die Macht an sich zu reißen. Es hatte etwas Peinliches an sich, und er konnte es nie ungeschehen machen. Wie General Haig neigen Menschen, die stark auf Macht aus sind, auch dazu, das Ausmaß zu überschätzen, in dem andere Menschen ihre kontrollierende Art oder ihre Ratschläge zu würdigen wissen.

Unter Belastung haben wir die Neigung, uns an unsere ureigenen Wertvorstellungen zu klammern. General Haig wusste, dass viele Menschen seine autoritäre Art, gleich alles in die Hand nehmen zu wollen, in den falschen Hals bekamen. Er hatte gelernt, dass er manchmal seine starke Persönlichkeit verbergen oder mäßigen musste. Nachdem nun aber der Präsident daniederlag, nahm er instinktiv an, dass das unmittelbare Problem im Bewusstsein der Öffentlichkeit nun war, wer das Weiße Haus führen sollte. Deswegen sprang er auf, um der Öffentlichkeit zu versichern, dass er bereit sei zu übernehmen, wenn er gebraucht würde. Er mag gemeint haben, es sei ein patriotischer Akt, ins erste Glied zu treten. In Wirklichkeit befriedigte er sein eigenes Bedürfnis nach Macht (Willenskraft) und nach seinen eigenen Wertvorstellungen (Bedürfnis nach Autorität).

Der Schauspieler Tom Cruise lieferte ein weiteres Beispiel dafür, wie man einem Fehlurteil unterliegen kann, wenn es um die Reaktion der Öffentlichkeit geht. Er ist ehrgeizig (fällt unter die Kategorie starkes Bedürfnis nach Macht), und wie viele ehrgeizige Menschen hat er schnell Ratschläge für andere zur Hand. Er riet Brooke Shields in aller Öffentlichkeit, keine Antidepressiva zu nehmen. Menschen mit einem starken Grundbedürfnis nach Macht erwarten, dass andere es zu würdigen wissen, wenn sie ihnen etwas geben, was sie für einen nützlichen Ratschlag halten. Sie können nur schwer erkennen, wann der Ratschlag ungewollt ist und unbeachtet bleibt. Cruise wurde von den Medien und von Medizinern dafür kritisiert, dass er seine Kompetenz überschritten habe.

Zu wichtig, um zu fallen

Leona Helmsley ist ein Beispiel für eine Person, die in heftige Schwierigkeiten geriet, weil sie ihre eigene Bedeutung überschätzte. Nach einer erfolgreichen Karriere im New Yorker Immobiliengeschäft heiratete sie Harry Helmsley, als sie 53 und er 63 Jahre alt war (Randsdell, 1989). Er war einer der reichsten und mächtigsten Menschen in New York; man nannte ihn »Mr. Real Estate«. Sie überredete Harry, der damals Besitzer des renommierten Plaza Hotel in New York war, ihr die Leitung des Hotels zu übertragen.

Unglückseligerweise warfen die Maßlosigkeiten von Leona Helmsleys Persönlichkeit einen Schatten auf ihre wirklich großen Leistungen. Sie verhielt sich aufdringlich, kontrollierend und verletzend gegenüber Menschen. Wenn ihre Mitarbeiter nicht so wollten wie sie, bekam sie Wutanfälle, um sie einzuschüchtern und demütigend die Unterwerfung zu erzwingen. Bei einem solchen Anlass machte sie beispielsweise in einem ihrer Hotelzimmer einen Flusen am Boden, einen Brotkrümel und einen schiefen Lampenschirm aus. »Das Zimmermädchen ist eine Schlampe«, schrie sie, »schmeißt sie raus! Raus! Raus!« Bei einer anderen Gelegenheit marschierte sie in die Küche des Hotels und schrie einen Kellner an: »Sie mit den schmutzigen Fingernägeln: Sie sind entlassen!«

Leona Helmsley war sich bewusst, dass die Leute dachten, sie schinde ihre Mitarbeiter im Hotel. Statt sich zu ändern, sagte sie jedoch innerlich zu sich, dass sie zum Personal streng sei, weil sie einen hohen Standard aufrechterhalten wolle. Sie überschätzte, wie sehr sich andere durch ihre hohen Standards beeindrucken lassen würden. Und sie war sich nie so richtig der Tatsache bewusst, dass aus Leuten keine loyalen Menschen und keine besseren Mitarbeiter werden, wenn man sie anschreit. Sie hatte solche Scheuklappen, weil sie über ein so starkes Grundbedürfnis nach Macht verfügte; sie erkannte nicht, dass andere Menschen weitaus weniger Hochachtung dafür hatten, die Willenskraft zur Schau zu stellen, als sie selbst. Unter dem Strich heißt dies, dass sie es vorzog, mächtig zu sein, auch wenn es bedeutete, dass man sie nicht mochte.

Leona Helmsley zahlte gar nicht gerne Steuern. »Steuern sind etwas für kleine Leute«, sagte sie angeblich einmal. Die Staatsanwälte auf Bundes- und auf Landesebene sahen es nicht so und klagten sie an. Zum Zeitpunkt des Prozesses hatte sie wenige Freunde und viele Feinde. Sie wurde verurteilt und verbrachte einige Zeit im Gefängnis.

Warum sollte jemand, der so reich wie Leona Helmsley ist, keine Steuern zahlen? Sie hätte es sich bestimmt leisten können, ihre Steuern vollständig zu zahlen. Ich vermute jedoch, dass sie dachte, sie sei zu bedeutend, um inhaftiert und bestraft zu werden. Sie dachte, nur »kleine Leute« würden eingesperrt. Ihr stark ausgeprägtes Grundbedürfnis nach Status machte sie blind, und sie war irrtümlicherweise der Meinung, dass wegen ihrer hohen Stellung die Steuerfahnder und die Staatsanwälte einen Rückzieher machen würden.

Schlussfolgerung

Weil wir vor allem anderen unseren eigenen Erfahrungen trauen, haben wir Schwierigkeiten damit, die Individualität in ihrem ganzen Ausmaß zu würdigen. Wir haben Schwierigkeiten zu verstehen, dass sich andere für Wertvorstellungen oder Bestrebungen entscheiden können, mit denen wir selbst nur unangenehme Erfahrungen gemacht haben. Wir sind verblüfft, wenn jemand die Wertvorstellungen und Bestrebungen ablehnt, mit denen wir selbst meistens angenehme Erfahrungen gemacht haben.

Wir neigen dazu, Individualität mit Abnormalität miteinander zu verwechseln. Wenn andere Menschen das, was wir als vergnüglich empfinden, nicht genießen können, wenn sich andere Menschen frei für etwas entscheiden, was wir als unangenehm empfinden, meinen wir, dass mit ihnen etwas nicht stimme. Wir sind von Natur aus misstrauisch gegenüber jedem, der unsere Wertvorstellungen ablehnt und Wertvorstellungen vertritt, die konträr zu unseren sind.

Diese Denkmuster sind integraler Bestandteil des Menschen. Ich bezeichne dieses selbstbezogene Denken zu Ehren des Philosophen George Ramsay auch als *Selbstumarmung*. Wir umarmen uns alle selbst und tun dies oft. Selbstumarmung bringt uns dazu, unsere individuelle Eigenart mit der Natur des Menschen zu verwechseln.

Motivation besteht in der Behauptung *unserer* Wertvorstellungen, nicht der Wertvorstellungen irgendeiner anderen Person. Selbstbezogenheit macht uns davon überzeugt, dass unsere Wertvorstellungen die besten sind, nicht nur für uns, sondern potenziell für jeden. Wir neigen dazu, unsere Wertvorstellungen bei der Beurteilung anderer Menschen zu nutzen. Wir streiten uns mit unseren Kindern, wenn sie nicht unsere Wertvorstellungen übernehmen. Wir geraten ständig mit unserem Ehepartner aneinander, dass er doch unsere Wertvorstellungen stärker übernehmen solle.

Wir sind von Natur aus eine intolerante Art. Befürworter der Toleranz reden fast immer über politische und ethnische Toleranz. Außer den Experten für Myers-Briggs (siehe Kapitel 9) und den Motivationsanalytikern gibt es fast niemanden, der Toleranz gegenüber unterschiedlichen Persönlichkeiten propagiert.

KAPITEL 8

Beziehungen

Der Evolutionspsychologe David Buss (1994) ist der Auffassung, dass erotische Anziehung auf Merkmalen beruht, die uns beträchtliche sexuelle Vorteile und Vorteile bei der Fortpflanzung verschaffen. In prähistorischen Zeiten mussten Frauen, wenn sie Kinder zur Welt gebracht hatten und sie großzogen, beschützt werden. Sie wählten sich Partner mit Merkmalen aus, die gut zu diesen Bedürfnissen passten. Männer, die stark und familienorientiert waren, hatten eine größere Chance, eine Partnerin zu bekommen und ihre Gene an Kinder weiterzugeben. Über die Generationen hinweg wurden die Männer stärker und neigten vermutlich eher dazu, mit ihren Frauen zusammenzubleiben.

Männer haben eine Reihe von charakteristischen Merkmalen, die das Interesse der Frauen erregen. Sie weisen Ressourcen/Reichtum (fällt unter die Kategorie grundsätzliches Streben nach Status) auf, Verpflichtung (fällt unter die Kategorie grundsätzliches Streben nach Familie), körperliche Tüchtigkeit (fällt unter die Kategorie grundsätzliches Streben nach körperlicher Aktivität), Selbstvertrauen (fällt unter die Kategorie grundsätzliches Streben nach Anerkennung), Draufgängertum (fällt unter die Kategorie grundsätzliches Streben nach Ruhe), äußere Erscheinung (fällt unter die Kategorie grundsätzliches Streben nach Eros) und Treue (fällt unter die Kategorie grundsätzliches Streben nach Ehre). Männer zeigen auch Wettbewerbsdenken. »Bei der rücksichtslosen Verfolgung der sexuellen Ziele«, schreibt Buss (1994, S. 5), »setzen Männer und Frauen ihre Rivalen herab, täuschen die Angehörigen des anderen Geschlechts und zermürben sogar ihren eigenen Partner.«

Im Gegensatz dazu sind die Psychoanalytiker der Auffassung, dass das Unbewusste einen wirkungsvollen Einfluss auf die erotische Anziehung hat (Strean, 1985). Freud machte zwei Methoden aus, wie Menschen sich ihren idealen Liebespartner aussuchen. Wenn die Entscheidung eine narzisstische ist, ist die Person unbewusst motiviert, sich in eine andere Person zu verlieben, die ihr selbst ähnelt, oder in eine Person, die so ist, wie sie gern wäre, oder in eine Person, die sie unbewusst an ein Elternteil oder ein Geschwister erinnert. Wenn die Entscheidung anaklitisch ist (also durch Anlehnen eine abhängige Entscheidung ist), ist die Person unbewusst motiviert, sich in eine andere Person zu verlieben, die sie ernährt, pflegt und beschützt.

Die Motivationsanalyse unterscheidet zwischen kurzfristiger und langfristiger Anziehung. Kurzfristig wird die Anziehung stark durch sexuelle Interessen, durch Aussehen und durch die Lebensverhältnisse beeinflusst. Langfristig haben Wertvorstellungen und Bestrebungen einen bestimmenden Einfluss auf Anziehung und den Ausgang der Beziehung, und zwar im Einklang mit den folgenden beiden Prinzipien:

Prinzip 1. Von der Natur her binden wir uns an Menschen, deren Wertvorstellungen und Bestrebungen unseren eigenen ähneln.

Prinzip 2. Von der Natur her trennen wir uns von Menschen, deren Wertvorstellungen und Bestrebungen ganz andere sind als unsere eigenen.

Diese Prinzipien lassen sich durch den Spruch »Gleich und gleich gesellt sich gern« zusammenfassen. Man passt zu Menschen, die einem in Bezug auf Wertvorstellungen und Grundbedürfnisse ähneln. Man passt nicht zu Menschen, die entgegengesetzte Wertvorstellungen und Grundbedürfnisse haben. Wenn Sie z.B. ein stark ausgeprägtes Grundbedürfnis nach Status haben, schätzen Sie vielleicht Menschen, die ein ähnlich stark ausgeprägtes Grundbedürfnis nach Status haben; Sie kommen mit Personen zurecht, die ein durchschnittlich ausgeprägtes Grundbedürfnis nach Status haben; und sie ärgern sich über Leute, die ein gering ausgeprägtes Grundbedürfnis nach Status haben.

Einige Leser haben vielleicht ihre Zweifel am Prinzip »Gleich und gleich gesellt sich gern« und ziehen das Prinzip »Gegensätze ziehen sich an« vor. Nehmen Sie zum Beispiel eine kluge Person, die zwei linke Hände hat und eine weniger kluge Person heiratet, die gut mit Werkzeugen umgehen kann. Als Paar kann der kluge Partner die finanziellen Entscheidungen treffen, während sich der praktisch ausgerichtete Partner um die Reparaturen im Haus kümmert. Dieses einfache Beispiel scheint die Vorstellung zu stützen, dass sich Gegensätze anziehen.

Die Analyse, dass sich Gegensätze anziehen, ist intuitiv reizvoll, aber nicht zutreffend. Obwohl sich ergänzende Fertigkeiten und Fähigkeiten für die Partnerschaft von Nutzen sein können, führen gegensätzliche Persönlichkeitsmerkmale, Wertvorstellungen oder Motive zum Konflikt. Forscher haben viele Studien durchgeführt, in denen untersucht wurde, ob sich Menschen eher von anderen mit ähnlichen oder entgegengesetzten Persönlichkeitsmerkmalen angezogen fühlen. Und die Ergebnisse zeigen, dass Ähnlichkeit die Grundlage dafür ist, dass zwei Menschen zusammenpassen (z.B. Carey, Hamilton & Shanklin, 1986; Carli, Ganley & Pierce-Otay, 1991; Jones, McCaa & Martecchini, 1980; Lapidus, Green & Baruh, 1985; Wiltz & Reiss, 2003). Selten wurde in der sozialwissenschaftlichen Forschung eine Frage so überzeugend eindeutig beantwortet.

Beziehungsschwierigkeiten

Einige Eheberater sind der Meinung, dass Beziehungsschwierigkeiten auftreten, wenn einer oder beide Partner Persönlichkeitsdefizite haben. George Thorman, Experte für Ehefragen, formuliert es so (1996):

> *Diejenigen, die eine glückliche, sichere Kindheit hatten und deren emotionale Bedürfnisse in angemessener Weise befriedigt wurden, werden wahrscheinlich eine sichere und befriedigende Beziehung zu ihrem Ehepartner haben, während diejenigen, die eine unsichere und unglückliche Kindheit hinter sich haben, mit ernsten Problemen in ihrer Ehe konfrontiert sein werden. (S. 33)*

Ich hoffe, ich kann Sie davon überzeugen, dass das Problem bei Eheschwierigkeiten eine Frage der Übereinstimmung und etwas Individuelles ist. Sie können psychisch gesund und trotzdem in Beziehungsschwierigkeiten sein, weil Sie eine Paarbeziehung mit jemandem eingegangen sind, der deutlich andere Wertvorstellungen hat. Unterschiede in Bezug auf Wertvorstellungen und Bestrebungen sind der Schlüssel zum Verständnis von Beziehungsschwierigkeiten. Kindheitserfahrungen können eine Rolle dabei spielen, wie man diese Wertvorstellungen und Bestrebungen zusammenbringt. Aber es ist viel leichter, Beziehungsprobleme zu entschlüsseln, wenn man sich auf Wertvorstellungen und Bestrebungen konzentriert und weniger auf die unbewusste Psychodynamik.

Um besser verständlich zu machen, wie die Unterschiede in Bezug auf Wertvorstellungen und Bestrebungen zu Eheschwierigkeiten führen, stelle ich die folgenden Prinzipien auf:

Prinzip 3. Das Problem bei Eheschwierigkeiten ist eine Frage der Übereinstimmung und nicht etwas Individuelles.

Prinzip 4. Konflikte zwischen intrinsischen Wertvorstellungen sind nur sehr schwer zu lösen.

Wenn Sie aus intrinsischen Motiven dem Kontakt mit anderen einen hohen Wert beimessen, Ihr Partner jedoch intrinsisch eher den Privatbereich schätzt, wird Sie wahrscheinlich nichts, was er sagt oder tut, davon überzeugen, eher zu einem Menschen zu werden, der sich auf den Privatbereich konzentriert. Ihr Partner kann Ihnen tausend Mal erklären, welche Freude es ihm bereitet, wenn er eine ruhige Zeit abseits der Menschenmassen verbringt. Doch da Sie Einsamkeit und ruhige Abende als langweilig empfinden, wird Sie das nicht überzeugen. Andererseits können Sie nichts sagen oder tun, was Ihren Partner davon überzeugen wird, begeistert zuzustimmen, dass Beziehungen zu anderen Menschen ein intrinsischer Wert zukommt. Natürlich können Sie Druck auf Ihren Partner ausüben, dass er sich Ihren Bedürfnissen fügt. Aber Fügsamkeit ist nicht dasselbe wie Überzeugung, denn die grundlegenden Unterschiede lassen sich nicht unter den Tisch kehren und bleiben unter der Oberfläche erhalten.

Prinzip 5. Ständige Ehestreitigkeiten sind durch Konflikte über intrinsische Wertvorstellungen motiviert (die durch bedeutsame Unterschiede in der Ausprägung der Grundbedürfnisse herbeigeführt werden).

Unterschiede in den intrinsischen Wertvorstellungen sind Anlass für Streitigkeiten, die selten geklärt werden können. Der Psychologe John Gottman von der University of Washington beobachtete, dass 69 Prozent der Ehekonflikte auf Dauer angelegt sind (Gottman & Silver, 1999). »Wenn wir nach vier Jahren bei Paaren Nachuntersuchungen durchführen, finden wir immer wieder heraus, dass sie sich noch über genau die gleichen Fragen streiten. Es ist so, als wären nur vier Minuten vergangen, nicht vier Jahre« (Gottman & Silver, 1999, S. 129–130). Ich bin der Auffassung, dass fortwährende Ehestreitigkeiten durch eine Unverträglichkeit im Hinblick auf eines oder mehrere der 16 Grundbestrebungen motiviert sind.

Unvereinbarkeit der Grundbedürfnisse

Einige Grundbedürfnisse sind vielleicht wichtiger als andere, wenn es darum geht, wie sie sich auf den Ausgang einer Beziehung auswirken. Ordentliche und spontane Menschen streiten sich möglicherweise über Ordnung und Sauberkeit im Haushalt, doch diese Streitigkeiten bringen nur in seltenen Fällen die Ehe in Gefahr. Meine Frau Maggi und ich z.B. passen, was die Ordnung angeht, überhaupt nicht zusammen (siehe Kapitel 1), aber wir sind seit 1971 verheiratet. Wir hatten bestimmt unzählige Streitigkeiten über Ordentlichkeit, aber wir haben nie daran gedacht, uns deswegen zu trennen. Ich verfüge über mein Arbeitszimmer, und sie über das übrige Haus; ihre Putzfrau hat die Instruktion, mein Arbeitszimmer nicht sauber zu machen. Zum anderen haben Paare, die sich darüber streiten, ob sie ein Kind in die Welt setzen sollen, ein sehr viel ernsteres Problem. Der an der Familie orientierte Partner will Kinder, doch der nicht an der Familie orientierte Partner will keine Kinder. Dieser Meinungsunterschied lässt sich wahrscheinlich durch keinen Kompromiss auflösen.

Sexuelle Harmonie ist offenkundig sehr wichtig für eine gute Ehe. Wenn ein Partner viel häufiger Sex haben will als der andere, sind die Voraussetzungen geschaffen für ständige Frustration, Streitigkeiten, Untreue und Racheakte. Der leidenschaftliche Partner beklagt sich vielleicht darüber, dass der platonische Partner nur in unregelmäßigen Abständen möchte; und der platonische Partner beklagt sich möglicherweise darüber, dass der leidenschaftliche Partner nur eins im Sinn hat. Der leidenschaftliche Partner wird der Versuchung ausgesetzt sein, seine Bedürfnisse anderswo zu befriedigen. Ein starker Sexualtrieb kann die Wahrscheinlichkeit für Untreue größer werden lassen, auch wenn beide Partner leidenschaftliche Menschen sind. Bitte missverstehen Sie das nicht: Ich weiß durchaus, dass viele Menschen mit einem starken Sexualtrieb treue Partner sind. Doch eine allgemeine Regel in Sachen Motivation lautet, dass eine starke Ausprägung damit einhergeht, dass es mehrere Objekte der Begierde gibt. Menschen mit einem stark ausgeprägten Grundbedürfnis nach Essen beispielsweise haben eine Neigung, viele unterschiedliche Nahrungsmittel zu sich zu nehmen, während Personen mit einem schwachen Appetit dazu neigen, nur widerstrebend neue Nahrungsmittel auszuprobieren. Sehr neugierige Menschen neigen dazu, über viele Dinge etwas in Erfahrung bringen zu wollen, während nichtneugierige Personen gewöhnlich nur daran interessiert sind, etwas über einige wenige Themen zu erfahren. Ehrgeizige Menschen streben danach, eine Kompetenz für viele verschiedene Aufgaben zu entwickeln. Im Gegensatz dazu geben sich nichtehrgeizige Menschen eher damit zufrieden, sich Kompetenz bei nur ein paar Aufgaben anzueignen. Ich habe wenig Zweifel daran, dass man künftig in der Forschung einen Zusammenhang zwischen Sexualtrieb und Untreue finden wird, obwohl es viele individuelle Ausnahmen von dieser allgemeinen Regel geben wird.

Ehre bringt Menschen dazu, dem Treueversprechen in der Ehe einen hohen Wert beizumessen. Zwei Partner, die es mit ihrem Gewissen ernst nehmen, haben das Potenzial, jeweils die Persönlichkeit des anderen zu bewundern, und sehen es vielleicht als ihre Pflicht an, zum Wohl der Kinder zusammenzubleiben. Zwei berechnende Partner sind beide durch Eigeninteresse motiviert und haben das Potenzial, den Opportunismus des jeweils anderen anzuerkennen. Wenn ein Paar jedoch, was Ehre angeht, nicht zusammenpasst, können zwei Dinge geschehen: Der vom Gewissen geleitete Partner respektiert die situationsorientierte Ethik des berechnenden Partners immer weniger und der berechnende Partner entwickelt vielleicht einen Groll auf die Selbstgerechtigkeit des anderen.

Manche Eheberater sagen, dass Streitigkeiten über Geldfragen das Schlimmste überhaupt sind. Wenn beide Partner Sparer sind, haben sie möglicherweise Spaß daran, ein finanzielles Polster anzulegen. Wenn beide Verschwender sind, bringen sie sich vielleicht durch ihre Prasserei ins Armenhaus, aber sie machen es zumindest gemeinsam. Paare, die in Bezug auf das Grundbedürfnis nach Sparen nicht zusammenpassen, haben das Potenzial, sich in heftige Streitereien über Geldfragen zu verwickeln. Der Sparer besteht möglicherweise darauf, nach einem genau eingehaltenen monatlichen Haushaltsplan zu leben, bei dem man sich aufs Notwendigste konzentriert. Der Verschwender sprengt vielleicht fast jeden Monat das Budget, will jetzt etwas auf Raten einkaufen und sich später um die Abzahlung kümmern. Sparer ziehen es vor, alte Sachen zu reparieren, während Verschwender lieber etwas Neues kaufen. Der Sparer kommt vielleicht zu der Auffassung, dass der Verschwender verantwortungslos ist, und der Verschwender entwickelt eventuell die Meinung, dass der Sparer ein Geizkragen ist.

Das Grundbedürfnis nach Rache ist in Beziehungen sehr wichtig. Zwei konkurrenzorientierte Menschen stellen vielleicht plötzlich fest, dass sie in einem Wettbewerb zueinander stehen, doch haben sie zumindest das Potenzial, sich gegenseitig wegen ihres Kampfgeistes zu bewundern. Zwei Friedensstifter bewundern sich eventuell gegenseitig, weil sie so sanft und nett sind. Wenn ein Paar jedoch in Bezug auf das Rachebedürfnis nicht zusammenpasst, ist der konkurrenzorientierte Partner schnell versucht, den sanften Partner auszunutzen, weil er weiß, dass sich der sanfte Partner nicht revanchieren wird. Wenn ein Partner ein *sehr* starkes Bedürfnis nach Rache hat und der andere ein schwaches Grundbedürfnis, kann eine Situation auftreten, in der der eine den anderen ausnutzt.

Eine Beziehung kann eher davon abhängen, wie neugierig die Partner sind, als wie klug sie sind. Zwei neugierige Partner können geistig tief gehende Gespräche führen und Wertvorstellungen teilen. Zwei nichtneugierige Partner verbringen wenig Zeit damit, geistigen Aktivitäten nachzugehen. Wenn aber ein Partner neugierig ist und der andere nicht, passen die beiden nicht recht zueinander, auch wenn sie beide sehr klug sind. Der neugierige Partner wird viel häufiger ein geistig anregendes Gespräch führen wollen als der nichtneugierige Partner, der dazu neigen wird, solche Gespräche langweilig zu finden.

Viele Menschen nehmen fälschlicherweise an, dass die Partner in einer Ehe mit zwei »dominierenden« Menschen – also zwei Menschen mit einem starken Grundbedürfnis nach Macht – unablässig über Fragen der Einflussnahme streiten. Zeigt dies nicht, dass eine dominante und eine unterwürfige Persönlichkeit zusammenpassen, nicht zwei dominante, wie es sich aus Prinzip 1 und 2 ergibt? Tatsächlich sind zwei willensstarke Menschen verglichen mit Durchschnittsmenschen beide dominant, aber sie sind nicht unbedingt in gleicher Weise dominant. Wenn man sie miteinander vergleicht, ist einer gewöhnlich dominanter als der andere.

Ein willensstarker Mensch muss einen willensstarken Partner heiraten, der sich in der Beziehung behaupten kann und nicht dominiert wird. Es kann wirklich zum Problem werden, wenn ein dominanter Partner einen »unterwürfigen« (sehr geringes Grundbedürfnis nach Macht) heiratet. Der Dominierende kann dazu neigen, die unterwürfige Person in vielen Lebensbereichen zu erniedrigen und zu kontrollieren, was zu großer Unzufriedenheit führt. Der Dominierende könnte erwarten, wegen seiner Führungsrolle geschätzt zu werden, und blind dafür sein, wie sehr er den unterwürfigen Partner gegen sich aufgebracht hat. Wenn beide Partner willensstark sind, kann jeder von ihnen für unterschiedliche Aspekte der Ehe die Führungsrolle übernehmen. Einer könnte die Finanzen organisieren, während der andere die Verantwortung für das gesellschaftliche Leben hat.

Ein weiteres Grundbedürfnis, das in Beziehungen eine Rolle spielt, ist die Unabhängigkeit. Zwei unabhängige Partner brauchen, weil sie selbstbewusst sind, weniger Unterstützung voneinander als Durchschnittsmenschen. Zwei voneinander abhängige Partner wollen eine enge Beziehung haben, in der jeder Einzelne dem anderen als wichtige Hilfe dient. Zwischen einem unabhängigen und einem vom anderen abhängigen Partner kommt es jedoch zu Problemen. Der vom anderen abhängige Partner braucht die Unterstützung, die der unabhängige

Partner seiner Motivation entsprechend zurückhält. In der Beziehung kann das zu einer erheblichen Unzufriedenheit führen.

Unvereinbarkeiten zwischen den Geschlechtern

Bisher haben wir uns mit Unvereinbarkeit beschäftigt, die auf den Individuen beruht. Nun jedoch gehen wir genauer auf eine potenzielle Unvereinbarkeit zwischen den Geschlechtern ein. John Gray (1992) behauptet, dass Männer und Frauen wegen bestimmter Unterschiede von Natur aus nicht zueinander passen. Die Ergebnisse unserer Forschungsarbeiten zu den 16 Grundbedürfnissen deuten auf die Möglichkeit von Unterschieden bei der Geschlechtsrolle hin, aber wir wissen nicht, ob es sich dabei um kulturelle oder um biologische Unterschiede handelt. Männer und Frauen scheinen einige der 16 Grundbedürfnisse anders zu bewerten, und diese Unterschiede spielen in Beziehungen eine Rolle. Wir müssen im Hinterkopf behalten, dass es bei allgemeinen Aussagen über die Geschlechtsrolle viele individuelle Ausnahmen gibt. Wir wollen keine Stereotypen über Menschen im Hinblick auf die Geschlechtsrolle verbreiten.

Wir haben bei 1049 Männern und 682 Frauen in den USA, die an einer von drei wissenschaftlichen Studien teilgenommen hatten, standardisierte Werte für die 16 Grundbedürfnisse berechnet (Reiss & Haverkamp, 1998, Stichprobe 3 und 4, sowie Reiss, Wiltz & Sherman, 2001). Wir haben auch vergleichbare Werte für eine deutsche Stichprobe von 1224 Männern und 826 Frauen ermittelt.

In den USA hatten die Männer bezogen auf das Grundbedürfnis nach Rache signifikant höhere Werte als die Frauen. Diese Männer waren aggressiver und stärker auf Konkurrenz aus als die von uns untersuchten Frauen. In der deutschen Stichprobe zeigten sich keine Geschlechtsunterschiede in Bezug auf das Bedürfnis nach Rache.

Sowohl in den USA als auch in Deutschland hatten die Männer bezogen auf das Grundbedürfnis nach Eros deutlich höhere Werte als die Frauen. Dies bedeutet, dass im Schnitt Männer gewöhnlich einen stärkeren Sexualtrieb haben. Das heißt aber nicht, dass sich Frauen nicht dafür interessieren, sondern nur, dass der Durchschnittsmann vielleicht mehr Libido hat als die Durchschnittsfrau. Es gibt allerdings viele individuelle Ausnahmen von diesem allgemeinen Ergebnis.

Sowohl in den USA als auch in Deutschland gaben die Männer mehr Interesse an körperlicher Aktivität und an Sport an als die Frauen. Bisher war dies der größte Geschlechtsunterschied, den wir gefunden haben.

Sowohl in den USA als auch in Deutschland zeigten Männer und Frauen gleiches Interesse an der Familie. Die mütterlichen und die väterlichen Instinkte scheinen in etwa gleich stark zu sein. Dieser Befund widerspricht verbreiteten Überzeugungen, dass Mütter im Schnitt stärker an Kinderbetreuung interessiert sind als Väter.

In den USA, nicht jedoch in Deutschland, waren die Männer unabhängiger als die Frauen. Das bedeutet, dass die Frauen ein größeres Bedürfnis nach Unterstützung und engen Beziehungen haben. Möglicherweise neigen Männer stärker dazu, Individualität in den Vordergrund zu stellen.

Das Reiss-Beziehungsprofil

Seitdem das Reiss Motivation Profile auf Deutsch in meinem Buch *Wer bin ich und was will ich wirklich* aus dem Jahr 2009 und auf Englisch im Jahr 2000 veröffentlicht wurde, haben die Menschen Einsicht in ihre Beziehungen haben wollen, indem sie die Intensitäten der 16 Grundbedürfnisse bei ihnen mit denen ihres Partners verglichen. Anscheinend verraten diese Vergleiche schnell etwas über die Grundlage für Anziehung und die wahrscheinlichen Unvereinbarkeiten. 2005 entwickelte ich eine formalere Methode, um die Bedürfnisprofile zu vergleichen: das Reiss Relationship Profile. Dr. Stephan Judah (2006), ein Eheberater mit mehr als 20 Jahren Berufserfahrung, evaluierte die Validität des RRP an mehr als 100 Paaren, die um eine Eheberatung baten, und an mehr als 25 Paaren, die nicht um eine Beratung baten. Die Ehepartner stimmten den Ergebnissen in der Regel zu und kommentierten sie oft in der Weise, dass sie aufschlussreich seien und sie für sie durchaus einen Sinn ergäben. Ganz viele Paare haben mir im Einzelgespräch erzählt, dass die Ergebnisse in starkem Maße auf sie zutreffen.

Das RRP erfasst die Vereinbarkeit der Grundbedürfnisse zwischen zwei beliebigen Einzelpersonen. Die Ergebnisse geben etwas über diejenigen Grundbedürfnisse zu erkennen, die zusammenpassen, über diejenigen, die nicht zusammenpassen, und über den Wert des Unvereinbarkeitsindexes, der den Gesamtwert der Unähnlichkeit in Bezug auf die Grundbedürfnisse darstellt.[1] Je höher der Wert des Indexes ist, desto größer ist das Potenzial dafür, dass das Paar nicht zusammenpasst.

In Abbildung 8.1 (auf den Seiten 196/197) wird das RRP für ein glücklich verheiratetes Paar mit dem für ein Paar verglichen, das eine nicht funktionierende Ehe führt. Beim glücklich verheirateten Paar hat beispielsweise die Frau eine starkes Bedürfnis nach Anerkennung und der Mann ein durchschnittlich ausgeprägtes Bedürfnis danach. Beachten Sie, wie viel ähnlicher sich die Grundbedürfnisse des glücklichen Paares im Vergleich zum Paar in der nicht funktionierenden Beziehung sind.

Ich werde oft gefragt, wie viele Nichtübereinstimmungen ein Anzeichen für künftige Probleme in einer Beziehung sind. Judah und ich untersuchen diese Frage momentan in einer Vorstudie. Obwohl wir der Meinung sind, dass fünf oder sechs Nichtübereinstimmungen auf künftige Probleme hindeuten können, können nur die Partner entscheiden, wann die Stärken ihrer Beziehung wichtiger sind als die

1 Im RRP kommt es zu einer »Übereinstimmung«, wenn beide Partner hohe Werte beim selben Bedürfnis oder niedrige Werte beim selben Bedürfnis haben. Eine »Nichtübereinstimmung« tritt auf, wenn der eine Partner bei einem bestimmten Bedürfnis eine starke Ausprägung hat und der andere eine schwache. Zu einer »Fastübereinstimmung« kann es auf zwei Arten kommen: (1) wenn ein Partner ein stark ausgeprägtes Bedürfnis hat und der andere dabei etwas über dem Durchschnitt liegt, (2) wenn ein Partner ein schwach ausgeprägtes Bedürfnis hat und der andere dabei etwas unter dem Durchschnitt liegt. Zu einer »Fastnichtübereinstimmung« kann es auf zwei Arten kommen: (1) wenn ein Partner ein stark ausgeprägtes Bedürfnis hat und der andere dabei etwas unter dem Durchschnitt liegt; (2) wenn ein Partner ein schwach ausgeprägtes Bedürfnis hat und der andere dabei etwas über dem Durchschnitt liegt.

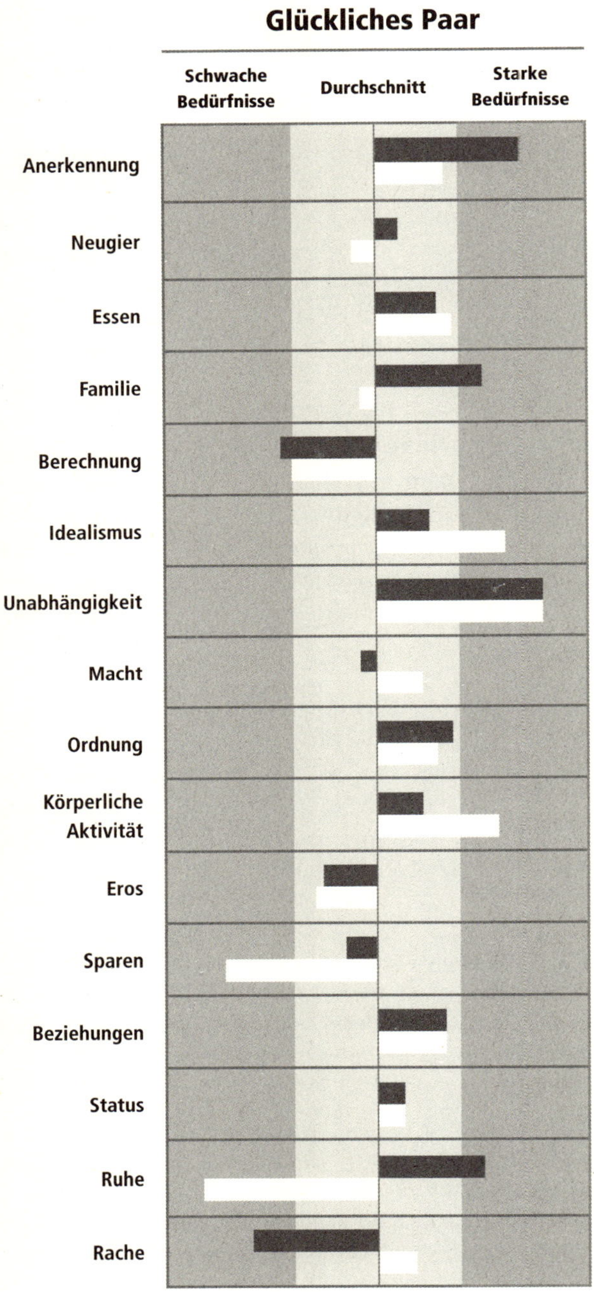
Glückliches Paar
Schwache Bedürfnisse
Durchschnitt
Starke Bedürfnisse
Anerkennung
Neugier
Essen
Familie
Berechnung
Idealismus
Unabhängigkeit
Macht
Ordnung
Körperliche Aktivität
Eros
Sparen
Beziehungen
Status
Ruhe
Rache

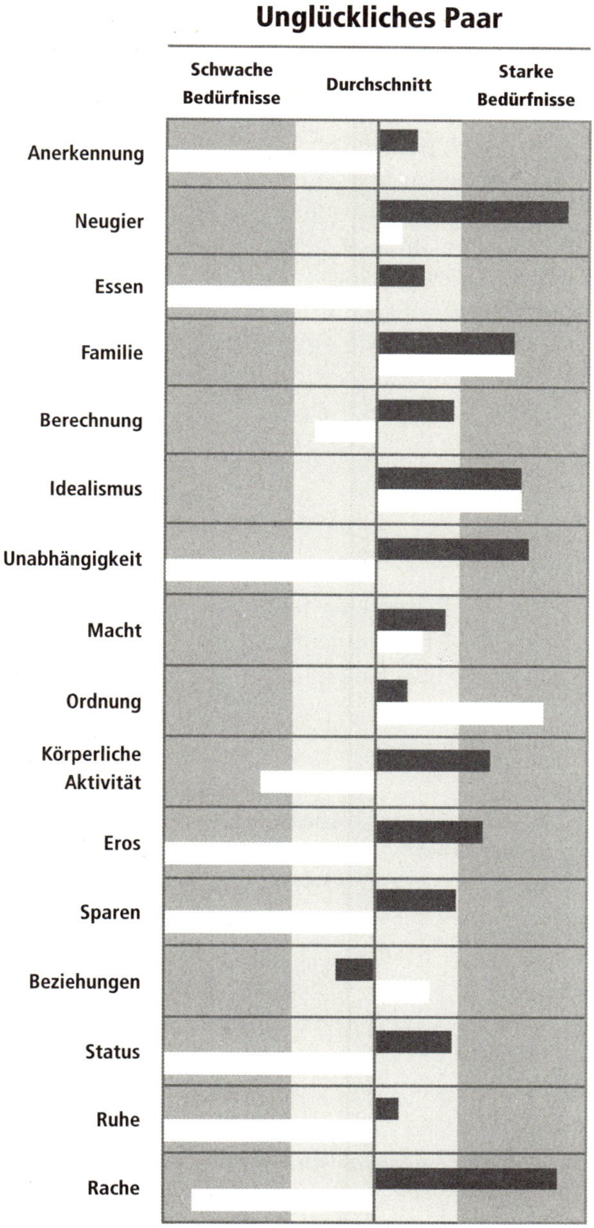

Abbildung 8.1: Die Grundbedürfnisse eines glücklichen Paares im Gegensatz zu dem eines unglücklichen Paares.

Schwächen und umgekehrt. Das RRP ist nur ein Instrument dazu, Menschen dabei zu helfen, dass sie Entscheidungen fällen und wahrscheinlich ihre Beziehung zueinander verbessern.

Mit dem RRP wird die Vereinbarkeit erfasst, nicht die erotische Liebe. Die Ergebnisse zeigen die Lebensbereiche an, in denen die Partner in die gleiche Richtung streben, im Gegensatz zu denen, in denen sie gegeneinander arbeiten. Obwohl die Ergebnisse vielleicht eine Vorhersage erlauben, wie gut die Partner langfristig miteinander auskommen werden, sind sie kein Indikator dafür, wie sehr sich die Partner gegenseitig lieben. Teil des Rätsels, das Beziehungen so kompliziert macht, ist die Tatsache, dass sich manche Menschen in jemanden verlieben, mit dem sie nicht zurechtkommen können.

Übereinstimmende Paare

Wir werden einen Überblick über eine Reihe von Paaren geben und fangen mit zwei »kompatiblen« Paaren an. In Tabelle 8.1 ist das RRP für Janice und Mike dargestellt, einem glücklich verheirateten Paar mittleren Alters, das in Kansas lebt. Janice ist Hausfrau, und Mike arbeitet in einer Personalabteilung.

Zusammenpassend (4)	Nahezu zusammenpassend (1)	Nahezu nicht zusammenpassend (1)	Nicht zusammenpassend (1)
Familie stark	Ruhe schwach	Neugier	Eros
Ehre stark			
Idealismus stark			
Sparen schwach			

Tabelle 8.1: RRP für Janice und Mike. Unvereinbarkeitsindex = 14,6 (Durchschnitt)

Beide bewundern den Charakter des jeweils anderen (fällt unter die Kategorie zusammenpassendes Grundbedürfnis nach Ehre). Mike drückt es so aus, dass sie »mit ihren Wertvorstellungen verhaftet sind«. Sie achten beispielsweise sorgfältig darauf, dass sie ihre Steuern zahlen, ohne Schlupflöcher zu nutzen, weil sie ihre Verpflichtungen gegenüber ihrem Land erfüllen wollen. Sie übernehmen die Verantwortung für ihre Handlungen, auch wenn etwas schiefgeht.

Sie lieben ein bisschen Aufregung in ihrem Leben (fällt unter die Kategorie schwaches Bedürfnis nach Ruhe). Sie gestehen ein, dass sie schnell mit dem Auto fahren und gerne zusammen Skiurlaub machen. Mike klettert in den Bergen, vor allem wegen der Herausforderung und wegen des Nervenkitzels.

Sie bewundern sich gegenseitig wegen ihres Engagements für soziale Probleme. Mike ist stolz auf Janice' Interesse an der Hilfe für Waisenkinder, und Janice bewundert Mikes Mitarbeit bei sozialen Diensten. Sie spenden großzügig an Einrichtungen, die familienorientierte Wertvorstellungen propagieren oder sich mit den Interessen von Kindern befassen.

Die Hauptquelle für Frustration in ihrer Beziehung besteht darin, dass Mike einen deutlich stärkeren Sexualtrieb hat als Janice. Mike will häufiger Sex als Janice. In dem Maße, in dem sie älter wurden, wurde auch Mikes Sexualtrieb geringer und damit auch der Konflikt.

Das RRP deutet auch darauf hin, dass Mike ein durchschnittliches Bedürfnis nach geistiger Neugier aufweist, Janice jedoch ein gering ausgeprägtes. Mike will sich vielleicht mit Janice beim Abendessen oder bei einer Fahrt mit dem Auto unterhalten. Doch Janice zieht es möglicherweise vor, die Unterhaltung auf das zu begrenzen, was sich gerade in ihrem Leben ereignet.

Mary und Bill sind glücklich verheiratet und haben drei erwachsene Kinder – im RRP lag ihr Unvereinbarkeitswert mit 9,6 im unteren Bereich. Wie in Tabelle 8.2 dargestellt, passen sie in Bezug auf vier Grundbedürfnisse zusammen oder fast zusammen. Sie passen nur in Bezug auf ein Grundbedürfnis nicht zusammen bzw. fast nicht zusammen. Beide sind religiös und nehmen gemeinsam jeden Sonntag am Gottesdienst teil. Bill engagiert sich mit freiwilligen Arbeiten dafür, die Welt zu verbessern, und spendet für gemeinnützige Zwecke. Mary bewundert Bills Beteiligung an diesen Aktivitäten, ist jedoch weniger engagiert.

Zusammenpassend (2)	Nahezu zusammenpassend (2)	Nahezu nicht zusammenpassend (0)	Nicht zusammenpassend (1)
Ehre stark	Beziehungen stark		Ruhe
Unabhängigkeit schwach	Anerkennung schwach		

Tabelle 8.2: RRP für Mary und Bill. Unvereinbarkeitsindex = 9,6 (gering)

Die Menschen, mit denen sie sich treffen, können erkennen, wie liebevoll ihre Beziehung zueinander ist. Während einer Abendeinladung im Haus eines Freunds beispielsweise zeigten sie enge Verbundenheit. Der Freund bemerkte, dass sie sich immer wieder intensiv anblickten.

Mary und Bill unterstützen sich gegenseitig in einer liebevollen Beziehung (fällt unter die Kategorie schwach ausgeprägtes Grundbedürfnis nach Unabhängigkeit). Sie fällen ihre Entscheidungen als Familie und halten sich mit ihren Aktivitäten auf dem Laufenden. Sie laden Freunde als Paar ein und gehören einer Reihe von Gruppen an. Der einzige bedeutsame Motivationsunterschied zwischen ihnen liegt darin, dass Bill vorsichtiger ist als Mary.

Problematische Ehen

Kathy und Jerry, die zwei Kinder in Houston (Texas) großziehen, hatten sich auseinandergelebt. In den Beratungssitzungen beklagt sie sich darüber, dass er spät von der Arbeit nach Hause käme, nach dem Essen Sport treibe und lange aufbliebe, ohne mit ihr zu sprechen. Sie ginge früher ins Bett als er. Zum Zeitpunkt, als sie um eine Beratung baten, hatten sie monatelang keinen Geschlechtsverkehr gehabt.

In Tabelle 8.3 sind die Ergebnisse des RRP für Kathy und Jerry dargestellt. Im Hinblick auf drei Grundbedürfnisse passen sie zusammen oder fast zusammen, verglichen mit zwölf Grundbedürfnissen, bei denen sie nicht oder fast nicht zusammenpassen. Der Unvereinbarkeitsindex beträgt 28,8; dies deutet auf eine beträchtliche Unvereinbarkeit im Hinblick auf Wertvorstellungen und Bedürfnisse hin. Das Paar hat möglicherweise wenig gemeinsam.

Zusammenpassend (2)	Nahezu zusammenpassend (1)	Nahezu nicht zusammenpassend (6)	Nicht zusammenpassend (6)
Familie stark	Ruhe schwach	Anerkennung	Unabhängigkeit
Idealismus stark		Neugier	Körperliche Aktivität
		Essen	Eros
		Ehre	Sparen
		Ordnung	Status
		Ruhe	Rache

Tabelle 8.3: RRP für Kathy und Jerry. Unvereinbarkeitsindex = 28,8 (hoch)

Ein gemeinsames Interesse daran, die Familie zusammenzuhalten, ist das Band, das dieses Paar verbindet. Man bleibt um der kleinen Kinder willen zusammen, obwohl keiner der beiden Partner glücklich ist. Sie kamen mit der Hoffnung in die Beratung, sie könnten ihre Beziehung zueinander verbessern.

Kathy beklagt sich beim Berater darüber, dass Jerry ihr nicht genügend emotionale Unterstützung biete. Kathy hat ein starkes Bedürfnis nach Unterstützung (fällt unter die Kategorie schwaches Grundbedürfnis nach Unabhängigkeit). Doch Jerry widerstrebt es, emotionale Unterstützung zu geben, weil er sich nicht wohl dabei fühlt, wenn er jemandem nah ist (fällt unter die Kategorie starkes Grundbedürfnis nach Unabhängigkeit). Sie benötigt mehr emotionale Unterstützung als die meisten Menschen, er jedoch gibt einem weniger als der Durchschnittsmensch das Gefühl, dass man sich bei ihm wohl fühlt. Es ist kein Wunder, dass sie mit der emotionalen Unterstützung, die er gibt, unglücklich ist. Kathy hat ein starkes Grundbedürfnis nach Rache. Dies deutet darauf hin, dass sie motiviert ist, sich an Jerry wegen des Kummers, den er ihr bereitet, zu rächen. Ihr Bedürfnis nach Rache könnte erklären, warum sie die Arbeiten im Haushalt vernachlässigte, als sie zu spüren begann, dass Jerry sie nicht richtig behandelte. Zum anderen hat Jerry ein starkes Grundbedürfnis nach Eros, Kathy jedoch ein schwaches. Es überrascht nicht, dass er sich beim Berater darüber beklagt, sie sei nicht häufig genug zum Geschlechtsverkehr bereit.

Der Berater arbeitet einen Kompromiss aus. Jerry wird früher nach Hause kommen, so dass sie Zeit zusammen haben und miteinander reden können. Sie bemüht sich, dass sie zumindest einmal jedes Wochenende Geschlechtsverkehr miteinander haben. Der Berater ist optimistisch, was den Kompromiss angeht. Aber das RRP zeigt so viel Unvereinbarkeit, dass ich meine Zweifel habe.

Susan und Andrew leben in Denver und suchten die Eheberatung auf, als Andrew eine Affäre mit einer Putzfrau hatte. Wie in Tabelle 8.4 dargestellt, beträgt der RRP-Unvereinbarkeitsindex 16.43, was im durchschnittlichen Bereich liegt. Sie weisen nur zwei Grundbedürfnisse auf, die nicht miteinander vereinbar waren, aber die besondere Eigenart der Nichtübereinstimmung war problematisch.

Zusammenpassend (0)	Nahezu zusammenpassend (2)	Nahezu nicht zusammenpassend (4)	Nicht zusammenpassend (2)
	Körperliche Aktivität stark Status stark	Familie Idealismus Sparen Beziehungen	Ehre Eros

Tabelle 8.4: RRP für Susan und Andrew. Unvereinbarkeitsindex = 16,43 (Durchschnitt)

Im RRP weist Andrew ein starkes Grundbedürfnis nach Eros und ein schwaches Grundbedürfnis nach Ehre auf; das ist eine Kombination, die zum Seitensprung motiviert. Im Gegensatz dazu hat Susan ein schwaches Bedürfnis nach Eros und ein starkes Bedürfnis nach Ehre; das ist eine Kombination, die zu Treue motiviert. Ist es da ein Wunder, dass sie am Ende wegen seiner Untreue in die Beratung kamen? Er will ein Sexualleben, das sie ihm nicht geben will, und sieht nichts Unrechtes darin, sie zu betrügen. Dagegen ist sie der Auffassung, dass Seitensprünge auf einen Charakterfehler hindeuten. Sein Fehler bestand seiner Meinung nach darin, sich ertappen zu lassen.

Als Andrew nach seiner von der Situation abhängigen Moral gefragt wurde, erwiderte er, dass es im Geschäftsleben ja genauso sei. Wenn er vom Chef der Firma gefragt werde, wie es ihm gehe, sei es seiner Auffassung nach unklug, ihm über die Probleme zu berichten, die er habe. Wenn man im Geschäftsleben ehrlich ist, wird man seiner Meinung nach entlassen. Als gerissener Mann im Geschäftsleben ist er stolz darauf, berechnend zu sein.

Was finden Susan und Andrew aneinander attraktiv? Die Ergebnisse des RRP zeigen keine Übereinstimmungen, doch beim Grundbedürfnis nach Status passen sie fast zueinander. Andrew war erfolgreicher Geschäftsmann, und Susan schätzte Erfolg und Geld. Sie sieht ihn als guten Ernährer der Familie an, was für sie wichtig ist.

Susan gibt Andrew noch einmal eine Chance, weil sie um der Kinder willen die Familie erhalten will. Das Paar weist nur eine durchschnittliche Unvereinbarkeit auf, aber seine Seitensprünge bleiben wahrscheinlich eine wichtige Quelle für Distanz in ihrer Beziehung.

Beratung vor der Ehe

Es ist besser, den richtigen Menschen zu heiraten, als dass man später einen Berater braucht, der einem beibringt, wie man mit einem Menschen, der anders ist als man selbst, zurechtkommt. Paare, die eine Heirat in Betracht ziehen, können das RRP dazu nutzen, die Stärken und Schwächen ihrer Beziehung wahrzuzunehmen, und in manchen Fällen eventuell ihre Beziehung beenden. Mir ist klar, dass Paare, die sich lieben, nur selten ihren Entschluss aufgrund der Ergebnisse einer psychologischen Beurteilung ändern werden. Doch wenn man das RRP mit einer Beratung kombiniert, kann es helfen, noch einmal darüber nachzudenken und zu entscheiden, ob man die Vorbereitungen für die Hochzeit fortsetzen will oder nicht.

Prinzip 6. Es ist besser, von Anfang an den richtigen Menschen zu heiraten, als später einen Berater zu brauchen, der einem beibringt, wie man mit einem Menschen, der anders ist als man selbst, zurechtkommt.

Einige Psychologen sehen eine Beratung vor der Ehe als Möglichkeit, dem Paar Fertigkeiten für eine intakte Beziehung zu vermitteln (Stahlmann & Heibert, 1987). Offen gesagt finde ich es sinnvoller, einem Paar Fertigkeiten für eine intakte Beziehung nur beizubringen, wenn es fest entschlossen ist zu heiraten oder wenn es bereits verheiratet ist und entschlossen ist zusammenzubleiben. Im Stadium vor der Hochzeit rate ich Menschen mit einer schwachen Beziehung lieber, ihre Entscheidung für eine Ehe zu verschieben. Meine erste Regel, wenn ich Menschen helfe, lautet, ihnen Situationen zu ermöglichen, in denen sie erfolgreich sein können, oder aus Situationen herauszuhelfen, in denen bei ihnen vieles gründlich misslingen kann. Das heißt, man muss Menschen nahelegen, zu ihnen passende Partner zu heiraten und Pläne, einen potenziell nicht zu ihnen passenden Partner zu ehelichen, aufzugeben oder zu verschieben. Wenn Sie ein Intellektueller sind, sollten Sie jemanden heiraten, der neugierig ist, und sich nicht auf Berater verlassen, damit sie Ihnen beibringen, wie Sie mit jemandem zurechtkommen, der nicht neugierig ist. Wenn Sie ehrgeizig sind, sollten Sie jemanden heiraten, der Ihren Ehrgeiz teilt, und sich nicht auf Berater verlassen, damit sie Ihnen beibringen, wie Sie mit einem eher entspannten Partner zurechtkommen. Beziehungen zwischen nicht übereinstimmenden Menschen können über die Jahre hinweg viele Höhen und Tiefen durchlaufen. Warum sollte man also mit zwei Gegenschlägen beginnen? Manchen Verlobten muss man sagen, dass sich Menschen nach der Hochzeit nur selten ändern, wenn überhaupt. Konflikte zwischen Persönlichkeiten nehmen eher in dem Maße zu, in dem die Neuartigkeit abnimmt und die sexuelle Leidenschaft geringer wird.

Sehen Sie sich die RRP-Ergebnisse an, die in diesem Kapitel aufgelistet wurden. Die Unterschiede in Bezug auf die Vereinbarkeit zwischen glücklichen Paaren und denjenigen, die in einer Beratung waren, sind wie die zwischen Tag und Nacht! Die glücklichen Paare haben zumeist zueinander passende Bedürfnisse und geringe Werte im Unvereinbarkeitsindex. Die problematischen Paare haben dagegen meist nicht zueinander passende Bedürfnisse und hohe Werte im Unvereinbarkeitsindex. Firmen zur Partnervermittlung wie e-harmony.com sind auf dem richtigen Weg, wenn sie Partner aufgrund ihrer Persönlichkeit zusammenführen. Vereinbarkeit ist ein wesentliches (notwendiges, aber nicht hinreichendes) Element einer glücklichen Ehe.

Kevin und Shelly dachten darüber nach, zu heiraten und in die Stadt zu ziehen, in der er plante, ein betriebswirtschaftliches Studium zu beginnen. Zunächst nahm sie glücklich seinen Heiratsantrag an, doch dann bekam sie kalte Füße. Sie fragte sich, wie gerne sie in eine neue Stadt ziehen würde, und ihr grauste davor, sich neue Freunde suchen und eine neue Arbeitsstelle finden zu müssen. Je mehr sie daran zweifelte, ob sie wirklich umziehen wollte, desto mehr zweifelte sie an ihrer Liebe für Kevin. Für die Zeit vor der Ehe bat das Paar einen Berater um Hilfe.

In Tabelle 8.5 ist das RRP von Kevin und Shelly dargestellt. Bitte achten Sie auf das hohe Maß an Unvereinbarkeit. Kevin und Shelly weisen nur zwei Übereinstimmungen auf – schwacher Idealismus und schwache Unabhängigkeit – im Gegensatz zu Nichtübereinstimmungen in Bezug auf Anerkennung, Ordnung und Ruhe. Außerdem zeigt Tabelle 8.5 zwei Fastübereinstimmungen in Bezug auf Beziehungen und Rache im Vergleich zu sechs Fastnichtübereinstimmungen in Bezug auf Neugier, Ehre, körperliche Aktivität, Eros, Status und Sparen. Der Gesamtwert im Unvereinbarkeitsindex betrug 22,2; dies deutet darauf hin, dass Kevin und Shelly in wichtigen Punkten unterschiedliche Wertvorstellungen haben, was sie vielleicht im Laufe ihres Lebens unerbittlich in unterschiedliche Richtungen drängen wird.

Zusammenpassend (2)	Nahezu zusammenpassend (2)	Nahezu nicht zusammenpassend (6)	Nicht zusammenpassend (3)
Idealismus schwach	Beziehungen schwach	Neugier	Anerkennung
Unabhängigkeit schwach	Rache stark	Ehre	Ordnung
		Körperliche Aktivität	Ruhe
		Eros	
		Sparen	
		Status	

Tabelle 8.5: RRP für Kevin und Shelly. Unvereinbarkeitsindex = 22,2 (hoch)

Kevin wollte die Sache mit der Hochzeit vorantreiben, weil er darauf vertraute, dass sie mit ihren Unterschieden zurechtkommen würden. Der Einstellungsunterschied mag auf ihre Unterschiede in Bezug auf das Grundbedürfnis nach Anerkennung zurückgehen. Shelly hat ein starkes Grundbedürfnis nach Anerkennung. Dies deutet darauf hin, dass sie vielleicht einen Mangel an Selbstvertrauen und Furcht vor Misserfolg hat. Das kann eine Erklärung dafür sein, dass sie einen Sinneswandel durchmachte und begann, an ihrer Liebe für ihn zu zweifeln. Sein schwaches Bedürfnis nach Anerkennung macht ihn zu einem selbstbewussten Menschen, der bereit ist, etwas mit der optimistischen Einstellung anzugehen, dass sich die Dinge zu seinen Gunsten fügen werden.

Shellys schwaches Grundbedürfnis nach Ruhe lässt sie vorsichtig werden und möglicherweise Angst davor haben, von zu Hause wegzuziehen. Im Gegensatz dazu ist Kevin von Natur aus etwas abenteuerlustiger. Shellys starkes Grundbedürfnis nach Ruhe könnte erklären, warum sie davor zurückscheut, Kevin in eine andere Stadt zu folgen und die ihr vertraute Umgebung zu verlassen.

Da beide Partner ein überdurchschnittliches Bedürfnis nach psychologischer Unterstützung haben, könnten sie beide für die Bedürfnisse und Gefühle des jeweils anderen sensibel sein. Beide erkennen vielleicht an, dass der andere ein sensibler Mensch ist.

Shellys starkes Grundbedürfnis nach Ordnung ist für sie das Motiv dafür, dass sie Veränderungen nicht mag. Doch Kevin bittet sie, ihn zu heiraten, in eine andere Stadt zu ziehen, sich neue Freunde zu suchen und eine neue Arbeitsstelle zu finden. Vor beiden liegen sehr viele Veränderungen, mit denen sie zurechtkommen müssen.

Sollte dieses Paar heiraten, hat es in Zukunft ein Potenzial für Konflikte. Auf lange Sicht könnte er ungeduldig werden wegen ihrer Unsicherheiten, ihrer Furchtsamkeit und ihrer mangelnden Abenteuerlust. Sie mag sich entfremdet fühlen wegen seines Selbstvertrauens (das sie vielleicht allmählich als Arroganz auffasst), seiner Risikobereitschaft und seiner Abenteuerlust. Es ist auch durchaus möglich, dass sie über Geldfragen streiten werden, vor allem über sein Bedürfnis, Geld auszugeben. Sie entschieden sich schließlich, ihre Heiratspläne zu vertagen.

Schlussfolgerungen

Da Menschen von Natur aus intolerant gegenüber Menschen mit ganz anderen Wertvorstellungen und Bestrebungen sind (siehe Kapitel 7), werden gute Ehen fast immer zwischen Menschen mit ähnlichen Wertvorstellungen und Bestrebungen geschlossen. Ich habe das Reiss Relationship Profile als Instrument entwickelt, um die Ähnlichkeit und Unähnlichkeit in Bezug auf Wertvorstellungen und Bestrebungen bei zwei beliebigen Menschen zu erfassen. Die Ergebnisse zeigen, welche Grundbedürfnisse zusammenpassen und welche nicht, und sie geben einen einzelnen Testwert an, der ein Maß für die Unvereinbarkeit insgesamt ist. Dr. Stephen Judah (2006), ein erfahrener Eheberater aus Columbus (Ohio), demonstriert in erfolgreicher Weise den Nutzen des RRP.

Das langfristige Gelingen oder Misslingen einer Ehe kann sehr stark vom Zeitpunkt bestimmt sein, an dem sich das Paar füreinander entscheidet. Wenn man jemanden heiratet, dessen Wertvorstellungen sich von den eigenen unterscheiden, wird man Schwierigkeiten haben, miteinander auszukommen, vor allem nach ein paar Jahren. Wenn man jemanden heiratet, der die eigenen Wertvorstellungen teilt, wird man möglicherweise eine Ehe führen, die beide zufriedenstellt und ein Leben lang andauert. Scheidung ist oft die Folge einer unklugen Auswahlentscheidung, nicht der Persönlichkeitsmängel bei einem der beiden Partner.

Eine Eheberatung und ein Training in Fertigkeiten, die man für eine Beziehung braucht, können die Vereinbarkeit der beiden Partner miteinander fördern. Meiner Meinung nach ist es jedoch nur schwer vorstellbar, dass man damit eine alles übergreifende Unvereinbarkeit überwindet. Junge Leute sollten nicht mit dem Gedanken im Hinterkopf heiraten, dass sich ihr Partner schon ändern wird. Im Stadium vor der Hochzeit kann das RRP Paaren, die noch zögern, bei der Entscheidung helfen, ob sie ihre Hochzeit aufschieben und es sich gründlich überlegen sollten.

Bei verheiraten Paaren, die Probleme haben, kann das RRP dazu beitragen, einige der Gründe für den Konflikt neu zu bewerten. Je geringer der Unvereinbarkeitswert ist, desto eher kann es möglich sein, dass man mit einer Eheberatung und einem Training in Fertigkeiten, die man für eine funktionierende Ehe braucht, Erfolg hat. Judah (2006) hat verschiedene Möglichkeiten ausprobiert, das RRP in die Eheberatung und in ein Training dieser Fertigkeiten zu integrieren. Allgemeine Prinzipien der Ehemotivationsberatung habe ich in einem früheren Buch (*Wer bin ich und was will ich wirklich*, Reiss, 2009) erörtert.

KAPITEL 9

Neuinterpretation der Persönlichkeitstypen nach Myers-Briggs

Die am weitesten verbreitete Methode zur Erfassung normaler Persönlichkeitsmerkmale ist der Myers-Briggs Typenindikator (MBTI). In diesem Kapitel vergleiche ich das RMP mit dem MBTI. Ich vertrete die folgenden vier Hypothesen, die sowohl für wissenschaftliche Zwecke als auch für den Berufsstand von Belang sind.

- **Hypothese 1.** Der MBTI ist ein valides Messinstrument für eine kleine Bandbreite menschlicher Motivationen und ist kein Messinstrument für die »bevorzugten Arten der Wahrnehmung und des Urteils«, wie allgemein behauptet wird (Myers et al., 1998).
- **Hypothese 2.** Die vier Persönlichkeitsdimensionen des MBTI reichen von der Anzahl her nicht aus, um als umfassende Erklärung der Persönlichkeitstypen dienen zu können.
- **Hypothese 3.** Mithilfe der 16 Grundbedürfnisse im RMP kann man alle Persönlichkeitsmerkmale valide erfassen, die mithilfe des MBTI erfasst werden, ohne auf die Typentheorie des MBTI oder auf die Theorie von Jung Bezug nehmen zu müssen. Im Gegensatz dazu kann man mithilfe des MBTI nicht alle Persönlichkeitsmerkmale valide erfassen, die mithilfe des RMP erfasst werden.
- **Hypothese 4.** Bei Workshops zur Ausbildung von Führungspersönlichkeiten und zur Personalentwicklung, bei denen der MBTI und das RMP zusammen eingesetzt werden, wird der Selbsterkundungsprozess stärker angeregt, als wenn nur ein Instrument zum Einsatz kommt.

Historischer Hintergrund

Galen (129 bis 200 n. Chr.) behauptete, dass unsere Persönlichkeit durch eine Kombination aus den vier Hauptsäften des Körpers bestimmt wird: schwarze Galle (Melancholiker), gelbe Galle (Sanguiniker), Blut (Choleriker) und Phlegma (Phlegmatiker). Er stellte die Hypothese auf, dass Individuen unterschiedliche Mengen der einzelnen Körpersäfte produzieren – ihre Persönlichkeit hängt demnach beispielsweise von den relativen Mengen der einzelnen Körpersäfte ab, die spezifisch für ihren Körper sind. Galens Theorie der Körpersäfte war jahrhundertelang die vorherrschende Auffassung von den Persönlichkeitstypen, beginnend von etwa 200 n. Chr. bis ins 19. Jahrhundert hinein. Trotz ihrer bedeutsamen Popularität erwies sich die Theorie nicht als gültig, weil es keine solchen Körpersäfte gibt.

Zu Beginn des 20. Jahrhunderts entwickelte Sigmund Freud seine psychodynamische Theorie der Persönlichkeit. Im Jahr 1906 begann Carl Gustav Jung einen Briefwechsel mit Freud, durch den er zu Freuds Thronfolger wurde. Jung und Freud entzweiten sich jedoch 1914 und gingen getrennte Wege.

In den 1940er Jahren konstruierten Isabel Briggs Myers und Katherine Briggs den MBTI als Messinstrument zur Erfassung des Persönlichkeitstyps. Myers und Briggs entwickelten einen Teil des MBTI, bevor sie Jungs Arbeiten entdeckt hatten, doch der Rest des Tests beruhte auf ihrer Interpretation von Jungs Theorie. Die Theorie von Myers-Briggs postuliert 16 Persönlichkeitstypen, die durch angeborene Präferenzen in Bezug auf *Extraversion* versus *Introversion*, auf *Thinking* versus *Feeling*, auf *Sensing* versus *Intuition* und auf *Judging* versus *Perceiving* gebildet werden (in der deutschen Version des Tests, dem Golden Profiler of Personality von Rents und Blank, wird von Außenorientierung versus Innenorientierung, von analytischem Beurteilen versus gefühlsmäßigem Beurteilen, von sinnlichem Wahrnehmen versus intuitivem Wahrnehmen sowie von Beurteilung versus Wahrnehmung gesprochen). Der MBTI erfasst, welcher von 16 Persönlichkeitstypen am besten zu einer Einzelperson passt.

Historisch gesehen war der MBTI ein bedeutsamer Bruch mit der psychodynamischen Persönlichkeitstheorie. Die psychodynamischen

Theoretiker hatten die Persönlichkeit vom Standpunkt der seelischen Krankheit und der psychologischen Störung gesehen und erfasst; dabei sahen sie oft nur geringe Unterschiede zwischen Persönlichkeitsmerkmalen und Symptomen leichter Störungen. Im Gegensatz dazu erfasst der MBTI die normale Persönlichkeit. Das RMP profitiert davon, dass der MBTI die normale Persönlichkeit zu einem Thema gemacht hatte, das der wissenschaftlichen Untersuchung würdig ist.

Heutzutage gibt es mehrere Versionen des MBTI und diverse Zusatzmodule. Die Erörterung in diesem Kapitel beruht auf der »MBTI Self-Scorable Form M«, die ich beim Verlag 2004 und dann wieder 2006 erwarb. Die Form M erfasst den Persönlichkeitstyp auf der Grundlage der vier angeborenen Präferenzen der MBTI-Theorie. Anschließend wurde ein Auswertungssystem vom »Niveau II« entwickelt, um die Interpretation weiter zu verfeinern. Es liegt jenseits dessen, womit ich mich in diesem Kapitel beschäftigen kann, zu berücksichtigen, wie meine Anmerkungen durch »Niveau II« beeinflusst werden könnten. Vielleicht werde ich in einer künftigen Veröffentlichung einen erweiterten Kommentar dazu schreiben.

Neuinterpretation der MBTI-Items

Hypothese 1 besagt, dass der MBTI eine Erfassungsmethode für eine kleine Bandbreite von Motiven, nicht aber für die Erfassung von Wahrnehmung und Urteil ist. Um Hypothese 1 zu überprüfen, beschäftigte ich mich eingehend mit jedem der 93 Items in der MBTI Self-Scorable Form M. Ich stufte diese Items in 18 Kategorien ein: diejenigen, die eines der 16 Grundbedürfnisse erfassen, diejenigen, die eine nicht valide Auswahl trafen (d.h., dass die Alternativen keine Gegensätze waren), und diejenigen, die nichtmotivationale Merkmale erfassten, die also nicht mit den 16 Grundbedürfnissen zusammenhingen. Nachdem ich meine Einstufungen gemacht hatte, bat ich Jim Wiltz, der meine Theorie der 16 Grundbedürfnisse gut kennt, dasselbe zu tun. Er machte dies unabhängig von mir, ohne dass er mit mir über die Items gesprochen hatte. Die Inter-Rater-Übereinstimmung betrug 79,5 Prozent, was auf eine substanzielle Zuverlässigkeit der Urteile hindeutet.

Wie in Tabelle 9.1 dargestellt, stufte ich 49 der 93 Items (52,6 Prozent) als solche ein, die eines der drei Grundbedürfnisse erfassen. Dazu gehören 19 Items (20,4 Prozent), die das Grundbedürfnis nach Ordnung erfassen, 17 Items (18,3 Prozent), die das Grundbedürfnis nach Beziehungen erfassen, und 13 Items (13,8 Prozent), die das Grundbedürfnis nach geistiger Neugier erfassen (Bedürfnis nach Kognition). Zusätzliche fünf Items klassifizierte ich als solche, die das Grundbedürfnis nach Unabhängigkeit ($n = 1$), das nach Macht ($n = 1$) und das nach Rache ($n = 3$) erheben. Insgesamt stufte ich 54 der 93 Items (58,1 Prozent) als Items ein, die eine kleine Bandbreite motivationaler Persönlichkeitsmerkmale erfassen.

Teil I	**9 Items, die das Grundbedürfnis nach Ordnung erfassen: Items 1, 2, 7, 9, 10, 11, 17, 20, 21**
	7 Items, die das Grundbedürfnis nach Beziehungen erfassen: Items 4, 8, 12, 18, 19, 22, 23
	5 Items, die das Grundbedürfnis nach Neugier erfassen: Items 3, 5, 13, 15, 24
	5 nichtmotivationale Items: Items 6, 14, 16, 25, 26
	4 Items, die das Grundbedürfnis nach Ordnung erfassen: Items 28, 36, 41, 49
Teil II	**5 Items, die das Grundbedürfnis nach Beziehungen erfassen: Items 27, 35, 42, 48, 54**
	6 Items, die das Grundbedürfnis nach Neugier erfassen: Items 29, 32, 40, 44, 47, 55
	1 Item, das das Grundbedürfnis nach Rache erfasst: Item 30
	6 nichtmotivationale Items: Items 33, 46, 50, 52, 57, 58
	10 Itembeantwortungen, die keine Gegensätze sind: Items 31, 34, 37, 38, 39, 43, 45, 51, 53, 56
	6 Items, die das Grundbedürfnis nach Ordnung erfassen: Items 59, 65, 68, 70, 71, 76

Teil III	**5 Items, die das Grundbedürfnis nach Beziehungen erfassen: Items 60, 66, 67, 72, 77**
	1 Item, das das Grundbedürfnis nach Neugier erfasst: Item 63
	1 Item, das das Grundbedürfnis nach Unabhängigkeit erfasst: Item 61
	1 Item, das das Grundbedürfnis nach Macht erfasst: Item 62
	1 nichtmotivationales Item: Item 78
	5 Itembeantwortungen, die keine Gegensätze sind: Items 64, 69, 73, 74, 75
	2 Items, die das Grundbedürfnis nach Rache erfassen: Items 80, 84
Teil IV	**1 Item, das das Grundbedürfnis nach Neugier erfasst: Item 90**
	1 nichtmotivationales Item: Item 85
	11 Itembeantwortungen, die keine Gegensätze sind: Items 81, 82, 83, 85, 86, 87, 88, 89, 91, 92, 93

Tabelle 9.1: Motivationale Auswertung der Testitems des MBTI

Ich vermute, dass die Form M des MBTI ein valides Instrument zur Erfassung von Ordnungsliebe, geistiger Neugier, Geselligkeit ist, sonst vermutlich aber recht wenig erfasst.

- Die 49 Items (52,6 Prozent), die die drei Motive erfassen, sind gut formuliert und scheinen valide zu sein. Diese Items ähneln denjenigen, die in vielen anderen Skalen zur Erfassung der Ordnungsliebe, der Freundlichkeit und des Bedürfnisses nach Kognition verwendet werden.

- Die fünf motivationalen Items, die Rache, Macht und Unabhängigkeit erfassen, reichen von der Anzahl her nicht aus, um valide sein zu können. Eine valide Messung erfordert mindestens sechs bis acht Items für jedes dieser Grundbedürfnisse. Das RMP enthält 40 Items, die Rache, Macht und Unabhängigkeit erfassen.

- Mindestens 26 Items (27,9 Prozent) scheinen in Bezug auf die Konstruktvalidität problematisch zu sein. Denn die Auswahlentscheidung, die getroffen werden kann, ist nicht eine zwischen gegensätzlichen Persönlichkeitsmerkmalen. Bei diesen Items werden die Probanden gebeten, die Persönlichkeitsmerkmale auszuwählen, die sich am besten auf sie anwenden lassen; es können jedoch beide bzw. keins von beiden zutreffend sein. Bei Item 81 beispielsweise werden die Probanden gefragt, ob sie fair eingestellt oder fürsorglich sind. Hier handelt es sich nicht um Gegensätze: Menschen mit einem starken Grundbedürfnis nach Idealismus z. B. sind sowohl fair eingestellt als auch fürsorglich. Bei Item 53 wird zudem fälschlicherweise angenommen, dass es sich bei der Präferenz für das Aufbauen und der Präferenz für das Erfinden um Gegensätze handelt.

- Bei den übrigen 13 Items scheinen Konstrukte der Wahrnehmung und des Urteils nach der Typentheorie von Jung bzw. des MBTI erfasst zu werden. Diese Items umfassen nur 14 Prozent der Form M des MBTI.

Bei den MBTI-Items werden viele wichtige Bereiche der Funktionsweise einer Persönlichkeit ausgelassen. Wenige oder keine Items beziehen sich auf Themen wie die Bedürfnisse nach Status, Materialismus, Sparen, Eros, körperlicher Aktivität, Dienst an der Gemeinschaft, Risikobereitschaft, Vorsicht, Selbstvertrauen, Appetit, Leistung und Wettbewerbsgeist. Die Erfassung dieser Persönlichkeitsmerkmale im MBTI erfolgt bestenfalls indirekt: Man schließt auf sie durch Wechselwirkungen unter den vier Persönlichkeitsdimensionen des MBTI. Mithilfe der MBTI-Items scheint sich die normale Persönlichkeit nicht in ihrer Gesamtheit bestimmen zu lassen.

Die Befürworter des MBTI könnten erwidern, dass es ihnen die Theorie von Jung gestattet, die vier Persönlichkeitstypen auf viele andere Persönlichkeitsbereiche zu projizieren. Da Jungs Theorie von der überwältigenden Mehrheit der Wissenschaftler abgelehnt wird, habe ich meine Zweifel, ob die Persönlichkeitstheoretiker damit einverstanden wären, dass man auf Motive wie Materialismus aufgrund theoretischer Projektionen von Jungs Theorie schließen kann. Es ist schlicht eine Tatsache, dass in den MBTI-Items oft nach Ordnungsliebe, Geselligkeit und geistiger Neugier gefragt wird, aber sehr selten oder überhaupt nicht nach vielen anderen Aspekten der Persönlichkeit wie etwa nach Materialismus.

Einige der Items im MBTI scheinen auf ungültigen, stereotypenhaften Auffassungen von der Persönlichkeit zu beruhen. Item 89 beispielsweise basiert wohl auf der stereotypenhaften Konzeption von willensstarken, ehrgeizigen Menschen als emotional unsensibel. In der Realität jedoch kann ein Mensch sowohl ehrgeizig als auch emotional sensibel sein.

Die Wissenschaftler sollten Hypothese 1 überprüfen. Bleibt irgendetwas Valides übrig, wenn wir die Items herausnehmen, die Ordnungsliebe, Geselligkeit und geistige Neugier erfassen? Ich vermute, dass die Antwort zumeist negativ ausfallen wird. Deswegen würde ich die Form M des MBTI nicht als eine Operationalisierung von Jungs Persönlichkeitstheorie oder sogar der vier Persönlichkeitsdimensionen von Myers-Briggs beschreiben. Stattdessen würde ich den MBTI als einen validen Persönlichkeitstest zur Erfassung von Ordnungsliebe, Geselligkeit und geistiger Neugier auffassen. In den 1950er Jahren war der MBTI in Bezug auf die Untersuchung der normalen Persönlichkeit ein wichtiger Schritt nach vorn. Doch heutzutage erfassen viele Skalen Ordnungsliebe, Geselligkeit und das Bedürfnis nach Kognition effizienter als der MBTI.

Neuinterpretation der bipolaren Präferenzen im MBTI

Der MBTI beschreibt die normale Persönlichkeit im Sinne der folgenden vier bipolaren psychologischen Dimensionen.

Extraversion (E) versus Introversion (I)

Jung unterschied zwischen der Außenorientierung (Extraversion) und der Orientierung an der subjektiven Welt (Introversion). Beispiele für Extraversion sind das Interesse an anderen Menschen, Leistungsmotivation und ein abenteuerlustiger Charakter. Beispiele für Introversion sind Verschwiegenheit und zunehmende Vertiefung in die eigene Gedankenwelt.

Vom wissenschaftlichen Standpunkt aus bedeutet Extraversion, dass Geselligkeit, Abenteuerlust und Ehrgeiz eins gemeinsam ist, nämlich eine Eigenschaft, die man als »Orientierung an der Realität« bezeichnet. Ich stelle die Validität einer derartigen Behauptung infrage. Diese Persönlichkeitsmerkmale sind wohl so unterschiedlich, dass ihnen nichts gemeinsam ist. Das Konstrukt der Extraversion im MBTI ist anscheinend zu global, als dass es valide sein könnte. Das RMP erfasst Extraversion / Introversion nicht global, sondern es misst stattdessen die voneinander getrennten Dimensionen gesellig / privat (fällt unter die Kategorie Grundbedürfnis nach Beziehungen), selbstbewusst/unsicher (fällt unter die Kategorie Grundbedürfnis nach Anerkennung), willensstark / nichtdirektiv (fällt unter die Kategorie Grundbedürfnis nach Macht) und furchtsam / ruhig (fällt unter die Kategorie Grundbedürfnis nach Ruhe).

Wenn Menschen auf Extraversion Bezug nehmen, verweisen sie gewöhnlich auf Menschen, die gesellig sind. Zudem erfassen die Extraversion/Introversion-Items im MBTI im Grunde genommen, wie gesellig eine Person ist. Warum sollte man Extraversion als eine Methode definieren, Energie von der Außenwelt zu beziehen, wenn der MBTI eigentlich erfasst, wie gesellig jemand ist? Warum sollte man übergeneralisieren und nicht wissenschaftlich präzise sein? Wäre es nicht präziser, Extraversion als Geselligkeit zu definieren?

Empfinden (S wie Sensing) versus Intuitieren (N wie iNtuiting)

Platon (1955 / ca. 360 v. Chr.) unterschied zwischen der Welt der Anschauung und den wirklichen Ideen. Ein Mann, der an die Wand einer Höhle gekettet ist, kann nur die Schatten der Menschen sehen, die vorübergehen, nicht die Menschen selbst (Platon, 1955 / 360, S. 228–236). Wie der Mann in der Höhle können wir nur Bilder wahrnehmen, die die Realität in unseren Sinnesorganen hervorbringt, nicht die Realität selbst. Platon behauptete, dass es eine Realität unvergänglicher Ideen und Formen jenseits dessen gibt, was wir mithilfe unserer fünf Sinne wahrnehmen. Diese unvergängliche Realität ist das Wesen aller Dinge.

Theologen brachten ähnliche Vorstellungen zum Ausdruck, als sie darüber diskutierten, ob wir mithilfe von Logik und Sinnesorganen etwas über Gott wissen können oder nur mithilfe der Offenbarung. Unser Wissen über Gott, so schlossen sie, erwerben wir, weil es Gott selbst unserer Seele offenbart und dabei unsere Sinnesorgane und unseren Intellekt umgeht.

Daher entwickelten die westlichen Philosophen und Theologen die Lehre von den zwei Arten des Wissens: das Wissen, das sich uns über unsere Sinne offenbart, und das, das sich uns über unsere Seele offenbart. Jungs Unterscheidung zwischen Empfinden und Intuieren ließ die platonische Epistemologie mit Freuds Unterscheidung zwischen bewussten und unbewussten Funktionen des Ichs verschmelzen (siehe Hall & Lindzey, 1957, S. 86–87). Das Ergebnis ist ein begriffliches Wirrwarr, das die Gültigkeit der mystischen Erfahrung voraussetzt. Jung war der Auffassung, einige Menschen seien von Geburt her eher an der Wahrnehmung orientiert, andere dagegen seien eher Mystiker.

In der Theorie des MBTI ist das Empfinden eine Vorliebe für das Fällen von Entscheidungen aufgrund faktischer Informationen, die wir über unsere fünf Sinne aufnehmen. Dagegen ist das Intuieren eine Vorliebe für das Fällen von Entscheidungen aufgrund unbewusster Assoziationen zwischen Reizobjekt, Intuition und Mystizismus. Ich schlage vor, dass wir die Unterscheidung zwischen Empfinden und Intuieren klarer neu umreißen als Einschätzung, wie sehr ein Individuum mystische Erfahrungen hoch bewertet. Empfinden deutet auf eine Geringschätzung des Mystizismus und auf eine hohe Bewertung geistiger Neugier hin. Im RMP wird Mystizismus durch ein Bedürfnis nach Einssein (fällt unter die Kategorie schwaches Grundbedürfnis nach Unabhängigkeit) bewertet und nicht durch eine metaphysische Theorie des Wissens als seelische Offenbarung. Dadurch, dass Empfinden/Intuition zu einer von vier Skalen im MBTI gemacht wurde, wird dort die Rolle des Mystizismus für das normale Funktionieren der Persönlichkeit übertrieben dargestellt.

Denken (T wie Thinking) versus Fühlen (F wie Feeling)

Jung unterschied zwischen Menschen, deren Wertvorstellungen auf geistigem Wissen beruhen, und solchen, deren Wertvorstellungen auf Freude- und Schmerzgefühlen beruhen. Im MBTI wird angenommen, dass »Denker« logisch sind, sich für Ursache und Wirkung interessieren und unpersönlich sind. Diese Deutung scheint die Möglichkeit eines leidenschaftlichen oder mitfühlenden Denkers in Abrede zu stellen. Wenn man sagt: »Geben Sie mir die Freiheit, oder töten Sie mich«, ist das dann ein Beispiel für Denken, für Fühlen oder, wie ich behaupten würde, für leidenschaftliches Denken? Das RMP unterscheidet zwischen geistig neugierigen und nichtneugierigen Menschen und vermeidet es, Intellektuelle mit dem Stereotyp des Gefühllosen zu belegen.

Analytisches (J wie Judging) versus gefühlsmäßiges (P wie Perceiving) Beurteilen

Der Theorie nach wird bei dieser Skala des MBTI die Vorliebe für Geschlossenheit im Gegensatz zu Offenheit bei der Interaktion mit der Welt eingestuft. In Wirklichkeit ist die Dimension analytisches versus gefühlsmäßiges Beurteilen ein einfaches Maß für Ordnungsliebe. Menschen, die nach dem MBTI als analytisch urteilend eingestuft werden, sind wohl organisierte Menschen, die Stabilität und Vorhersagbarkeit schätzen. Dagegen schätzen diejenigen, die nach dem MBTI als gefühlmäßig urteilend eingestuft werden, die Spontaneität. Die Dimension analytisches versus gefühlsmäßiges Beurteilen im MBTI ist ein nicht sehr bemerkenswerter, aber valider Versuch, Ordentlichkeit zu erfassen.

Schlussfolgerung

Hypothese 2 lautet, dass der MBTI zu wenige psychologische Skalen enthält, um als umfassende Bewertung der Persönlichkeitstypen dienen zu können. Beim RMP werden 16 psychologische Skalen dazu verwendet, die normale Persönlichkeit zu beschreiben; der MBTI besteht nur aus vier psychologischen Skalen oder Dimensionen, um dasselbe Ziel zu erreichen. Die Skala Extraversion versus Introversion ist ein valides Maß für Beziehungen; die Skala analytisches versus gefühlsmäßiges Beurteilen ist ein valides Maß für Ordnungsliebe. Die anderen beiden Skalen des MBTI scheinen begrifflich einiges durcheinanderzubringen, vor allem die Skala Empfinden versus Intuieren; sie stellt eine Verschmelzung der platonischen Epistemologie mit Freuds Metatheorie des Bewusstseins dar und scheint die geistige Neugier zu erfassen.

Neuinterpretation der Persönlichkeitsmerkmale des MBTI

Hypothese 3 besagt, dass mithilfe des RMP alle Persönlichkeitsmerkmale valide erfasst werden, die mithilfe des MBTI erfasst werden, ohne dass auf die MBTI-Theorie oder die Theorie von Jung Bezug genommen wird. Während der MBTI Persönlichkeitsmerkmale im Sinne der Theorie von Jung erklärt, erklärt das RMP all diese Persönlichkeitsmerkmale und mithilfe der 16 Grundbedürfnisse noch einige mehr. Die Validität von Hypothese 3 wird in Tabelle 9.2 im Einzelnen begründet. Hier ist eine kleine Anleitung, wie sie zu lesen ist.

- Das Persönlichkeitsmerkmal der »Anpassbarkeit« ist eines der möglichen Ergebnisse des MBTI. Beim MBTI wird behauptet, dass zwei angeborene Persönlichkeitstypen, der Typ INFP und der Typ ESTP, teilweise durch anpassbares Verhalten gekennzeichnet sind. Im Gegensatz dazu wird beim RMP behauptet, dass ein schwaches Bedürfnis nach Ordnung die Menschen dazu bringt, anpassbar zu sein, um ein hohes Maß an Spontaneität zu erleben.

- Das Persönlichkeitsmerkmal des »Ehrgeizes« ist eines der möglichen Ergebnisse des MBTI. Beim MBTI wird behauptet, dass ein angeborener Persönlichkeitstyp, der Typ ENTJ, teilweise durch ehrgeiziges Verhalten gekennzeichnet ist. Im Gegensatz dazu wird beim RMP behauptet, dass ein starkes Grundbedürfnis nach Macht die Menschen dazu veranlasst, ehrgeizig zu sein, um ein hohes Maß an Willenskraft und Einfluss zu erleben.

Persönlichkeits-merkmal	Erklärung im MBTI	Erklärung im RMP
Anpassbar	Typ INFP Typ ESTP	Schwaches Bedürfnis nach Ordnung
Ehrgeizig	Typ ENTJ	Starkes Bedürfnis nach Macht
Analytisch	Typ ENTJ Typ INTP	Starkes Bedürfnis nach Neugier
Strebt an, das Beste zu tun	Typ ENTJ	Starkes Bedürfnis nach Macht
Setzt andere herab	Typ ISFP	Starkes Bedürfnis nach Rache
Durch Routine gelangweilt	Typ INTP	Schwaches Bedürfnis nach Ordnung
Durch Theorien gelangweilt	Typ ESTP	Schwaches Bedürfnis nach Neugier
»Nach dem Lehrbuch« handeln	Typ ISTJ	Starkes Bedürfnis nach Ordnung
Engagiert sich für das Lernen	Typ INFP	Starkes Bedürfnis nach Neugier
Gesunder Menschenverstand	Typ ESFP	Schwaches Bedürfnis nach Neugier
Mitfühlend	Typ ISFP	Starkes Bedürfnis nach Idealismus
Besorgt um die Gefühle anderer	Typ ISFJ	Schwaches Bedürfnis nach Unabhängigkeit
Selbstsicher	Typ ENTJ Typ ESTP	Schwaches Bedürfnis nach Anerkennung
Konfliktvermeidend	Typ ESFJ Typ ENFJ Typ ISFP	Schwaches Bedürfnis nach Rache
Gewissenhaft	Typ ISTJ Typ ISFJ Typ INFJ	Starkes Bedürfnis nach Ehre
Besonnen	Typ ENFJ	Starkes Bedürfnis nach Beziehungen
Kooperativ	Typ ESFJ	Schwaches Bedürfnis nach Rache
Neugierig	Typ INFP	Starkes Bedürfnis nach Neugier

Persönlichkeits-merkmal	Erklärung im MBTI	Erklärung im RMP
Entschlossen	Typ ESTJ	Schwaches Bedürfnis nach Anerkennung Starkes Bedürfnis nach Macht Starkes Bedürfnis nach Unabhängigkeit
Bestimmt	Typ INFJ	Starkes Bedürfnis nach Macht
Hat Schwierigkeiten, Wertschätzung zu zeigen	Typ INTP	Starkes Bedürfnis nach Unabhängigkeit
Direkt	Typ ESTJ	Starkes Bedürfnis nach Macht
Mag keine Regeln	Typ ISTP Typ INFP	Schwaches Bedürfnis nach Ordnung
Macht sich keine Sorgen	Typ ESTP	Schwaches Bedürfnis nach Ruhe
Macht etwas jedes Mal anders	Typ INTP	Schwaches Bedürfnis nach Ordnung
Pragmatisch	Typ ESFJ	Schwaches Bedürfnis nach Status
Getrieben	Typ INTJ	Starkes Bedürfnis nach Macht
Pflichtbewusst	Typ ISFP	Starkes Bedürfnis nach Ehre
Empathisch	Typ ENFJ	Schwaches Bedürfnis nach Rache Schwaches Bedürfnis nach Unabhängigkeit
Engagiert	Typ ESFJ	Starkes Bedürfnis nach Beziehungen
Flexibel	Typ ISTP Typ ISFP Typ ESFP	Schwaches Bedürfnis nach Ordnung
Mitläufer	Typ ISFP	Schwaches Bedürfnis nach Macht
Freundlich	Typ ENFJ Typ ESFP	Starkes Bedürfnis nach Beziehungen
Sanft	Typ ISFP	Schwaches Bedürfnis nach Rache

Persönlichkeits-merkmal	Erklärung im MBTI	Erklärung im RMP
Gesellig	Typ ENTJ Typ ESTP	Schwaches Bedürfnis nach Beziehungen
Fleißig	Typ ESTJ Typ ISTJ	Starkes Bedürfnis nach Macht
Hilfsbereit	Typ ENFJ Typ ENFP	Starkes Bedürfnis nach Idealismus
Hohe Standards	Typ INTJ	Starkes Bedürfnis nach Macht
Humanitär	Typ INFJ	Starkes Bedürfnis nach Idealismus
Idealistisch	Typ INFP	Starkes Bedürfnis nach Idealismus
Improvisiert	Typ ENFP	Schwaches Bedürfnis nach Ordnung
Unabhängig	Typ INFP Typ INTJ	Starkes Bedürfnis nach Unabhängigkeit
Unsensibel	Typ ESTJ	Schwaches Bedürfnis nach Beziehungen
Inspiriert andere	Typ ENFJ	Starkes Bedürfnis nach Idealismus
Elfenbeinturm	Typ INTP	Starkes Bedürfnis nach Neugier
Führertyp	Typ INTJ	Starkes Bedürfnis nach Macht
Lernt am besten durch Taten	Typ ESTP	Schwaches Bedürfnis nach Neugier
Übernimmt gerne die Führungsrolle	Typ ESTJ Typ ENTJ	Starkes Bedürfnis nach Macht
Organisiert gerne	Typ ESTJ Typ ENFJ Typ INTJ	Starkes Bedürfnis nach Ordnung
Mag seinen eigenen Raum haben	Typ ISFP	Schwaches Bedürfnis nach Beziehungen

Persönlichkeits-merkmal	Erklärung im MBTI	Erklärung im RMP
Mag Sport	Typ ESTP Typ ESFP	Starkes Bedürfnis nach körperlicher Aktivität
Logisch	Typ ENTJ Typ ENTP	Starkes Bedürfnis nach Neugier
Loyal	Typ ESFJ Typ ENFJ Typ ISFP Typ INFP Typ ISFJ	Starkes Bedürfnis nach Ehre
Nett	Typ ESFJ Typ ISFP	Schwaches Bedürfnis nach Rache
Materialistisch	Typ ESTP	Starkes Bedürfnis nach Status
Nüchtern	Typ ESTJ	Schwaches Bedürfnis nach Neugier
Bescheiden	Typ ISFP	Schwaches Bedürfnis nach Status Schwaches Bedürfnis nach Unabhängigkeit
Braucht Bestätigung durch andere	Typ ENFP	Starkes Bedürfnis nach Anerkennung
Nonkonformistisch	Typ INTP	Starkes Bedürfnis nach Unabhängigkeit Schwaches Bedürfnis nach Status
Besitz nicht wichtig	Typ INFP	Schwaches Bedürfnis nach Status
Zuschauer	Typ ISTP	Schwaches Bedürfnis nach Macht
Aus sich herausgehend	Typ ESFP	Starkes Bedürfnis nach Beziehungen
Unverblümt	Typ INTP	Starkes Bedürfnis nach Macht

Persönlichkeits-merkmal	Erklärung im MBTI	Erklärung im RMP
Scharfsinnig	Typ ISFJ	Schwaches Bedürfnis nach Unabhängigkeit Starkes Bedürfnis nach Beziehungen
Ausdauernd	Typ INFJ	Starkes Bedürfnis nach Macht
Sympathisch	Typ ESFJ	Starkes Bedürfnis nach Beziehungen
Beliebt	Typ ESFJ	Starkes Bedürfnis nach Beziehungen
Praktisch	Typ ESTJ Typ ESFJ Typ ESFP Typ ISTJ	Schwaches Bedürfnis nach Neugier
Zieht Tatsachen einer Theorie vor	Typ ESFP	Schwaches Bedürfnis nach Neugier
Schiebt Entscheidungen auf	Typ ISTP	Starkes Bedürfnis nach Anerkennung Schwaches Bedürfnis nach Macht
Pragmatisch	Typ ESTP	Schwaches Bedürfnis nach Idealismus Schwaches Bedürfnis nach Ehre
Ruhig	Typ ISTP Typ INTP Typ ISTJ Typ INTJ	Schwaches Bedürfnis nach Macht Schwaches Bedürfnis nach Beziehungen Schwaches Bedürfnis nach Ruhe
Realistisch	Typ ESTP	Schwaches Bedürfnis nach Idealismus
Entspannte Einstellung dazu, etwas fertigzustellen	Typ ISFP	Schwaches Bedürfnis nach Macht
Zurückhaltend	Typ ISTP Typ INTP Typ ISTJ	Schwaches Bedürfnis nach Beziehungen

Persönlichkeits-merkmal	Erklärung im MBTI	Erklärung im RMP
Findig	Typ ENTJ Typ INTP	Starkes Bedürfnis nach Unabhängigkeit
Verantwortungsvoll	Typ ESTJ Typ ENFJ	Starkes Bedürfnis nach Ehre
Ergebnisorientiert	Typ ESTJ	Starkes Bedürfnis nach Macht
Selbstbestimmt	Typ ENTJ	Starkes Bedürfnis nach Unabhängigkeit
Ernsthaft	Typ ISTJ Typ INTJ	Schwaches Bedürfnis nach Beziehungen
Skeptisch	Typ INTJ	Starkes Bedürfnis nach Unabhängigkeit
Spontan	Typ ESTP Typ ESFP Typ ENFP	Schwaches Bedürfnis nach Ordnung
Anregend	Typ ENTP	Starkes Bedürfnis nach Neugier
Eigensinnig	Typ INFP Typ INTJ	Starkes Bedürfnis nach Unabhängigkeit
Gründlich	Typ ISFJ	Starkes Bedürfnis nach Ordnung
Vertrauenswürdig	Typ ESFJ	Starkes Bedürfnis nach Ehre
Warm	Typ ESFJ Typ ENFP	Starkes Bedürfnis nach Beziehungen

Tabelle 9.2: Vergleich der Erklärungen für Persönlichkeitsmerkmale im MBTI und im RMP

Fallvignetten zum gemeinsamen Einsatz von MBTI und RMP

Hypothese 4 lautet, dass, wenn der MBTI und das RMP zusammen eingesetzt werden, der Selbsterkundungsprozess stärker angeregt wird, als wenn nur ein Instrument zum Einsatz kommt. Wenn man Menschen die beiden unterschiedlichen Erhebungsergebnisse vorlegt, dann erlaubt ihnen das, die Ergebnisse auszuwählen und anzunehmen, die für sie am bedeutsamsten sind, und sich selbst aus unterschiedlichen Blickwinkeln zu sehen. Um diesen Gedanken in einer Vorstudie auszuloten, ließ ich Anfangssemester der Psychologie das RMP und den MBTI ausfüllen und bat sie dann, einen Bericht zu schreiben, in dem sie ihre Ergebnisse vergleichen sollten.

Johnny war ein Student in den Anfangssemestern, der beide Instrumente in etwa derselben Zeit ausgefüllt hatte. Die Ergebnisse des MBTI klassifizierten ihn als ENTJ. Bei Menschen mit diesem Persönlichkeitstyp handelt es sich um Personen, die die Führungsrolle übernehmen und nur wenig Toleranz haben für eine ineffiziente Art und Weise, Dinge zu erledigen. Sie sind logisch, analytisch, in objektiver Weise kritisch, lassen sich praktisch durch nichts anderes als durch Argumente überzeugen, sind energiegeladen, lieben das Vergnügen und sind gesellige Menschen, die das Leben in vollen Zügen genießen.

Die Ergebnisse des RMP stützten die Ergebnisse des MBTI nur zum Teil. Das RMP deutete auf ein starkes Grundbedürfnis nach Beziehungen, was den Befund Geselligkeit im MBTI stützte, und auf ein starkes Grundbedürfnis nach Neugier hin, was die Ergebnisse des MBTI hinsichtlich Johnnys analytischer Art stützte.

Die Ergebnisse im RMP verwiesen darauf, dass Johnny ein schwaches Grundbedürfnis nach Unabhängigkeit hat. Dies widerspricht dem Befund im MBTI, dass er selbstbestimmt und voller Ressourcen ist. Die Ergebnisse im RMP zeigten auch, dass Johnny ein schwaches Grundbedürfnis nach Ruhe hat; dies bedeutet, dass er leicht Risiken eingeht, dass er ein Draufgänger oder Abenteurer ist.

Johnny war mit dem Ergebnis des MBTI einverstanden, dass er gut informiert ist, Spaß daran hat, sein Wissen zu erweitern, und gut unlogische und ineffiziente Vorgehensweisen erkennen kann. »Aber der

Rest der [MBTI-]Beschreibung«, notierte er, »stellt mich nur in manchen Situationen dar, und das ist nicht der entscheidende Teil meiner Persönlichkeit. Ich glaube, ich liege eher in der Mitte zwischen diesen Beschreibungen. Ich meine zudem, dass die Beschreibung von Reiss [RMP] genau das Profil meiner charakteristischen Merkmale wiedergibt.«

Stephen war ein Student aus demselben Seminar wie Johnny. Er dachte, er hätte möglicherweise einen Fehler gemacht, weil er ein Seminar über die normale Persönlichkeit belegt hatte. Die Ergebnisse des MBTI deuteten darauf hin, dass er ein ENTP ist. Stephen stimmte zu, dass er auf Wissen aus und desorganisiert ist; dies sind zwei der vorherrschenden Merkmale eines ENTP. Er schrieb, dass die Beschreibung seiner Persönlichkeit durch den MBTI gültig für das ist, was der Test beschreibt. »Doch außerdem? Der MBTI macht dazu keine weitergehende Aussage.«

Im RMP hatte Stephen sehr niedrige Werte in Bezug auf Ehre, hohe Werte in Bezug auf Familie und Status. Bei den Ergebnissen des RMP ging es um Bereiche der Persönlichkeit, zu denen bei den Ergebnissen des MBTI nichts angemerkt wurde. Stephen gab an, dass die Ergebnisse des RMP auf ihn zutrafen.

Kim war eine Studentin vom Typ ESFJ, die sowohl den MBTI als auch das RMP machte. ESFJs sind vertrauenswürdig, loyal, pragmatisch und praktisch. Sie schrieb: »Ich habe wirklich das Gefühl, dass ich im folgenden Sinn ein extravertierter Mensch bin: Wenn ich glücklich bin, bin ich mit anderen zusammen. Ich habe wirklich das Gefühl, dass ich ein sinnlich wahrnehmender Mensch bin: Ich konzentriere mich auf die Gegenwart und fälle Entscheidungen aufgrund konkreter Informationen. Ich habe wirklich das Gefühl, dass ich ein gefühlsmäßig urteilender Mensch bin: Ich fälle Entscheidungen mit dem Herz. Und als Letztes habe ich wirklich das Gefühl, dass ich ein urteilender Mensch bin: Ich habe gerne einen wohlorganisierten und geplanten Zugang zum Leben.« Obwohl Kim damit einverstanden war, dass sie die Persönlichkeitsmerkmale eines ESFJ hat, meinte sie, der MBTI liefere ihr nur vage Erklärungen dafür, warum sie über diese Merkmale verfügt.

Die Ergebnisse des RMP förderten zutage, dass Kim ein starkes Grundbedürfnis nach Beziehungen hat; dies stützte die Ergebnisse des MBTI, dass sie warm, engagiert und sympathisch ist. Sie hatte Werte für Status, die im unteren durchschnittlichen Bereich lagen, was im Einklang mit dem MBTI-Ergebnis steht, dass sie pragmatisch ist. Sie hatte Werte für Ordnung, die im oberen durchschnittlichen Bereich lagen; dies passt zu dem MBTI-Ergebnis, dass sie wohlorganisiert ist.

Im RMP hatte Kim einen niedrigen Wert für Ehre, jedoch einen hohen Wert für Idealismus. Dies bedeutet, dass sie sich im Alltag nicht loyal gegenüber den Menschen verhält, jedoch loyal gegenüber sozialen Angelegenheiten und gegenüber den Unterdrückten. Der MBTI unterscheidet nicht zwischen Ehre und Idealismus.

Kim war der Auffassung, dass der MBTI sie zutreffender beschrieb. Sie dachte, sie sei moralischer und loyaler, als es der RMP nahelegte.

Jean war eine Studentin vom Typ INFP, die sowohl den MBTI als auch das RMP ausfüllte. INFPs sind loyal, moralisch, idealistisch, unabhängig, neugierig und etwas desorganisiert. Jeans höchster Wert im RMP war der für Unabhängigkeit, was zu einer INFP-Persönlichkeit passt. Sie war mit diesem Ergebnis einverstanden und gab folgenden Kommentar dazu ab: »Ich habe Eigenständigkeit immer als das charakteristische Merkmal von mir angesehen ... Ich bin ein sehr selbstständiger Mensch und bin stark dadurch motiviert, dass ich nicht von anderen abhängen will oder muss. Ich bin in der Hinsicht mit dem Reiss [Motivation] Profile völlig einverstanden, dass meine stärkste Bestrebung die nach Unabhängigkeit ist.« Jean war auch mit ihrem hohen Wert für Rache einverstanden und sagte, sie sei von Natur aus wettbewerbsorientiert. Der MBTI erfasst den Wettbewerbsgeist nicht und brachte daher ihre Wettbewerbsorientierung nicht zum Vorschein.

Die Ergebnisse von Jeans RMP deuteten an, dass ihre Neugier durchschnittlich ist. Jean schrieb: »Ich scheine eher einer Meinung mit Myers-Briggs zu sein, dass ich neugierig bin und ich schnell meine Möglichkeiten erkenne. Insgesamt glaube ich, dass beide Persönlichkeitstests ihre Aufgabe ganz gut erfüllt haben, etwas über mein wahres Selbst auszusagen.«

Michael war ein ENTP. Der MBTI beschrieb ihn als einen wissbegierigen Menschen, der anderen gut zuhören kann, und als freimütigen Nonkonformisten. Der MBTI wies ihm auch die Persönlichkeitsmerkmale eines desorganisierten Menschen zu. Die Ergebnisse von Michaels RMP fassten die Ergebnisse des MBTI in Zahlen. Sein Neugierwert war 0,9 Standardabweichungen oberhalb der Norm. Das ist ein hoher Wert, aber nicht hoch genug, um zu dem Schluss zu kommen, dass Wissen und Betonung des Verstandesmäßigen die stärksten Motive in seinem Leben sind. Die Ergebnisse des RMP deuten darauf hin, dass Michael zur Unabhängigkeit neigt. Dieser Befund wird durch die Ergebnisse des MBTI gestützt, dass es sich bei ihn um einen eigensinnigen Nonkonformisten handelt.

Im RMP hatte Michael niedrige Werte für Ehre und Idealismus; dies deutet darauf hin, dass er berechnend und realistisch ist. In seinem Seminarbericht erkannte er die Gültigkeit dieser Ergebnisse an. Er schrieb: »Bei einigen meiner Verantwortlichkeiten und Aufgaben erledige ich die Dinge gerne schnell und einfach. Ich kann manipulierend sein.« Bei Michaels Ergebnissen im MBTI war nicht davon die Rede, dass er berechnend ist; im MBTI gibt es nur wenige Items, die Ehre und Berechnung erfassen. Michaels Ergebnisse im RMP lieferten einen niedrigen Wert für Sparen. »Während meiner gesamten Zeit auf dem College habe mein ganzes Geld ziemlich sinnlos ausgegeben«, erläuterte er. Bei seinen MBTI-Ergebnissen gab es keinen Hinweis auf seine verschwenderische Art.

Die Ergebnisse im RMP wiesen auf einen hohen Wert für Anerkennung hin; dies lässt auf eine Tendenz schließen, unsicher zu sein und wenig Selbstvertrauen zu haben. Michael gestand ein, dass er auf Zustimmung aus ist. »Ich habe innerlich ein besseres Gefühl, wenn Menschen, die ich achte und bewundere, positiv auf mich reagieren.«

Jim war ein INFJ. Nach dem MBTI sind INFJs prinzipientreu, gewissenhaft und am Allgemeinwohl interessiert und erreichen ihr Ziel mit Beharrlichkeit. Die Ergebnisse im RMP deuten auf ein starkes Bedürfnis nach Ehre hin, aber nur auf ein durchschnittliches Bedürfnis nach Idealismus. Er beschäftigt sich mit moralischen Regeln, aber nicht notwendigerweise mit humanitären oder altruistischen Bestrebungen. Dieser Befund stützt die Beschreibung von Jim im MBTI als gewissenhaft, aber er widersprach dem Ergebnis im MBTI, dass er am Allgemeinwohl interessiert ist. Das RMP deutete darauf hin, dass Jim unsicher ist (fällt unter die Kategorie starkes Grundbedürfnis nach Anerkennung) und ein Mensch ist, der sich ständig Sorgen macht (fällt unter die Kategorie starkes Grundbedürfnis nach Ruhe). Er war damit einverstanden, dass er durch diese Persönlichkeitsmerkmale zutreffend beschrieben wird, und merkte an, dass in den MBTI-Ergebnissen nichts auf seine Unsicherheit hinweise.

Eine weitere Nichtübereinstimmung zwischen den Ergebnissen der beiden Tests bestand darin, dass der MBTI ihn als entschlossen darstellte, während das RMP ihn in Bezug auf dieses Persönlichkeitsmerkmal als durchschnittlich bzw. unterdurchschnittlich beschrieb. Jim merkte an: »Als ich die Ergebnisse zurückbekam, dachte ich zunächst, Unabhängigkeit bedeute, etwas alleine zu erledigen. Ich ... habe ein ganz schwaches Streben [nach Unabhängigkeit].« Jim merkte beispielsweise an, dass er christliche Demut praktiziere.

Im RMP hatte Jim geringe Werte für Status, Macht und Rache. Später erläuterte er das: »Status ist etwas, was ich aus vielen Gründen nicht für wichtig halte.« Jim sagt, er sei pragmatisch und bescheiden. In den Ergebnissen des MBTI gab es keinen Hinweis darauf, dass er von seiner Art her bescheiden, friedfertig und nicht richtunggebend ist.

Ähnlichkeiten und Unterschiede

Das RMP und der MBTI weisen die folgenden fünf Ähnlichkeiten auf:

- **Betonung der normalen Persönlichkeit.** Sowohl der MBTI als auch das RMP erfassen viele normale Persönlichkeitszüge, die für eine seelische Krankheit nicht relevant sind. Keine der beiden Erfassungsmethoden beruht auf psychodynamischen Konstrukten Freud'scher Prägung.

- **Anerkennung gegensätzlicher Persönlichkeitsmerkmale.** Sowohl das MBTI als auch das RMP erkennen gegensätzliche Persönlichkeitsmerkmale an. Der MBTI beispielsweise enthält eine bipolare

Skala für Extraversion versus Introversion. Im RMP gibt es eine Skala, die an den Extrempunkten durch Beziehungen versus Einsamkeit verankert ist.

- **Ergebnisse in einfacher Sprache.** Man braucht keinen Abschluss in Psychologie, um die Ergebnisse des MBTI und des RMP zu verstehen. Jeder gebildete Mensch, der an einem eintägigen Workshop zum MBTI teilgenommen hat, kann seine Testergebnisse im MBTI leicht verstehen. Die Ergebnisse des RMP sind in einer einfachen Sprache formuliert (kein Jargon welcher Art auch immer).

- **Anwendungen in der Personalentwicklung.** Für beide Methoden gibt es Anwendungen in der Personalentwicklung wie etwa bei der Selbsterkundung und beim Training von Führungspersönlichkeiten. Beide Instrumente können dazu verwendet werden, interpersonelle Konflikte in beruflichen Situationen zu lösen; beide Vorgehensweisen können für das Coaching im Beruf eingesetzt werden.

- **Toleranz gegenüber verschiedenartigen Persönlichkeiten.** Sowohl das MBTI als auch das RMP lehren Toleranz gegenüber verschiedenartigen Persönlichkeiten im Beruf. Ein solches Training hilft den Menschen dabei, als Team zusammenzuarbeiten. Vor der Entwicklung des RMP waren Myers und Briggs die einzigen Persönlichkeitstheoretiker von Einfluss, die Toleranz gegenüber allen Arten von Persönlichkeiten propagierten.

Das RMP und der MBTI weisen die folgenden fünf Unterschiede auf:

- **Persönlichkeitsdimensionen im Gegensatz zu psychologischen Bedürfnissen.** Der MBTI reduziert alle normalen Persönlichkeitsmerkmale auf Kombinationen von vier Persönlichkeitsdimensionen. Im Unterschied dazu reduziert das RMP alle Persönlichkeitsmerkmale auf Kombinationen von 16 Grundbedürfnissen oder psychologischen Bedürfnissen.

- **Umfassende gegenüber enger Erfassung von Persönlichkeitsmerkmalen.** Das RMP erfasst viel mehr Persönlichkeitsmerkmale als das MBTI. Das RMP, aber nicht das MBTI erfasst beispielsweise Wettbewerbsgeist, erotische Eigenart und Gewohnheiten beim Geldausgeben.

- **Kategorische im Unterschied zu quantifizierten Ergebnissen.** Der MBTI wird ausgewertet in Entweder-oder- bzw. Schwarzweißkategorien der Persönlichkeit; dagegen gibt es beim RMP Nuancierungen bzw. Zwischenkategorien. Der MBTI z.B. teilt jedem Menschen auf der Erde den Typus extravertiert (E) oder introvertiert (I) zu. Im Gegensatz dazu stuft das RMP 20 Prozent der Bevölkerung so ein, ein starkes Grundbedürfnis nach Beziehungen zu haben, 20 Prozent so, ein schwaches Grundbedürfnis nach Beziehungen zu haben (auf Privatsphäre bedacht, Einzelgänger/introvertiert), und 60 Prozent so, Persönlichkeitsmerkmale aufzuweisen, die eine Mischung aus Introversion und Extraversion sind.

- **Etabliertes im Gegensatz zu einem kürzlich entwickelten psychometrischen Verfahren.** Das RMP ist ein kürzlich eingeführtes psychometrisches Instrument, das bis heute etwa 25000 Mal eingesetzt wurde. Beim MBTI handelt es sich um ein etabliertes Verfahren, das bis heute mehr als 5 Millionen Mal zum Einsatz kam.

- **Minimale versus maximale Differenzierung.** Zur maximalen psychometrischen Differenzierung unter Persönlichkeiten sollte jeder der 16 MBTI-Typen etwa ein Sechzehntel der Bevölkerung repräsentieren. Doch manche Typen sind verbreitet, andere dagegen eher selten anzutreffen. Der MBTI ordnet beispielsweise etwa 17,8 Prozent der männlichen Bevölkerung dem Typ ISTJ zu, aber nur 1,7 Prozent dem Typ ISFP (Fitzgerals & Kirby, 1997). Das ist ein bedeutsamer psychometrischer Schönheitsfehler des MBTI.

Die MBTI-Experten haben schlicht und einfach nicht recht, wenn sie zu der Schlussfolgerung kommen, dass beim Menschen die 16 Persönlichkeitstypen von Natur aus mit unterschiedlichen Häufigkeiten auftreten. In Wirklichkeit gilt Folgendes: Die speziellen Fragen, die im MBTI verwendet werden, variieren willkürlich in Bezug auf die Intensitäten der erfassten Persönlichkeitsmerkmale. Mit anderen Worten: Wie verbreitet die 16 Persönlichkeitstypen des MBTI sind, hat sehr viel damit zu tun, wie die Fragen formuliert werden, und sehr wenig damit, wie der Mensch von Natur aus ist. Bedenken Sie einmal das folgende hypothetische Beispiel zur Verbreitung eines erotischen Persönlichkeitstyps. Wenn wir die Frage stellen: »Haben Sie Spaß an Sex?«, würden wir etwa 99 Prozent der Bevölkerung so klassifizieren, dass sie einen erotischen Persönlichkeitstyp aufweisen. Wenn wir die Menschen fragen: »Ist Sex für Ihr Glück von wesentlicher Bedeutung?«, würden wir etwa die Hälfte der Bevölkerung so einstufen, dass sie zum erotischen Persönlichkeitstyp gehört. Wenn wir die Menschen fragen: »Wären Sie bereit, Ihr Leben zu opfern, um eine Nacht mit Ihrem Lieblingsfilmstar zu verbringen?«, würden wir weniger als 1 Prozent der Bevölkerung so klassifizieren, dass sie einen erotischen Persönlichkeitstyp aufweist.

Zur Menschheit gehören nicht von Natur aus viel mehr Exemplare des Typs ISTJ als die vom Typ ISFP. Die Unterschiede sind eine Folge der Art und Weise, wie die Fragen in den Messinstrumenten des MBTI formuliert wurden. Beim Typus ISTJ im MBTI werden eher durchschnittlich hohe Testwerte erfasst als beim ISFP; das führt zur Illusion stark unterschiedlicher Häufigkeiten, die für die jeweiligen Typen vorliegen. Der MBTI sollte neu formuliert werden, so dass alle 16 Typen in etwa gleich häufig vorkommen.

Im Gegensatz dazu wurden die Fragen für das RMP absichtlich so formuliert, dass sie eine maximale psychometrische Differenzierung bieten. Beim RMP sind alle 16 stark ausgeprägten Bedürfnisse gleich verbreitet wie alle 16 schwach ausgeprägten Bedürfnisse. »Stark« bedeutet immer 20 Prozent der Bevölkerung, »schwach« bedeutet weitere 20 Prozent der Bevölkerung, und »durchschnittlich« bedeutet immer 60 Prozent der Bevölkerung.

Schlussfolgerungen

Der MBTI ist ein valides Messinstrument für eine enge Bandbreite motivationsbezogener Persönlichkeitsmerkmale, vor allem Ordnungsliebe, Geselligkeit und geistige Neugier. Dem MBTI fehlt es an Breite, weil es keine oder nur wenige Items hinsichtlich einer Reihe relevanter Aspekte der Persönlichkeit enthält wie Elternrolle, Status, Eros, körperliche Aktivität, Leistung, Wettbewerbsgeist und Sparen. Die theoretische Fundierung des MBTI beruht auf zu wenigen Persönlichkeitsdimensionen, als dass sie eine detaillierte Erklärung der normalen Persönlichkeit bieten könnte.

Der MBTI kann im Sinne einer Motivationstheorie neu interpretiert werden. Alle Persönlichkeitsmerkmale des MBTI können durch das RMP erfasst werden, ohne dass wir uns viel um die Theorie von Jung oder um die des MBTI kümmern müssen. Die normale Persönlichkeit kann ein Ergebnis von 16 motivationalen Einflussfaktoren sein und nicht so sehr das Ergebnis von vier psychologischen MBTI-Dimensionen der Wahrnehmung und des Urteils.

Beim MBTI und beim RMP handelt es sich um miteinander vereinbare Instrumente. Beide enthalten eine Botschaft der Toleranz gegenüber allen Arten von Persönlichkeiten, und die ist wichtig für Teamarbeit und Beziehungen. Beide lehren Selbstbewusstheit. Die gemeinsame Verwendung der beiden Instrumente scheint den Prozess der Selbsterkundung zu fördern, indem die Menschen dazu angeregt werden, tiefer darüber nachzudenken, wer sie sind. Wenn die beiden Instrumente zusammen eingesetzt werden, können die Betreffenden ihre Ergebnisse vergleichen und dann die auswählen, durch die sie ihrer Auffassung nach am besten beschrieben werden. Obwohl es sich nicht um eine wissenschaftlich valide Vorgehensweise handelt, scheint sie in pädagogischen Zusammenhängen dadurch zu funktionieren, dass Denkprozesse in Gang gesetzt werden.

Historisch gesehen konzentrierte sich der MBTI auf angeborene Persönlichkeitsmerkmale und leistete Bahnbrechendes bei der Untersuchung der normalen Persönlichkeitstypen. Doch viele lerntheoretisch ausgerichtete Forscher stellen den wissenschaftlichen Status des MBTI infrage (z.B. Hunsley, Lee & Wood, 2004). Meine eigene Meinung ist, dass das MBTI ein valides Messinstrument für eine enge Bandbreite von Persönlichkeitsmaßen ist und dass die wissenschaftliche Kritik daran übertrieben ist. Trotzdem glaube ich, dass noch weitere Untersuchungen über die motivationale Grundlage des MBTI durchgeführt werden müssen. Wissenschaftler sollten die Motive erforschen, die jedem Einzelnen der Items im MBTI zugrunde liegen. Sie sollten evaluieren, ob normale Persönlichkeitsmerkmale durch die Jung'schen Persönlichkeitsmerkmale besser erklärt werden als durch die 16 Grundbedürfnisse oder umgekehrt. Es ist notwendig, einige der Dimensionskonstrukte des MBTI, denen es an Klarheit und wissenschaftlicher Strenge fehlt, zu erhärten. Dennoch sollte das MBTI als ein historisch bedeutsamer Bruch mit der Tendenz der Psychodynamik gewürdigt werden, Individualität mit Abnormalität zu verwechseln. Der MBTI ersetzte Freuds Konstrukt der Psychopathologie des Alltagslebens, das die Intoleranz und die zu häufige Verwendung bestimmter Diagnosen förderte, durch das Konstrukt der natürlichen individuellen Unterschiede. Dies förderte Toleranz und Verständnis. Zu seiner Zeit war der MBTI insofern ein ungeheuer wichtiger Fortschritt, als die Persönlichkeit aus der Perspektive des Normalen gesehen wurde.

KAPITEL 10

Die 16 Motivationsprinzipien

Die folgenden Prinzipien stellen die Annahmen der Motivationsanalyse dar und fassen einiges vom Inhalt dieses Buchs zusammen.

Prinzip 1. Grundbedürfnisse, auch als psychologische Bedürfnisse bezeichnet, gestatten Vorhersagen über das Verhalten in der natürlichen Umwelt. (Siehe Kapitel 1 zu den Einzelheiten.)

Wenn Sie vorhersagen wollen, was jemand wahrscheinlich in Situationen des wirklichen Lebens tun wird, sollten Sie herausfinden, was die Person will, und dann vorhersagen, dass sie versuchen wird, es zu bekommen. Wenn Sie z.B. wissen, dass jemand durch Ehrgeiz motiviert ist, können Sie vorhersagen, dass die Person viel Zeit mit dem Versuch verbringen wird, Karriere zu machen. Wenn Sie wissen, dass jemand durch Status motiviert ist, können Sie vorhersagen, dass die Person modische Kleidung tragen wird.

Ich empfehle eine zweistufige Analyse, um das Verhalten in der natürlichen Umwelt vorherzusagen. Diese Strategie funktioniert nicht immer, aber sie funktioniert besser als das, was Verhaltenswissenschaftler momentan machen. In Stufe 1 bestimmt der Motivationsanalytiker die intrinsischen Ziele der Person. In Stufe 2 gibt der Motivationsanalytiker ein Urteil über die wahrscheinlichste Methode ab, mit der die Person ihre Ziele verfolgen wird. Auf dieser Stufe können viele Faktoren berücksichtigt werden, einschließlich der Gewohnheiten des Betreffenden, seiner Fertigkeiten und seiner Fähigkeiten zur Informationsverarbeitung. Man sollte auch die verhaltensbezogenen Kontexte, Umwelten und Situationen in die Überlegung einbeziehen.

Nehmen wir an, zwei Personen – die eine mit guten interpersonellen Fertigkeiten, die andere ohne – haben ein stark ausgeprägtes Bedürfnis nach Macht. Die fähige Person könnte eine Führungsrolle anstreben oder nach Möglichkeiten suchen, Leistung zu zeigen. Im Gegensatz dazu könnte die nicht so fähige Person herrisch, aufdringlich, beherrschend oder tyrannisch sein. Bei der Vorhersage geht es schlicht um die wahrscheinlichste Methode, mit der die Person Erfahrung mit dem Einfluss ihres Willens machen kann.

Prinzip 2. Motivation besteht darin, tief sitzende Wertvorstellungen zur Geltung zu bringen, und nicht darin, psychische Energie zu entladen. (Siehe Kapitel 2 zu den Einzelheiten.)

In der Zeitung habe ich einen Bericht über das angeblich wieder belebte Interesse an Freud gelesen. Die Experten, die für den Bericht interviewt wurden, räumten ein, dass Freuds Motivationsanalyse fehlerhaft ist, aber sie fuhren fort, dass Freud bei vielen anderen Fragen recht hatte. Sie sahen Freuds Fehler als Bagatelle oder als etwas, was nicht integraler Bestandteil der Psychoanalyse als Ganzes ist.

Psychoanalytiker betrachten Motivation als »psychische Energie«, die Persönlichkeitsstrukturen in etwa so aufleuchten lässt, wie die Elektrizität Birnen aufleuchten lässt. Sie sind der Meinung, dass Freud irrte mit seiner Auffassung, dass Sexualität und Aggression die einzigen beiden Quellen einer solchen Energie sind. Heute erkennen viele psychodynamische Theoretiker andere Quellen psychischer Energie an als nur Sexualität und Aggression, aber sie würdigen Freud dafür, dass er in valider Weise beschrieben hat, wie psychische Energie Persönlichkeitsstrukturen aufleuchten lässt.

Ich bin mit der Vorstellung, dass Motivation psychische Energie ist, nicht einverstanden. Meine Auffassung ist die, dass es sich bei der Motivation um Absicht, Wertvorstellungen und den Sinn des Lebens handelt. Das Konstrukt der psychischen Energie setzt voraus, dass es im Leben darum geht, mit ihr fertig zu werden (d.h. Energie/Spannung zu entladen, bis keine mehr vorhanden ist). Als ich sehr krank war und dachte, ich würde bald sterben, sagte meine innere Stimme dennoch nicht: »Großartig! Ich habe am Ende all diese Spannung und psychische Energie entladen!« Meine innere Stimme sagte: »Ich werde weiter zu meinen Wertvorstellungen stehen. Selbst wenn mein Leben und mein Tod im riesigen Universum des unendlichen Raums und der unendlichen Zeit unbedeutend sind, werde ich weiterhin meine Wertvorstellungen zur Geltung bringen, bis ich es nicht mehr kann.«

Wir sind eine Art, die motiviert ist, ihren Wertvorstellungen Geltung zu verschaffen. Menschen handeln aus keinem anderen Grund, als ihre Wertvorstellungen zum Ausdruck zu bringen. *Verhalten hat ein Ziel und einen Sinn, der durch Konstrukte wie »psychische Energie« nicht erfasst wird.*

Viele Menschen scheinen ihre Wertvorstellungen auch zum Ausdruck zu bringen, wenn dies zu persönlichem Schmerz, zu Opfern und zu Nachteilen führt. Soldaten, bei denen die Ehre einen hohen Stellenwert einnimmt, opfern vielleicht ihr Leben, wenn ihre soldatische Pflicht ebendies von ihnen verlangt. Viele Eltern verzichten zum Wohl ihrer Kinder auf persönliches Glück.

Motive und Wertvorstellungen sind eng mit den Eigenschaften einer Person verbunden – wenn man das eine kennt, kann man das andere erraten. Für eine Person mit einem starken Grundbedürfnis nach Neugier beispielsweise sind Ideen wichtig, während für eine Person mit einem schwachen Grundbedürfnis nach Neugier Taten von Belang sind. Für eine Person mit einem starken Grundbedürfnis nach Rache ist das Siegen wichtig, während für eine Person mit einem schwachen Grundbedürfnis nach Rache der Kompromiss bedeutsam ist. Jahrhunderte lang wurde die wissenschaftliche Motivationsanalyse als Teilgebiet der Moralphilosophie aufgefasst.

Prinzip 3. Wir können zwischen Mitteln und Zielen unterscheiden. Nur durch Ziele lassen sich Persönlichkeit und Verhalten erklären.

Aristoteles (1953/330 v. Chr.) teilte die Motive in *Mittel* und *Ziele* ein. Ziele sind das, was wir uns intrinsisch wünschen, während Mittel die Methoden sind, um die Ziele zu erreichen. Wenn wir z. B. etwas essen, ist die Mahlzeit das Mittel und die Erhaltung des eigenen Lebens das

Ziel. Wenn ein Kind nur so zum Spaß Ball spielt, ist das Ballspiel das Mittel und das Training ist das Ziel. Wird ein Kind für eine Zeichnung belohnt, haben wir es mit zwei Mittel-Ziel-Prozessen zu tun: Die Belohnung ist ein Mittel, um das oberste Ziel Status zu erreichen; und die Zeichnung ist das Mittel, um das oberste Ziel Kompetenz zu erreichen (fällt unter die Kategorie Grundbedürfnis nach Macht).

Die Sozialpsychologen haben die alte Unterscheidung zwischen Mitteln und Zielen missverstanden. Sie haben die aristotelischen Mittel als eine gesonderte Motivationsquelle erörtert, die sie als »extrinsische Motivation« bezeichnet haben (z.B. Deci & Ryan, 1985). Das ist ein logischer Fehler, denn die extrinsische Motivation stammt immer aus einer intrinsischen Quelle und ist daher nicht unabhängig von der intrinsischen Motivation. Ohne Ziele (manchmal als »intrinsische Motivation« bezeichnet) würden Mittel (manchmal als »extrinsische Motivation« bezeichnet) nicht als Motivation dienen. Wenn es den Hunger nicht gäbe, wären wir nicht motiviert, etwas zu essen. Wenn es nicht das Bedürfnis nach Status gäbe, würden wir nicht durch materielle Belohnungen motiviert.

Die Motivationsanalyse macht sich die aristotelischen Konstrukte zu eigen. Handlungen und Verhaltensweisen sind Mittel, während Bedürfnisse motivierende Ziele sind. Die 16 Grundbedürfnisse sind Ziele. Dies lässt darauf schließen, dass sie potenziell Verhalten erklären.

Prinzip 4. Die Motivation des Menschen hat viele Fassetten und lässt sich nicht auf nur zwei oder drei Motivationsarten reduzieren. 16 Grundbedürfnisse (psychologische Bedürfnisse) beflügeln die menschliche Seele. (Siehe Kapitel 2 zu den Einzelheiten.)

Im Lauf der Geschichte haben die Gelehrten über die Möglichkeit gestritten, die Motive des Menschen auf eine kleine Anzahl zu reduzieren (Reiss, 2004a). Die antiken griechischen Philosophen beispielsweise fassten die Motive so auf, dass sie Geist, Körper und Seele repräsentieren. Die Hedonisten unterteilten die Motive in lustsuchende und schmerzvermeidende. Freud behauptete, dass es bei allen Motiven des Menschen um Sexualität oder Aggression geht. Die Sozialpsychologen haben die Motive in nur zwei Motivarten klassifiziert, die intrinsische und die extrinsische Motivation.

Im Gegensatz dazu haben die psychologischen Bedürfnistheoretiker eine Anzahl genetisch unterschiedlicher Motive anerkannt, die sich nicht nur auf zwei oder drei Arten reduzieren lassen. William James (1918/1890), William McDougall (2003/1908) und Henry Murray (1938) beispielsweise behaupteten, dass sich die Natur des Menschen durch eine Vielfalt genetisch unterschiedlicher, universeller Motive auszeichnet. Die Theorie der 16 Grundbedürfnisse ist ein Beispiel für eine Theorie mit vielen Fassetten. Obwohl die 16 Grundbedürfnisse kombiniert auftreten und koordiniert agieren können, lassen sie sich nicht auf nur zwei oder drei Arten reduzieren.

Der Sozialpsychologe Bernard Weiner (1995) von der University of California in Los Angeles gibt zwei Kategorien der Motivation den Vorzug, der intrinsischen und der extrinsischen Motivation. Er kritisierte mich dafür, dass ich mich in der Forschung mit psychologischen Bedürfnissen beschäftige, weil sich die früheren Ansätze mit mehreren Fassetten nicht als erfolgreich erwiesen hätten. Frühere Taxonomien wurden nicht wissenschaftlich validiert, während die hier dargestellte Taxonomie eingehend auf ihre Gültigkeit überprüft wurde (siehe Kapitel 2). Die alten Taxonomien beruhten auf der psychodynamischen Theorie oder auf anekdotischen Beobachtungen, während die Taxonomie, die in diesem Buch dargestellt wird, auf wissenschaftlich validen Befragungen von Menschen zu ihren Aussagen darüber beruhen, was sie motiviert (Reiss & Havercamp, 1998). Chemiker haben nahezu 3000 Jahre lang nicht gültige Taxonomien des physikalischen Universums hervorgebracht, bevor sie das Periodensystem entwickelten. Wenn Chemiker 3000 Jahre brauchen dürfen, um eine valide Taxonomie der Elemente zu entwickeln, warum dürfen dann Psychologen nicht 100 Jahre für eine valide Taxonomie des psychologischen Bedürfnisse benötigen?

Die 16 Grundbedürfnisse wurden in wissenschaftlichen Studien und durch Anwendung in der realen Welt validiert. Zum Zeitpunkt, zu dem diese Zeilen geschrieben wurden, sind mehr als 25 000 Menschen mithilfe des RMP getestet worden. Eine große Zahl von Menschen berichtete, dass das Instrument hilfreich war. Zusätzlich zur Unterstützung durch Empfehlungsschreiben – manchmal auch als »soziale Validität« bezeichnet oder als »Validität, die die Menschen erkennen können« – berichteten Wissenschaftler über Studien, bei denen wiederholt die wissenschaftlichen Standards der Konstruktvalidität, der inneren Reliabilität und der Retest-Reliabilität nachgewiesen wurden. Die Forscher haben gezeigt, dass sich mithilfe jedes der 16 Grundbedürfnisse die Ergebnisse verschiedener Persönlichkeitstests oder bedeutsamer Verhaltensweisen in der realen Welt signifikant vorhersagen lassen. *Die Validierung der 16 Grundbedürfnisse lässt die Validierungsversuche fragwürdig werden, bei denen es nur zwei Arten von Motiven wie intrinsisch und extrinsisch gibt.*

Prinzip 5. Grundbedürfnisse haben zwei bedeutsame charakteristische Merkmale, die als *intrinsisch hoch bewertetes Ziel* und als *sättigende Intensität* bezeichnet werden. Das intrinsisch hoch bewertete Ziel ist der Zweck eines Grundbedürfnisses. Die sättigende Intensität ist die gewünschte Menge, Häufigkeit oder Intensität des intrinsisch hoch bewerteten Ziels. (Siehe Kapitel 2 zu den Einzelheiten.)

Durch die Natur des Menschen wird bestimmt, *was* er vom Leben will; dagegen hängt es vom Individuum ab, *wie viel* es davon haben will. Es entspricht der Natur des Menschen, essen zu wollen; doch einige Einzelpersonen essen mehr als andere. Es liegt in der Natur des Menschen, denen entgegenzutreten, die angreifen; doch einigen Menschen ist das Siegen wichtiger als anderen. Es liegt in der Natur des Menschen, etwas zu leisten; doch einige strengen sich mehr an als andere. Die 16 Grundbedürfnisse verweisen auf die universellen, intrinsisch gewünschten Ziele der Menschheit. Hier handelt es sich um die motivierenden Verhaltensziele oder um das »Was« in »Was die Menschen wollen«. Bei den Ergebnissen eines RMP wird für eine einzelne Person abgeschätzt, wie viel Erfahrung sie sich bei jedem intrinsisch hoch bewerteten Ziel wünscht.

Viele Wissenschaftler schreiben über Motivation und machen sich dabei nur wenig Gedanken über sättigende Intensitäten. Bildungsphilosophen beispielsweise haben sich mit der Freude am Lernen beschäftigt, als handle es sich um eine potenziell unbegrenzte, unendliche

Freude. Sie haben argumentiert, dass jeder mit dem Potenzial auf die Welt komme, in der Schule aufzublühen, da Lernen eine Freude sei. Diese Philosophen sind nicht auf den Gedanken gekommen, die Freude am Lernen bzw. an Bildung zu quantifizieren und die sättigenden Intensitäten festzustellen. Ich würde argumentieren, dass Bildung etwa in der ersten halben Stunde eine natürliche Freude ist – danach wird sie für viele Schüler eine natürliche Frustration.

Prinzip 6. Jedes der 16 Grundbedürfnisse kann man sich als ein Motivationskontinuum vorstellen. Die Punkte auf diesen Kontinua stehen für unterschiedliche Intensitäten der Motivation. Eine »Sensibilität« oder ein »aristotelisches Mittel« oder eine »sättigende Intensität« ist der erwünschte Punkt einer zeitweiligen Balance (Sättigung). (Siehe Kapitel 3 zu den Einzelheiten.)

Wie Aristoteles (1953/330 v. Chr.) anmerkte, sind die Menschen motiviert, zwei als Zwillinge auftretende Missvergnügen zu meiden: ein »Zuwenig« und ein »Zuviel« ihrer intrinsisch geschätzten Erfahrungen. Wie viel »zu viel« und wie wenig »zu wenig« ist, hängt von den Wertvorstellungen des Individuums ab. In Abbildung 10.1 ist beispielsweise dargestellt, dass sich Henry und Jake darin unterscheiden, wie viel sozialen Kontakt sie sich wünschen. Henry sucht in etwa 10 Prozent der Zeit, in der er nicht schläft, den Kontakt zu anderen, während dies bei Jake in 50 Prozent dieser Zeit der Fall ist. Wenn das Ausmaß des sozialen Kontakts, den Henry oder Jake haben, geringer ist, als sie es sich wünschen, sind sie motiviert, Kontakte zu knüpfen. Wenn das Ausmaß des sozialen Kontakts, den sie haben, in etwa so ist, wie sie es sich wünschen, sind sie gesättigt. Wenn das Ausmaß des praktizierten sozialen Kontakts größer ist, als sie es sich wünschen, sind sie motiviert, allein zu sein.

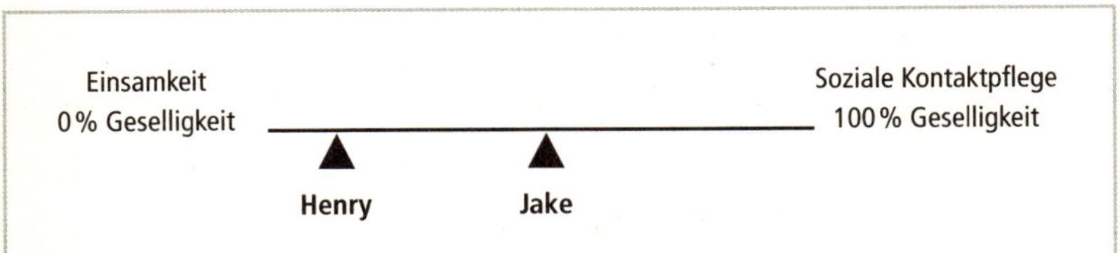

Abbildung 10.1: Das Grundbedürfnis nach Beziehungen als Motivationskontinuum

Nehmen wir einmal an, Henry und Jake besuchen eine Party, die fünf Stunden dauert. Henry hat zunächst Spaß an der Party, doch nach einer Weile zehrt die ständige Anforderung, Kontakte zu knüpfen, an seiner Energie. Jake hingegen ist noch voller Elan, als die Party zu Ende geht. Nach der Party geht Henry nach Hause, während Jake und seine Freunde ins nächste Lokal gehen, um weiterzufeiern.

Die Menschen regulieren ihre intrinsisch hoch bewerteten Erfahrungen, sie stutzen sie auf das richtige Maß zurecht und bringen sie in ein Gleichgewicht. Der Regulationsprozess ist ungenau und approximativ. Eine Person könnte die Nahrungsaufnahme mit etwa 2500 Kalorien am Tag in ein Gleichgewicht bringen; doch an einem beliebigen Tag oder in einer beliebigen Woche isst sie möglicherweise deutlich mehr oder weniger als die 2500 Kalorien am Tag. Entsprechend könnten Menschen, die einen Ausgleich zwischen Arbeit und Freizeit haben wollen, eine Zeit durchlaufen, in der sie über Wochen oder Monate lange arbeiten. Die Motivationsanalyse konzentriert sich auf unsere Bemühungen, unsere Erfahrungen langfristig auszubalancieren. Die Motivationsanalyse sagt nicht voraus, wie die Häufigkeiten des Konsums intrinsisch hoch bewerteter Ziele kurzfristig schwanken.

Prinzip 7. Die 16 Grundbedürfnisse machen uns zu Individuen. Jeder verfügt über die 16 Grundbedürfnisse, aber in unterschiedlichem Ausmaß. Die sättigenden Intensitäten, mit denen ein Individuum die 16 Grundbedürfnisse erlebt, sagen etwas über seine normalen Persönlichkeitsmerkmale aus. (Siehe Kapitel 3 und 4 zu den Einzelheiten.)

Die Verhaltensweisen, mit denen man die Grundbedürfnisse durchschnittlicher Intensität befriedigt, sind nicht charakteristisch; sie zeichnen Sie nicht als jemanden aus, der sich deutlich von anderen unterscheidet. Alles, was man benötigt, um Grundbedürfnisse durchschnittlicher Intensität zu befriedigen, ist, seinen normalen Geschäften nachzugehen; dann werden die Bedürfnisse ganz nebenbei befriedigt. Die Menschen jedoch, die starke und schwache Grundbedürfnisse haben, müssen selber etwas tun, um ihre Bedürfnisse zu befriedigen. Persönlichkeitsmerkmale sind Gewohnheiten, die sich Menschen aneignen, um ihre Grundbedürfnisse starker oder schwacher Intensität zu regulieren und auszubalancieren.

Denken Sie an das Beispiel von Henry und Jake, das in Abbildung 10.1 dargestellt ist. Ob sie zum Introvertierten oder zum Extravertierten werden, kann von den normativ vorgegebenen Bedürfnissen der Gesellschaft abhängen, in der sie leben. Nehmen wir einmal an, Henry und Jake lebten in einer Gesellschaft, in der der Durchschnittsmensch 70 Prozent seiner Zeit damit verbringt, Beziehungen zu anderen Menschen zu pflegen. In einer solchen Gesellschaft würde das tägliche Leben viel mehr soziale Erfahrungen bieten, als sie weder Henry noch Jake ertragen können. Beide würden in einer solchen Gesellschaft zu introvertierten Menschen, weil ihr Ziel darin bestünde, andere zu entmutigen, dass sie mit ihnen interagieren. Nehmen wir andererseits an, Henry und Jake wären in einer Gesellschaft groß geworden, in der der Durchschnittsmensch nur 5 Prozent seiner Zeit damit verbringt, Beziehungen zu anderen Menschen zu pflegen. In einer solchen Gesellschaft würde das alltägliche Leben viel weniger soziale Erfahrungen bieten, als es sich Henry oder Jake wünschen. Beide würden in einer solchen Gesellschaft zu extravertierten Menschen werden, weil sie Gewohnheiten erlernen würden, die andere Menschen anziehen.

Wenn das normativ vorgegebene (durchschnittliche) Bedürfnis nach Beziehungen zwischen 10 und 50 Prozent betragen sollte, würde aus Henry ein introvertierter Mensch und aus Jake ein extravertierter Mensch. Sie würden diese Persönlichkeitsmerkmale als wirkungsvolles Mittel dazu erlernen, ihre sozialen Beziehungen in Richtung auf das erwünschte Niveau zu regulieren.

Einige Persönlichkeitsmerkmale befriedigen zwei oder mehr Grundbedürfnisse. Das Persönlichkeitsmerkmal beispielsweise, abenteuerlustig zu sein, kann sowohl ein schwach ausgeprägtes Grundbedürfnis nach Anerkennung als auch ein schwach ausgeprägtes Grundbedürfnis nach Ruhe befriedigen. Mit anderen Worten: Abenteuerlustige Menschen sind sowohl selbstbewusst als auch wagemutig (sie genießen es, einer mittleren Gefahr ausgesetzt zu sein).

Das »Wörterbuch der normalen Persönlichkeitsmerkmale« (engl. Dictionary of Normal Personality Traits oder DNP, Anhang A), das am

Ende dieses Buchs abgedruckt ist, liefert eine theoretische Erklärung für starke oder schwache Grundbedürfnisse, die zu den im Lexikon aufgelisteten Persönlichkeitsmerkmalen motivieren. Beim Wörterbuch der normalen Persönlichkeitsmerkmale handelt es sich um eine theoretische Behauptung, die wissenschaftlich überprüft werden kann.

Prinzip 8. Stark sättigende Intensitäten motivieren zum Interesse an mehreren Objekten, mit denen man das Bedürfnis befriedigen kann.

Wie in Kapitel 8 angemerkt, ist die Anzahl der unterschiedlichen Objekte, mit denen eine Person im typischen Fall ein Bedürfnis befriedigen will, positiv mit der Intensität der relevanten Grundbedürfnisse korreliert. Menschen mit einem stark ausgeprägten Grundbedürfnis nach Neugier beispielsweise neigen dazu, über viele Themen etwas in Erfahrung bringen zu wollen, nicht nur über zwei oder drei Gegenstände. Menschen mit einem stark ausgeprägten Grundbedürfnis nach Status neigen dazu, viele materielle Güter besitzen zu wollen, nicht nur einen teuren Wagen oder ein Haus. Menschen mit einem stark ausgeprägten Grundbedürfnis nach Essen neigen dazu, viele unterschiedliche Nahrungsmittel zu sich zu nehmen.

Prinzip 9. Die Selbsteinschätzung ist häufig eine valide Methode, etwas über die Grundbedürfnisse und die psychologischen Bedürfnisse einer Person in Erfahrung zu bringen. (Siehe Kapitel 2 zu den Einzelheiten.)

Seit Freud erkannte hatte, dass eine seiner hysterischen Patientinnen ihn irrtümlich an ihre Vergewaltigung glauben ließ – sie hatte sich nur vorgestellt, vergewaltigt worden zu sein –, waren die Psychologen misstrauisch gegenüber dem, was die Menschen ihnen erzählten (man bezeichnet das als Selbsteinschätzungsdaten). Studien haben gezeigt, dass sich Menschen, wenn man ihnen Fragen über die eigene Person stellt, angegriffen fühlen, ihre guten Eigenschaften überbetonen und ihre sozial unerwünschten Eigenschaften unterbewerten (z.B. Crowne & Marlowe, 1960; Kagan, 2005).

Erhebungen zur Motivation sollten bei den Menschen eine bedeutend weniger stark ausprägte Verteidigungshaltung hervorrufen, als dies bei Erhebungen zu Fähigkeiten oder zum Verhalten der Fall ist. Wenn Sie klug sein wollen, aber unbewusst meinen, dass Sie Ihrem eigenen Anspruch nicht gerecht werden, könnten Sie sich angegriffen fühlen, wenn man Sie zu Ihren geistigen Fähigkeiten befragt. Sie müssen sich dagegen überhaupt nicht angegriffen fühlen, wenn man Sie fragt, wie klug sie sein wollen. Wenn Sie ehrlich sein wollen, aber bei einem Test gemogelt haben, könnten Sie sich angegriffen fühlen, wenn man Sie fragt, wie ehrlich Sie sind. Sie würden sich aber nicht angegriffen fühlen, wenn man Sie fragt, wie ehrlich Sie sein wollen. Bei einem Test, in dem es darum geht, was Sie wollen, können Sie jedes beliebige Ergebnis bekommen, das Sie wollen. Da das RMP Motive und Wertvorstellungen erfasst, neigen die Menschen dazu, die Ergebnisse zu bekommen, die sie hoch bewerten.

Allgemein sind Selbsteinschätzungsdaten am ehesten dann nicht valide, wenn die Befragten der Art und Weise misstrauen, wie die Informationen verwendet werden. Wenn eine Person beispielsweise einen Persönlichkeitstest als Bestandteil eines Bewerbungsgesprächs absolviert, wird sie dazu neigen, wünschenswerte Persönlichkeitsmerkmale anzugeben. Ich kenne z.B. einen Mann, der im Rahmen einer Bewerbung online einen Persönlichkeitstest ausfüllte. Neben ihm saßen zwei Psychologen, die ihm rieten, wie er antworten solle. Wenn jedoch eine Einzelperson um der Selbsterkundung willen ihre Motivation erfassen lässt, hat sie keinen Anreiz, ihre Antworten verzerrt darzustellen. Havercamp und Reiss (2003) vewendeten die Marlowe-Crowne Social Desirability Scale (Crowne & Marlow, 1960), um die Tendenz beim RMP zu evaluieren, bei Menschen Anworten auszulösen, von denen sie meinen, dass sie damit einen guten Eindruck machen. Die Ergebnisse zeigten eine durchschnittliche Korrelation von nur 0,03. Dies bedeutet, dass das Testinstrument eine sehr geringe Verzerrung in Richtung soziale Erwünschtheit aufweist.

Prinzip 10. Die Menschen sollten lernen, kluge Entscheidungen zu treffen, durch die ihre Grundbedürfnisse befriedigt werden. (Siehe Kapitel 5 und 6 zu den Einzelheiten.)

Als ich erstmals Sokrates' berühmtes Zitat »Erkenne dich selbst« hörte, versuchte ich, in mich selbst hineinzusehen, um zu einer Einsicht darüber zu gelangen, wer ich bin. Ich nahm den Rat des antiken Philosophen so ernst, dass ich mir einen Abend Zeit für Introspektion nahm, um mein wahres Selbst zu entdecken. Nachdem ich mich in meinen Sessel gesetzt hatte, erkannte ich, dass ich keine Ahnung hatte, wie ich vorgehen sollte, um mich selbst zu erkennen. »Erkenne dich selbst« klingt großartig, aber es hat keinen praktischen Nutzen, wenn man nicht über eine Methode dafür verfügt. Bei meinem ersten Versuch, »mich selbst zu erkennen«, saß ich in meinem Sessel, um Einsichten zu erlangen, die mir nie kamen. Ich hatte gehofft, dass aus meinem innersten Selbst einige Offenbarungen hervorblubbern würden, damit ich besser verstehen könnte, wer ich bin – aber es geschah nichts. »Erkenne dich selbst« ist leicht gesagt, aber schwer zu verwirklichen.

Die Motivationsanalyse liefert eine Methode, sich seiner eigenen starken und schwachen Bedürfnisse bewusst zu werden. Bei sich selbst die 16 Grundbedürfnisse zu erfassen, ist ein erster Schritt in der Richtung, dass man Einsichten darüber gewinnt, wer man ist. Wenn wir etwas über unsere starken und schwachen Grundbedürfnisse in Erfahrung bringen, können wir feststellen, wie sich diese Grundbedürfnisse in unserer Persönlichkeit und in unserem Verhalten äußern. Wir können lernen, kluge Entscheidungen im Hinblick auf die Karriere, auf den Partner und auf die Freizeit zu treffen. »Kluge« Entscheidungen sind diejenigen, die zur Befriedigung und zum Ausdruck unserer Wertvorstellungen führen. »Nicht so kluge« Entscheidungen sind solche, die zu Frustration der Bedürfnisse und zu Konflikten mit den Wertvorstellungen führen.

Prinzip 11. Die Analyse der Kindheitsgefühle und -erfahrungen bietet oft nur wenig Hilfe beim Lösen persönlicher Probleme eines Erwachsenen oder eines Jugendlichen.

Experten haben gesagt, es sei wichtig, sich über die eigenen Gefühle klar zu werden, die man als Kind gegenüber den Eltern hatte, um die Probleme als Erwachsener zu bewältigen (z.B. Fenichel, 1945; Freud (1963/1916). Ihre Empfehlung beruht auf den folgenden Annahmen:

- **Hypothese I.** Motivation ist »psychische Energie«.
- **Hypothese II.** »Psychische Energie« kann fixiert werden in einem Kindheitstrauma und in Kindheitsfreuden.
- **Hypothese III.** Fixierte Energie kann zu persönlichen Schwierigkeiten führen wie Workaholismus, Perfektionismus und Scheidung.
- **Hypothese IV.** »Einsicht« in die möglichen Ursachen der eigenen Schwierigkeiten in der Kindheit setzt fixierte psychische Energie frei, was zur Katharsis führt.
- **Hypothese V.** Eine wirksame Methode, therapeutische Einsicht zu erreichen, besteht darin, die eigenen Gefühle gegenüber den Eltern während der Kindheit wieder zu erleben.

Wenn einer dieser Hypothesen keine Geltung zukommt – und alle sind wissenschaftlich nicht fundiert und umstritten –, wird Skeptikern Tür und Tor geöffnet, um den Wert der Kindheitsanalyse für die Lösung der Probleme von Erwachsenen infrage zu stellen (Bandura, 1969; Ellis, 1973).

Bitte behalten Sie im Hinterkopf, dass ich nicht das Ende der psychodynamischen Therapie für Menschen ausrufe, die eine seelische Krankheit haben. Dafür *sage ich aber, dass »normale« Menschen, die persönliche Schwierigkeiten haben, lernen sollten, wie sie diese Probleme lösen können, und nicht, wie sie ihre Eltern oder ihre Erziehung dafür verantwortlich machen können.* Die Motivationsanalyse ist potenziell ein wirksamerer Ansatz bei persönlichen Problemen, als die Kindheit zu analysieren. Und sie ist nicht so teuer und zeitraubend.

Prinzip 12. Wir haben eine natürliche Tendenz, anzunehmen, dass unsere Wertvorstellungen die besten sind, und zwar nicht nur für uns, sondern potenziell für alle. Eine solche »Selbstbezogenheit« motiviert zu (1) persönlichen blinden Flecken, (2) Intoleranz gegenüber Menschen mit anderen Wertvorstellungen und (3) einer Neigung, Individualität mit Abnormalität zu verwechseln. (Siehe Kapitel 7 zu den Einzelheiten.)

Wenn wir etwas über uns lernen, meinen wir manchmal, dass wir etwas über den Menschen allgemein gelernt haben. Wir neigen dazu, uns selbst mit dem Menschen allgemein gleichzusetzen, weil wir die Individualität unterschätzen und uns vor allem auf unsere eigenen Erfahrungen zu verlassen. Der Intellektuelle z.B. entdeckt, dass er Spaß am Denken hat, und schließt daraus, dass alle Menschen ihr Leben lang lernen sollten. Der Manager entdeckt, dass er gerne Verantwortung trägt, und hält dann Seminare für Firmen ab, in denen er die überlegenen Tugenden einer Führungspersönlichkeit anpreist. Die Psychologin, die entdeckt, dass sie unabhängig eingestellt ist, behauptet, dass »Autonomie« ein Anzeichen für seelische Gesundheit ist, dass es jedoch ein Anzeichen für eine seelische Krankheit ist, wenn man auf andere angewiesen ist (Abhängigkeit).

Es kommt zu blinden Flecken, wenn wir erwarten, unseren Wertvorstellungen entsprechend beurteilt zu werden, doch andere beurteilen uns stattdessen gemäß *ihren* Wertvorstellungen. Es fällt uns schwer, zu erkennen, dass Menschen uns nach Wertvorstellungen beurteilen, die sich stark von unseren eigenen unterscheiden.

Wir sind eine intolerante Art, weil wir motiviert sind, unsere eigenen Wertvorstellungen zur Geltung zu bringen. Wir haben eine Neigung zu glauben, dass mit Leuten, deren Wertvorstellungen sich deutlich von unseren eigenen unterscheiden, etwas nicht ganz stimmt. Wir können nicht verstehen, wie sich jemand frei dafür entscheiden kann, Ziele zu verfolgen, die wir intrinsisch abwerten, weil all unsere Erfahrungen mit diesen Zielen unerfreulich waren.

Prinzip 13. Menschen binden sich an diejenigen, die ähnliche Wertvorstellungen haben, und trennen sich von denjenigen, die entgegengesetzte Wertvorstellungen haben. (Siehe Kapitel 8 zu den Einzelheiten.)

Wenn zwei Menschen in Bezug auf ein Grundbedürfnis übereinstimmen – beide bewerten die Wertvorstellung hoch (oder werten sie stark ab) –, binden sie sich in Bezug auf dieses Grundbedürfnis (Wiltz & Reiss, 2003). Zwei Menschen mit einem starken Grundbedürfnis nach Status teilen beispielsweise materialistische Wertvorstellungen; dabei meinen beide, dass der andere sein Bedürfnis versteht, eine »sehr wichtige Person« zu sein. Sie haben das Potenzial zur Bildung einer

Partnerschaft, um zusammen wohlhabend zu werden. Zwei Menschen mit einem schwachen Grundbedürfnis nach Status teilen nichtmaterialistische Wertvorstellungen; dabei meinen beide, dass der andere sein Bedürfnis nach Bodenständigkeit versteht. Sie haben das Potenzial, auf der Grundlage einer bescheidenen Lebensweise eine Partnerschaft einzugehen.

Wenn zwei Menschen jedoch in Bezug auf ein Grundbedürfnis nicht zueinander passen, neigen sie dazu, sich aufgrund von Problemen zu trennen, die etwas mit diesem Bedürfnis zu tun haben. Sie verfolgen entgegengesetzte Ziele und wollen in entgegengesetzte Richtungen. Beide neigen dazu, sich vom anderen nicht verstanden zu fühlen. Da beide motiviert sind, ihre Wertvorstellungen zum Ausdruck zu bringen, haben sie das Potenzial, ständig zu streiten. Zwei Menschen etwa, die im Hinblick auf ihre Grundbedürfnisse nicht zueinander passen, haben nicht miteinander zu vereinbarende Wertvorstellungen. Der eine möchte reich und möglicherweise berühmt werden, der andere jedoch ist der Meinung, dass die besten Dinge im Leben gratis sind. Beide machen sich Bestrebungen zu eigen, die dem anderen gleichgültig sind oder die er gering schätzt.

Wir verlieren die Achtung vor Personen, die andere Wertvorstellungen als wir selbst haben. Unabhängige Menschen z.B. neigen dazu, interdependente Menschen herabzuwürdigen, weil sie meinen, es fehle ihnen an Stolz. Interdependente Menschen neigen dazu, unabhängige Menschen abzuwerten, weil sie glauben, sie seien eigensinnig. Risikobereite Menschen werten vorsichtige Menschen ab, weil sie der Auffassung sind, sie seien Feiglinge; vorsichtige Menschen neigen dazu, risikobereite Menschen herabzuwürdigen, weil sie meinen, sie seien unbesonnen.

> **Prinzip 14.** Menschen richten ihre Aufmerksamkeit auf Reize, die für ihre Grundbedürfnisse von Belang sind, und neigen dazu, Reize zu ignorieren, die für ihre Grundbedürfnisse nicht von Belang sind (Reiss & Wiltz, 2004).

Eine Person etwa, die durch ein starkes Grundbedürfnis nach Beziehungen motiviert ist, sucht oft nach Gelegenheiten, mit anderen zusammen zu sein. Dagegen weiß eine Person, die durch ein schwaches Grundbedürfnis nach Beziehungen motiviert ist, vielleicht gar nicht, wer am Wochenende eine Party veranstaltet. Eine Person mit einem starken Grundbedürfnis nach Ordnung bemerkt möglicherweise, dass jemand Asche in einem Aschenbecher hinterlassen hat. Dagegen bemerkt eine Person mit einem schwachen Grundbedürfnis nach Ordnung vielleicht überhaupt nicht, dass das schmutzige Geschirr noch im Spülbecken steht. Eine Person mit einem starken Grundbedürfnis nach Status achtet eventuell darauf, an welcher Stelle im Organigramm einer Firma jeder Einzelne steht, während eine Person mit einem schwachen Grundbedürfnis nach Status vielleicht noch nicht einmal weiß, wer an der Arbeitsstelle wer ist.

Prinzip 15. Positive und negative Emotionen sind ein Anzeichen für die zeitweilige Sättigung oder Nichtbefriedigung eines intrinsisch erwünschten Ziels. (Siehe Kapitel 2 zu den Einzelheiten.)

Wenn ein intrinsisch erwünschtes Ziel zeitweilig gesättigt ist, empfinden die Menschen Freude. Je nach dem grundlegenden Ziel, das gesättigt wird, wird eine andere Freude erlebt. Vitalität etwa ist die Freude, die Menschen erleben, wenn sie zeitweilig ihr Bedürfnis nach körperlicher Aktivität sättigen. In Spaß bzw. Sicherheit äußert sich die Freude, die Menschen erleben, wenn sie zeitweilig ihr Bedürfnis nach Beziehungen bzw. nach Ruhe sättigen.

Wenn ein intrinsisch erwünschtes Ziel zeitweilig nicht befriedigt wird, erleben die Menschen ein negatives Gefühl. Je nach dem spezifischen Grundbedürfnis, das zeitweilig nicht befriedigt wird, erlebt man ein anderes negatives Gefühl. Menschen erleben Chaos, Einsamkeit, Schwerfälligkeit und Furcht, wenn ihr Bedürfnis nach Ordnung, Beziehungen, körperlicher Aktivität und Ruhe nicht befriedigt wird.

Die hedonistischen Psychologen argumentieren, dass Menschen motiviert sind, ihr Vergnügen zu maximieren und ihren Schmerz zu minimieren – aber diese Sichtweise ist im formalen Sinne nicht gültig. Die meisten Menschen verbringen in Wirklichkeit wenig Zeit damit, dem Vergnügen nachzugehen: Die Suche nach Vergnügungen ist noch nicht einmal eines der 16 Grundbedürfnisse des Lebens. Im 19. Jahrhundert merkte der Philosoph John S. Mill (1964/1873) an, die Menschen strebten danach, ihre Ziele zu erreichen (z.B. Nahrung, Wissen, Status, Rechtfertigung), und hätten *nebenbei* auch Freude daran. Die Ziele liefern die Motivation; die Freude ist gewöhnlich eine nichtmotivierende Begleiterscheinung, wenn man das Ziel erreicht hat. Freude ist die Art und Weise, wie die Natur uns sagt, dass wir erreicht haben, was wir wollen, aber Freude selbst ist nicht das, was wir wollen.

Prinzip 16. Die 16 Grundbedürfnisse motivieren potenziell zu stellvertretenden Erfahrungen; dazu gehören Vorlieben für Spiele, Filme und Geschichten.

Seitdem Albert Bandura (1969) in den 1960er Jahren seine einflussreichen Studien zum Modelllernen veröffentlichte, neigen die in der Wissenschaft tätigen Psychologen dazu, das Phänomen der stellvertretenden Befriedigung psychologischer Bedürfnisse in Abrede zu stellen. Bei Banduras Studien sahen einige Kinder einen Film mit Rollenmodellen, die eine »Bobo-Puppe« schlugen, andere Kinder dagegen guckten sich einen Film an, in dem jemand kooperativ mit der Bobo-Puppe spielte (Bandura & Walters, 1963). Nachdem die Kinder den Film gesehen hatten, wurden sie in ein Zimmer mit derselben Bobo-Puppe gebracht, und sie neigten dazu, das Verhalten zu wiederholen, das sie im Film beobachtet hatten. Die Kinder, die das aggressive Rollenmodell gesehen hatten, attackierten und schlugen die Bobo-Puppe mit größerer Wahrscheinlichkeit als die Kinder, die die kooperativen Rollenmodelle betrachtet hatten.

Banduras Studien zum Modelllernen führten zu Ergebnissen, die denen widersprachen, die entsprechend der psychodynamischen Theorie von der Frustrations-Aggressions-Hypothese vorhergesagt worden waren (Dollard et al., 1939). Wenn das Beobachten aggressiver Rollenmodelle, wie durch die Frustrations-Aggressions-Hypothese vorhergesagt, aggressive Energie freisetzt, dann hätten die Kinder, die mit ansahen, wie das Rollenmodell die Bobo-Puppe attackierte, weniger aggressiv sein sollen, wenn sie später der Bobo-Puppe ausgesetzt waren. Bandura widerlegte diese Vorhersage der psychodynamischen Theorie. Er konnte zeigen, dass aggressives Verhalten bei den Kindern durch die Beobachtung aggressiver Rollenmodelle in Wirklichkeit zunimmt.

Die Psychodynamik beruht auf einem Motivationsmodell der »psychischen Energie«, während die Motivationsanalyse auf dem Modell beruht, dass man seine eigenen Wertvorstellungen zur Geltung bringt. Wenn jemand für eine kurze Zeit ein aggressives Rollenmodell beobachtet, so sagt die Motivationsanalyse nicht voraus, dass anschließend das aggressive Verhalten abnimmt. Dafür macht die Motivationsanalyse die Vorhersage, dass die Kinder, die in der Vergangenheit viel aggressives Verhalten erlebt haben, mehr Vergnügen am Betrachten eines aggressiven Rollenmodells haben als Kinder, die in der Vergangenheit vorwiegend nichtaggressives Verhalten beobachtet haben. Banduras Studien überprüften diese Vorhersage nicht. Seine Studien zum Modelllernen zeigten, dass Aggression imitiert werden kann. Aber die Ergebnisse können nicht als Widerlegung der Möglichkeit gesehen werden, dass starke und schwache Grundbedürfnisse zu stellvertretenden Vergnügungen motivieren.

Die Motivationsanalyse sagt vorher, dass sich aggressive Menschen gerne aggressive Stücke, Filme und Fernsehsendungen ansehen, weil die Auswahl derartiger Sendungen ein Mittel ist, ihre eigenen Wertvorstellungen zur Geltung zu bringen. Die Ergebnisse der hier relevanten wissenschaftlichen Studien stützen die Hypothese, dass aggressive Menschen eine Vorliebe für aggressive Filme und Fernsehsendungen haben (z.B. Freedman, 1984).

Jim Wiltz und ich führten eine Studie dazu durch, warum sich die Leute die ersten Reality-TV-Sendungen ansahen wie etwa *Survivor* und *Big Brother*. Wir fanden heraus, dass Menschen mit einem starken Grundbedürfnis nach Status dazu neigen, sich diese Sendungen anzusehen. Diese Personen stufen Reichtum und den Status als Filmstar hoch ein – und das war bei den frühen Reality-TV-Sendungen häufig ein Thema.

Menschen haben das Potenzial, frühere Freuden erneut zu erleben, indem sie sich an die Erlebnisse erinnern, die sie hervorgerufen haben. Die 16 Grundbedürfnisse bringen uns dazu, uns an bestimmte Erlebnisse zu erinnern. Wenn wir uns beispielsweise unsere Leistungen ins

Gedächtnis rufen, können wir erneut ein Gefühl der Kompetenz erleben. Wenn wir über unsere Kinder nachdenken, können wir unsere Liebe ihnen gegenüber wieder erleben. Die Motivationsanalyse sagt vorher, dass ehrgeizige Menschen mehr Zeit damit verbringen, an ihre Leistungen zurückzudenken, als nichtehrgeizige Menschen.

ANHANG A

Wörterbuch der normalen Persönlichkeitsmerkmale

Dieses Wörterbuch listet die Grundbedürfnisse auf, die zu mehr als 500 Persönlichkeitsmerkmalen motivieren. Wenn Sie das Merkmal, nach dem Sie suchen, nicht finden können, suchen Sie einfach nach einem Synonym. Die folgende Liste zeigt die Persönlichkeitsmerkmale, die verwendet wurden, um das Wörterbuch zu erzeugen.

Grundbedürfnis	Persönlichkeitsthemen*	
Anerkennung	↑	Furcht vor Kritik, Unsicherheit, Pessimismus, Fehlanpassung, hilfsbedürftiges Verhalten
	↓	Selbstvertrauen, Optimismus, Abenteuerlust
Beziehungen	↑	Zieht Menschen an/braucht ihre Nähe, Spaß, höflich, freundlich, einer Gruppe zugehörig
	↓	Stößt Menschen ab/meidet sie, ernsthaft, einsam, humorlos, unhöflich, unfreundlich
Ehre	↑	Charakter, Moral, Schuld, Loyalität, Patriotismus, Selbstdisziplin
	↓	Berechnend, unmoralisch, fehlender Charakter, illoyal, unzuverlässig
Eros	↑	Romantisch, starker Sexualtrieb, Sinnlichkeit, schätzt Schönheit
	↓	Schwacher Sexualtrieb, meidet Sex, toleriert Einfachheit
Essen	↑	Appetit, Übergewicht, Sinnenfreude
	↓	Mäkeliger Esser, dünn
Familie	↑	Genießt die Elternrolle und die Kindererziehung, mag Kinder
	↓	Mag die Elternrolle nicht, kümmert sich nicht gerne um Kinder

Idealismus	↑	Gerecht, engagiert, mitfühlend, altruistisch, fair, moralisch gerader Weg, höhere Berufung
	↓	Realistisch, abgebrüht, pragmatisch, unfair, toleriert Ungerechtigkeit
Körperliche Aktivität	↑	Sportlichkeit, Trainiertheit, Stärke, Vitalität, Energie, Fitness
	↓	Mangel an Energie, nicht fit, faul
Macht	↑	Durchsetzung des eigenen Willens, Leistung, Dominanz, Einfluss, Kompetenz/Können
	↓	Keine Durchsetzung des eigenen Willens, unbekümmert, locker, Zuschauer, unterwürfig
Neugier	↑	Denken, Lernen, geistige Aspekte des Lebens, Ideen
	↓	praktisch, nicht intellektuell, gedankenlos
Ordnung	↑	Organisation, Struktur, Stabilität, Details, Planung, Rituale, sauber, gut vorbereitet
	↓	Desorganisiert, spontan, einfallsreich, Veränderung, instabil, nicht vorbereitet
Rache	↑	Aggression, Feindseligkeit, Konflikt, Konfrontation, Opposition, Konkurrenz, gewalttätig, grausam
	↓	Zusammenarbeit, Frieden, nett, Konfliktvermeidung, sanftmütig, versöhnlich
Ruhe	↑	Furcht, Angst, sorgenvoll, schüchtern, meidet das Risiko
	↓	Aufregung, Nervenkitzel, nicht ängstlich, cool, mutig, sucht die Gefahr
Sparen	↑	Sammeln, sparen, repariert Sachen, Geizkragen
	↓	Wirft Dinge weg, verschwenderisch, extravagant
Status	↑	Wichtig, sucht Aufmerksamkeit, snobistisch, Reichtum, Ansehen, korrekt, Oberschicht
	↓	Hat keine Achtung vor Status, vulgär, inkorrekt, Unterschicht, unwichtig
Unabhängigkeit	↑	Individualität, Selbstständigkeit, Eigenständigkeit, Freiheit, eigensinnig, schwierig
	↓	Mystizismus, religiöse Demut, Einssein, zutraulich, braucht andere, gefühlsbetont

* Wie die Tabelle zu lesen ist: Ein starkes Grundbedürfnis nach Anerkennung (↑) motiviert zu Persönlichkeitsmerkmalen, die Furcht vor Kritik, Unsicherheit, Pessimismus, Fehlanpassung oder hilfsbedürftiges Verhalten zum Ausdruck bringen. Ein schwaches Grundbedürfnis nach Anerkennung (↓) motiviert zu Persönlichkeitsmerkmalen, die Selbstvertrauen, Optimismus und Abenteuer zum Ausdruck bringen.

Persönlichkeitsmerkmal	Wahrscheinliche(s) Motiv(e)	Persönlichkeitsthema
Aalglatt	↓ Ehre	Mangel an Charakter
Abenteurer	↓ Ruhe + ↓ Anerkennung	nicht ängstlich und selbstsicher
Abgefeimt	↑ Neugier + ↓ Idealismus	abgebrühtes Denken
Abhängig	↓ Unabhängigkeit + ↑ Anerkennung	braucht andere, unsicher
Abstinent	↑ Ehre	Selbstdisziplin
Abwehrend	↑ Anerkennung	fürchtet Kritik, Ablehnung
Abweisend	↓ Beziehungen	meidet Menschen
Abwesendes Elternteil	↓ Familie	mag Elternrolle nicht
Affektiert	↑ Status	Oberschicht
Aggressiv	↑ Rache	Konflikt
Akademiker	↑ Neugier	geistig interessiert
Aktiv	↑ Körperliche Aktivität	Vitalität
Altruistisch	↑ Idealismus	hilft anderen
Analytisch	↑ Neugier	Denken
Ändert oft seine Meinung	↓ Ordnung	spontan
Angeber	↑ Status	strebt nach Aufmerksamkeit
Angenehmer Gesellschafter	↑ Beziehungen	zieht Menschen an
Angsterfüllt	↑ Ruhe	furchtsam, vorsichtig
Ängstlich	↑ Ruhe	Furcht
Anmaßend	↑ Status	überschätzt, was ihm gebührt
Anmutig	↑ Beziehungen	zieht Menschen an
Anpassungsfähig	↓ Ordnung	Veränderung
Anspruchslos	↓ Unabhängigkeit + ↓ Status	Bescheidenheit, bedürfnislos
Anspruchsvoll	↑ Status	soziale Schicht
Anständig	↓ Rache	nett, Konfliktvermeidung
Apathisch	↓ Macht	Nichtbehauptung des eigenen Willens
Arbeitsam	↑ Macht	Behauptung des eigenen Willens
Arglistig	↑ Rache	Grausamkeit
Argwöhnisch	↑ Anerkennung	Unsicherheit
Aristokratisch	↑ Status	soziale Schicht
Arrogant	↑ Unabhängigkeit oder ↑ Status oder ↑ Macht	Stolz oder Dünkel oder Snobismus
Asketisch	↑ Ehre	Selbstdisziplin
Ästhet	↑ Eros	Schönheit
Auf Abstand	↓ Beziehungen	stößt Menschen ab
Auf Magie vertrauend	↓ Unabhängigkeit	Mystizismus
Aufbrausend	↑ Macht + ↓ Status	Selbstbehauptung, untere soziale Schicht

Persönlichkeitsmerkmal	Wahrscheinliche(s) Motiv(e)	Persönlichkeitsthema
Aufgeblasen	↑ Status	buhlt um Aufmerksamkeit
Aufopfernd	↑ Ehre	ergeben
Aufrecht	↑ Ehre	Charakter
Aufrichtig	↑ Ehre	Ethik/Moral
Aufrührerisch	↑ Rache	Konflikt
Aufsässig	↑ Rache	Opposition/Konflikt
Aufschneider	↑ Unabhängigkeit + ↑ Status + ↑ Macht	Stolz oder Dünkel oder Snobismus
Aus sich herausgehend	↑ Beziehungen	zieht Menschen an
Ausdauernd	↑ körperliche Aktivität	Vitalität
Ausschweifend	↓ Sparen	extravagant
Außenseiter	↓ Status + ↓ Beziehungen	geringes Ansehen, meidet Menschen
Ausweichend	↓ Beziehungen	allein
Authentisch	↑ Ehre	Charakter
Autoritär	↑ Macht	Behauptung des eigenen Willens
Bange	↓ Beziehungen + ↑ Anerkennung	zurückgezogen, unsicher
Barmherzig	↓ Rache	nachsichtig
Bedächtig	↓ Ruhe	ruhig
Bedenkenlos	↓ Ehre	Mangel an Charakter
Bedürfnislos	↓ Status	nicht förmlich
Bedürftig	↑ Anerkennung	unsicher
Beharrlich	↑ Macht	Behauptung des eigenen Willens
Beherzt	↓ Ruhe	sucht die Gefahr
Beleidigend	↑ Rache	Konflikt
Bemutternd	↑ Familie	Kinder großziehen
Berechnend	↓ Ehre	Mangel an Charakter
Beruhigend	↓ Rache	Konfliktvermeidung
Besänftigend	↓ Rache	Frieden
Bescheiden	↓ Status	nicht förmlich
Beschwingt	↓ Anerkennung	Optimismus
Besonnen	↑ Ordnung	planvoll
Besorgt	↑ Ruhe	Sorge, Furcht
Bestechlich	↓ Ehre	Mangel an Charakter
Bewahrer	↑ Sparen	sammelt Dinge
Bissig	↑ Rache	Opposition
Bodenständig	↓ Status	zwanglos
Bösartig	↓ Ehre	schlechtes Benehmen

Persönlichkeitsmerkmal	Wahrscheinliche(s) Motiv(e)	Persönlichkeitsthema
Boshaft	↓ Beziehungen + ↑ Rache	beklagt sich, stößt Menschen ab
Böswillig	↑ Rache	Grausamkeit
Bricht Versprechen	↓ Ehre	Mangel an Moral
Brüsk	↓ Beziehungen	stößt Menschen ab
Brutal	↑ Rache	Grausamkeit
Chaotisch	↑ Ordnung	desorganisiert
Charmant	↑ Beziehungen	zieht Menschen an
Cool	↓ Ruhe	ruhig
Demütig	↓ Unabhängigkeit + ↓ Status	Bescheidenheit, Anspruchslosigkeit
Derb	↓ Status	untere soziale Schicht (unkultiviert)
Desorganisiert	↓ Ordnung	hat keinen Plan
Despotisch	↑ Macht	Dominanz
Dezent	↑ Status + ↓ Rache	Konfliktvermeidung
Diabolisch	↑ Rache	Grausamkeit
Diplomatisch	↑ Status + ↓ Rache	förmlich, Konfliktvermeidung
Distanziert	↓ Beziehungen	stößt Menschen ab
Diszipliniert	↑ Ehre	Charakter
Dreist	↑ Macht	Behauptung des eigenen Willens
Duckmäuserisch	↓ Rache	Konfliktvermeidung
Dumpf	↓ Neugier	nicht klar denkend
Durchdacht	↑ Neugier	Nachdenken
Durchsetzungsfähig	↑ Macht	Behauptung des eigenen Willens
Dynamisch	↑ körperliche Aktivität	Vitalität
Edel	↑ Status	Oberschicht
Effizient	↑ Ordnung	wohlorganisiert
Ehrgeizig	↑ Macht	Behauptung des eigenen Willens
Eifersüchtig	↑ Rache	Konkurrenz
Eigenartig	↓ Status	Desinteresse am eigenen Ruf
Eigenmächtig	↓ Idealismus	unfair
Eigennützig	↓ Ehre	berechnend
Eigenwillig	↑ Unabhängigkeit	Individualität
Einfallsreich	↑ Unabhängigkeit	selbstsicher
Einflussreich	↑ Macht	Behauptung des eigenen Willens

Persönlichkeitsmerkmal	Wahrscheinliche(s) Motiv(e)	Persönlichkeitsthema
Einfühlsam	↑ Beziehungen oder ↓ Unabhängigkeit	zieht Menschen an, gefühlsbetont
Eingebildet	↑ Unabhängigkeit + ↑ Status + ↑ Macht	Stolz oder Dünkel oder Snobismus
Einnehmend	↑ Beziehungen oder ↑ Status	zieht Menschen an oder schmeichelt ihnen
Einsatzfreudig	↓ Anerkennung	selbstbewusst
Einsiedler	↓ Beziehungen	meidet Menschen
Eitel	↑ Unabhängigkeit oder ↑ Status oder ↑ Macht	Stolz oder Dünkel oder Snobismus
Elegant	↑ Eros	Sexualität, Umwerben des anderen Geschlechts
Emotionslos	↓ Ruhe	ruhig
Empathisch	↓ Unabhängigkeit	gefühlsbetont
Empfindlich	↑ Rache	Ärger
Energiegeladen	↑ körperliche Aktivität	macht Muskeltraining
Energisch	↑ Macht	Behauptung des eigenen Willens
Engagiert	↑ Idealismus	engagiert
Entgegenkommend	↑ Beziehungen	zieht Menschen an
Entschlossen	↑ Macht + ↓ Anerkennung + ↑ Unabhängigkeit	selbstbehauptend, selbstsicher, auf sich selbst vertrauend
Entspannt	↓ Macht	entspannt
Entwaffnend	↑ Beziehungen	zieht Menschen an
Erbarmungslos	↑ Rache	Grausamkeit
Erbittert	↑ Rache	Feindseligkeit
Erkennt andere an	↓ Anerkennung	Selbstvertrauen
Ernsthaft	↓ Beziehungen	humorlos
Erotisch	↑ Eros	starker Geschlechtstrieb
Erotisierend	↑ Eros	Sexualität
Essgierig	↑ Essen	Essen
Extravagant	↑ Status	buhlt um Aufmerksamkeit
Extravertiert	↑ Beziehungen	zieht Menschen an
Fair	↑ Idealismus	gerecht, fair
Familienmensch	↑ Familie	Kinder
Fantasievoll	↓ Unabhängigkeit	Mystizismus (nicht an Fakten orientiert)
Fatalistisch	↓ Macht	Zuschauer
Faul	↓ körperliche Aktivität	mag sportliche Betätigung nicht
Faulenzer	↓ körperliche Aktivität	Mangel an Energie

Persönlichkeitsmerkmal	**Wahrscheinliche(s) Motiv(e)**	**Persönlichkeitsthema**
Feige	↑ Ruhe	Furcht
Fesch	↑ Eros	Sexualität
Fest entschlossen	↑ Macht	Behauptung des eigenen Willens
Fit	↑ körperliche Aktivität	Energie
Flegelhaft	↓ Beziehungen	rüde
Flexibel	↓ Ordnung	Veränderung
Folgt seinem Gespür	↓ Ordnung	Spontaneität
Förmlich	↑ Status	förmlich
Forscher	↓ Ruhe + ↓ Anerkennung	sucht die Gefahr, selbstbewusst
Freigebig	↑ Idealismus oder ↓ Rache	Altruismus oder Liebenswürdigkeit
Freiheitsliebend	↑ Unabhängigkeit	Individualismus
Freiwillig für etwas tätig	↑ Idealismus	Altruismus
Fresser	↑ Essen	Appetit
Freundlich	↑ Beziehungen	zieht Menschen an
Friedensstifter	↓ Rache	Konfliktvermeidung
Frigide	↓ Eros	mag Sexualität nicht
Frischluftfanatiker	↑ körperliche Aktivität	sportlich
Fröhlich	↑ Beziehungen	zieht Menschen an
Fromm	↑ Ehre	Selbstdisziplin
Frömmelnd	↑ Ehre	Moral
Fügsam	↓ Rache	Zusammenarbeit
Führungspersönlichkeit	↑ Macht	Dominanz
Fürsorglich	↑ Familie	Kinder großziehen
Furchtlos	↓ Ruhe	nicht ängstlich
Furchtsam	↑ Ruhe	Furcht
Geduldig	↓ Ruhe	nicht ängstlich
Gefräßig	↑ Essen	Appetit
Gefühllos	↓ Idealismus	Mangel an Mitgefühl
Gefühlvoll	↑ Eros	Eros
Gehässig	↓ Ehre	Mangel an Charakter
Gehemmt	↑ Ruhe	Sorge, Furcht
Gehorsam	↓ Macht	unterwürfig
Geht Risiken ein	↓ Ruhe	Risiko
Geistreich	↓ Anerkennung	selbstsicher
Geizig	↑ Sparen	sammelnd
Gelassen	↓ Ruhe	Mangel an Angst
Geltungsbedürftig	↓ Anerkennung + ↑ Macht + ↑ Status	selbstsicher, dünkelhaft, snobistisch

Persönlichkeitsmerkmal	Wahrscheinliche(s) Motiv(e)	Persönlichkeitsthema
Gemein	↑ Rache	Grausamkeit
Genau	↑ Ordnung	Einzelheiten
Genießer	↑ Essen	Appetit
Genügsam	↓ Status	(Abwesenheit von) Reichtum
Gepflegt	↑ Ordnung	wohlorganisiert
Gerissen	↑ Neugier + ↓ Ehre	berechnendes Denken
Geschmacklos	↑ Macht + ↓ Status	unangemessene Selbstbehauptung
Geschniegelt	↑ Status	Überlegenheit
Geschwätzig	↑ Beziehungen	zieht Menschen an
Gesellig	↑ Beziehungen	zieht Menschen an
Gesetzt	↓ Ruhe	ruhig
Gesittet	↑ Beziehungen	höflich
Getrieben	↑ Macht	Behauptung des eigenen Willens
Gewaltlos	↓ Rache	Konfliktvermeidung
Gewandt	↑ Status	soziale Schicht
Gewinnend	↑ Beziehungen	zieht Menschen an
Gewissenhaft	↑ Ehre	Charakter
Gewöhnlich	↓ Status	belanglos
Giftig	↑ Rache + ↑ Unabhängigkeit	reizbar und schwierig
Gleichgültig	↓ Ehre	unzuverlässig
Gleichmacherisch	↓ Status	gleichmacherisch
Glücklich	↓ Anerkennung	Selbstbewusstsein, Optimismus
Grausam	↑ Rache	Grausamkeit
Griesgrämig	↑ Rache	Ärger
Grob	↓ Status	untere soziale Schicht
Grollend	↑ Rache	Konflikt
Großmütig	↑ Idealismus	bester Weg
Großspurig	↓ Anerkennung	zu großes Selbstvertrauen
Großtuerisch	↑ Status	Strebt nach Aufmerksamkeit
Gründlich	↑ Ordnung	Einzelheiten
Guckt weg	↓ Idealismus	duldet Ungerechtigkeit
Gut vorbereitet	↑ Ordnung	planvoll
Habgierig	↑ Status	Reichtum (materialistisch)
Halsstarrig	↑ Macht	Behauptung des eigenen Willens
Halunke	↓ Ehre + ↓ Idealismus	Mangel an Charakter + unfair
Hämisch	↑ Rache	Ärger
Hamsterer	↑ Sparen	sammelnd

Persönlichkeitsmerkmal	Wahrscheinliche(s) Motiv(e)	Persönlichkeitsthema
Handlungsorientiert	↓ Neugier	praktisch orientiert
Hart	↑ Rache	grausam
Hartnäckig	↑ Macht	Behauptung des eigenen Willens
Hasardeur	↓ Ruhe + ↓ Ordnung	Risiko + Spontaneität
Hasserfüllt	↑ Rache	Ärger
Häuslich	↑ Familie	verbringt viel Zeit zu Hause
Hedonistisch	↑ Eros oder ↑ Essen	sinnlicher Mensch
Hegend	↑ Familie	Kinder großziehen
Heimtückisch	↓ Ehre	Mangel an Charakter
Heiter	↓ Ruhe	ruhig
Herablassend	↑ Status	Überlegenheitsgefühl
Herausfordernd	↑ Rache	Opposition
Herrisch	↑ Macht	Dominanz
Herzlos	↓ Idealismus	abgebrüht
Heuchlerisch	↓ Ehre	Mangel an Charakter
Hilflos	↑ Anerkennung oder ↓ Unabhängigkeit	unsicher oder braucht Menschen
Hilfsbereit	↑ Beziehungen oder ↑ Idealismus	zieht Menschen an oder Altruismus
Hinterhältig	↑ Ruhe + ↓ Ehre	Furcht + Berechnung
Hinterlistig	↓ Ehre	Mangel an Charakter
Hochmütig	↑ Status	Überlegenheit
Hochnäsig	↑ Status	Überlegenheit
Höflich	↑ Beziehungen	zieht Menschen an
Humorlos	↓ Beziehungen	stößt Menschen ab
Hygienebewusst	↑ Ordnung	Sauberkeit
Idealist	↑ Idealismus	soziale Gerechtigkeit
Illoyal	↓ Ehre	Mangel an Charakter
Impotent	↓ Eros	sexuelle Inaktivität
Impulsiv	↓ Neugier	gedankenlos
In sich gekehrt	↓ Beziehungen	einsam
Individualistisch	↑ Unabhängigkeit	Autonomie
Ineffizient	↓ Ordnung	desorganisiert
Infam	↓ Ehre	Mangel an Charakter
Insider	↑ Status	Bedeutung in der Gruppe
Integer	↑ Ehre	Charakter
Intellektuell	↑ Neugier	nachdenklich
Intentional	↑ Macht	Behauptung des eigenen Willens

Persönlichkeitsmerkmal	Wahrscheinliche(s) Motiv(e)	Persönlichkeitsthema
Interdependent	↓ Unabhängigkeit	Einssein
Introvertiert	↓ Beziehungen	ist gern allein
Intuitiv	↓ Unabhängigkeit	Mystizismus
Isoliert	↓ Beziehungen	meidet Menschen
Kalt	↓ Beziehungen	stößt Menschen ab
Kaltblütig	↑ Rache	grausam
Kampfbereit	↑ Rache	Opposition
Kämpfer	↑ Rache	Konfrontation
Kampflustig	↑ Rache	Ärger
Kauzig	↑ Unabhängigkeit + ↓ Status	Individualität, Ansehen
Kavalier	↑ Status	überlegen, herablassend
Kenntnisreich	↑ Neugier	Lernen
Kess	↑ Eros	Sexualität
Keusch	↓ Eros	schwacher Geschlechtstrieb
Kindisch	↑ Anerkennung	Unsicherheit
Klatschbase	↑ Beziehungen	klammert sich an Menschen
Kleinbürgerlich	↓ Status	untere soziale Schicht
Knauserig	↑ Sparen	Sparsamkeit
Knickrig	↑ Sparen	Geizkragen
Kokett	↑ Eros	umwerbendes Verhalten
Kompromisslos	↑ Unabhängigkeit	eigensinnig
Kommunikativ	↑ Beziehungen	zieht Menschen an
Konfliktvermeidend	↓ Rache	Zusammenarbeit
Konformistisch	↓ Unabhängigkeit + ↑ Status + ↓ Rache	Einssein, förmlich, willfährig
Konkurrent	↑ Rache	Opposition
Könner	↑ Macht	Kompetenz, Leistung
Kontaktfreudig	↑ Beziehungen	zieht Menschen an
Konzentriert	↑ Macht	Behauptung des eigenen Willens
Kooperativ	↓ Rache	kooperativ
Kraftvoll	↑ körperliche Aktivität	Vitalität
Kreativ	↑ Macht + ↑ Unabhängigkeit + ↓ Ordnung	Macht, Veränderung, Individuum
Kreischend	↑ Rache	Konflikt, Opposition
Kritisch gegenüber anderen	↑ Rache	Opposition
Kühn	↓ Ruhe	wagemutig
Kultiviert	↑ Status	soziale Schicht
Lässig	↓ Status	nicht förmlich
Lässig-elegant	↑ Status	soziale Schicht, förmlich

Persönlichkeitsmerkmal	Wahrscheinliche(s) Motiv(e)	Persönlichkeitsthema
Launisch	↓ Ehre	Mangel an Charakter
Lebendig	↑ körperliche Aktivität	Energie
Lebhaft	↑ Beziehungen	zieht Menschen an
Leicht erregbar	↑ Ruhe	ängstlich
Leichtsinnig	↓ Ruhe	sucht das Aufregende
Leidenschaftlich	↑ Eros	Sexualität
Lernbegierig	↑ Neugier	nachdenklich
Lerner	↑ Neugier	Lernen
Lethargisch	↓ körperliche Energie	Mangel an Energie
Leutselig	↑ Beziehungen	zieht Menschen an
Lieb	↑ Beziehungen	zieht Menschen an
Liebenswert	↑ Beziehungen	zieht Menschen an
Liebenswürdig	↑ Beziehungen	zieht Menschen an
Liebhaber	↑ Eros	Sexualität
Listig	↓ Ehre	pragmatisch
Logisch	↑ Neugier	nachdenklich
Lügner	↓ Ehre	Mangel an Charakter
Lustlos	↓ körperliche Aktivität	Mangel an Energie
Macht sich ständig Sorgen	↑ Ruhe	Sorge
Mächtig	↑ Macht	Behauptung des eigenen Willens
Mager	↓ Essen	Magersucht
Mäkelig	↓ Essen	Herummäkeln
Makellos	↑ Ordnung	Sauberkeit
Männlich	↑ Eros	Sexualität
Märtyrerisch	↑ Idealismus	zu Höherem berufen
Matt	↓ körperliche Energie	Mangel an Energie
Melancholisch	↑ Anerkennung	unsicher, pessimistisch
Menschenfreundlich	↑ Idealismus	engagiert
Mephistophelisch	↓ Ehre	Mangel an Charakter
Misstrauisch	↑ Unabhängigkeit + ↓ Ehre	selbstbewusst, illoyal
Mit sich ringend	↑ Ruhe	Sorge
Mitfühlend	↑ Idealismus	Mitgefühl
Mogler	↓ Ehre	Mangel an Charakter
Mönchisch	↓ Beziehungen	meidet Menschen
Mürrisch	↑ Rache	Ärger
Mütterlich	↑ Familie	Kinder
Munter	↑ körperliche Aktivität	Vitalität
Mutig	↓ Ruhe	mutig
Mutig	↓ Ruhe + ↑ Ehre	furchtlos, Charakter

Persönlichkeitsmerkmal	Wahrscheinliche(s) Motiv(e)	Persönlichkeitsthema
Mystisch	↓ Unabhängigkeit	Mystizismus
Nachdenklich	↑ Neugier	durchdacht
Natürlich	↓ Status	nicht förmlich
Neidisch	↑ Rache	Feindseligkeit
Nett	↓ Rache	nett
Neugierig	↑ Neugier	durchdacht
Neurotisch	↑ Ruhe	Angst
Nicht aggressiv	↓ Rache	Konfliktvermeidung
Nicht durchsetzungsfähig	↓ Macht	Mangel an eigenem Willen
Nicht ehrerbietig	↓ Status	respektlos
Nicht ehrgeizig	↓ Macht	fehlende Durchsetzung des eigenen Willens
Nicht engagiert	↓ Idealismus	ungerührt von Gerechtigkeit
Nicht intellektuell	↓ Neugier	gedankenlos
Nicht nachdenkend	↓ Neugier	gedankenlos
Nicht selbstbewusst	↑ Anerkennung	Unsicherheit
Nicht vertrauenswürdig	↓ Ehre	Mangel an Charakter
Nicht zielgerichtet	↓ Macht	entspannt
Nie zu Hause	↓ Familie	mag die Elternrolle nicht
Niederträchtig	↓ Ehre	Mangel an Charakter
Nonkonformistisch	↑ Unabhängigkeit + ↓ Status	Individualität, Ansehen
Nörglerisch	↑ Rache oder ↑ Unabhängigkeit	reizbar oder schwierig
Nüchtern	↓ Beziehungen	humorlos
Nymphoman	↑ Eros	Sexualität
Ohne Mumm	↑ Ruhe	Furcht
Ohne Rückgrat	↑ Ruhe	Furcht
Oppositionell	↑ Rache	Opposition
Optimistisch	↓ Anerkennung	Optimismus
Ordentlich	↑ Ordnung	wohlorganisiert
Ordnungsgemäß	↑ Status	förmlich
Panisch	↑ Ruhe	Angst
Pedantisch	↑ Ordnung	Einzelheiten
Perfide	↑ Rache	grausam
Pessimistisch	↑ Anerkennung	unsicher
Pflichtbewusst	↑ Ehre	Charakter
Philanthropisch	↑ Idealismus	mitfühlend
Philosophisch	↑ Neugier	nachdenklich
Phobisch	↑ Ruhe	Furcht
Planer	↑ Ordnung	gut vorbereitet

Persönlichkeitsmerkmal	Wahrscheinliche(s) Motiv(e)	Persönlichkeitsthema
Platonisch	↓ Eros	ohne Sexualität
Plebejisch	↓ Status	Unterschicht
Possenreißer	↑ Beziehungen	Spaß
Pragmatisch	↓ Idealismus	realistisch
Prahlerisch	↑ Unabhängigkeit + ↑ Status + ↑ Macht	Stolz oder Dünkel oder Snobismus
Praktisch veranlagt	↓ Neugier	praktisch veranlagt
Präzise	↑ Ordnung	Einzelheiten
Primitiv	↓ Status + ↑ Rache	untere soziale Schicht oder gewalttätig
Prinzipientreu	↑ Ehre	Charakter
Professionell	↑ Macht	Kompetenz
Promiskuitiv	↑ Eros	Sexualität
Provozierend	↑ Rache	Konflikt
Prüde	↓ Eros	mag Sexualität nicht
Pünktlich	↑ Ordnung	Pläne, Einzelheiten
Puristisch	↑ Ordnung	Einzelheiten
Puritanisch	↓ Eros	mag Sexualität nicht
Rachsüchtig	↑ Rache	Konflikt, Ärger
Realistisch	↓ Idealismus	realistisch
Rebellisch	↑ Rache	Opposition/Konflikt
Rechtschaffen	↑ Ehre	Charakter
Redlich	↑ Ehre	Charakter
Reflektierend	↑ Neugier	Nachdenken
Rein	↑ Ordnung	Sauberkeit
Reizbar	↑ Ruhe	Angst
Reserviert	↓ Beziehungen + ↑ Rache	stößt Menschen ab
Respektlos	↓ Status oder ↓ Ehre	lehnt Status ab, illoyal
Respektvoll	↑ Status oder ↑ Ehre	ergeben
Reumütig	↑ Anerkennung	Pessimismus
Roh	↓ Beziehungen	stößt Menschen ab
Romantisch	↑ Eros	Sexualität
Ruchlos	↓ Ehre	Mangel an Charakter
Rücksichtsvoll	↑ Beziehungen	zieht Menschen an
Ruhig	↓ Ruhe oder ↓ Macht oder ↓ Beziehungen	ruhig, nicht durchsetzungsfähig, scheu
Sammelwütig	↑ Sparen	sammelnd
Sammler	↑ Sparen	sammelt Dinge
Sanft	↓ Rache	Frieden
Sauber	↑ Ordnung	Sauberkeit

Persönlichkeitsmerkmal	Wahrscheinliche(s) Motiv(e)	Persönlichkeitsthema
Schäbig	↓ Status	Unterschicht
Schamlos	↓ Ehre	berechnend
Scheu	↓ Beziehungen oder ↑ Anerkennung	zurückgezogen, unsicher
Schlampig	↓ Ordnung	desorganisiert
Schlechte(r) Esser(in)	↓ Essen	nicht an Essen interessiert
Schlemmer	↑ Essen	Appetit
Schmeichler	↓ Ehre	berechnend
Schonungslos	↑ Macht	Behauptung des eigenen Willens
Schroff	↓ Beziehungen	stößt Menschen ab
Schüchtern	↑ Anerkennung + ↓ Macht	unsicher, nicht durchsetzungsfähig
Schuft	↓ Ehre	Mangel an Charakter
Schurke	↓ Ehre	Mangel an Charakter
Schwarzseher	↑ Anerkennung	Angst vor Misserfolg
Schweigsam	↓ Beziehungen oder ↓ Anerkennung	zurückgezogen, unsicher
Schwindler	↓ Ehre	Mangel an Charakter
Schwungvoll	↑ körperliche Aktivität	Vitalität
Selbstbestimmt	↑ Unabhängigkeit	Individualität
Selbstbewusst	↓ Anerkennung	Selbstvertrauen
Selbstbezogen	↓ Idealismus	unfair
Selbstgerecht	↑ Ehre	Ethik/Moral
Selbstsicher	↓ Anerkennung	sicher
Selbstständig	↑ Unabhängigkeit	auf sich selbst vertrauend
Selbstsüchtig	↓ Idealismus oder ↓ Beziehungen	unfair oder unfreundlich
Selbstvertrauen	↓ Anerkennung	sicher
Selbstzweiflerisch	↑ Anerkennung	unsicher
Sensibel	↑ Anerkennung	Furcht vor Kritik
Sexbesessen	↑ Eros	starker Geschlechtstrieb
Sexuell enthaltsam	↓ Eros	meidet Sexualität
Sexuell uninteressiert	↓ Eros	schwacher Geschlechtstrieb
Sexy	↑ Eros	Sexualität
Siegertyp	↑ Rache	Konkurrenz
Sinnlich	↑ Eros	Sexualität, Schönheit
Sippenverbunden	↑ Familie + ↑ Beziehungen	Familie, Zugehörigkeitsgefühl
Skeptisch	↑ Unabhängigkeit oder ↑ Neugier	selbstsicherer Denker
Skrupellos	↑ Rache	Grausamkeit

Persönlichkeitsmerkmal	Wahrscheinliche(s) Motiv(e)	Persönlichkeitsthema
Snobistisch	↑ Status	Überlegenheit
Sorgfältig	↑ Ordnung	detailbesessen
Sparer	↑ Sparen	Sammeln
Sparsam	↑ Sparen	Sparsamkeit
Spielerisch	↑ Beziehungen	Spaß
Spontan	↓ Ordnung	nicht planvoll
Sportlich	↑ Körperliche Aktivität	Sportlichkeit
Standhaft	↑ Ehre	Charakter
Steif	↑ Ordnung	Stabilität
Stoisch	↑ Ehre + ↓ Beziehungen	Selbstdisziplin, ernsthaft
Stolz	↑ Unabhängigkeit	Individualität
Streberisch	↑ Macht	Einfluss, Macht
Strebsam	↑ Macht	Leistung
Streitbar	↑ Rache oder ↑ Ehre	Opposition, diszipliniert
Streitsüchtig	↑ Rache	Konflikt
Stürmisch	↓ Neugier	gedankenlos
Stur	↑ Unabhängigkeit	eigensinnig
Systematisch	↑ Ordnung	wohlorganisiert
Taktlos	↓ Status oder ↑ Rache	respektlos gegenüber Status
Taktvoll	↑ Status + ↑ Beziehungen	sorgt sich um das Ansehen
Teuflisch	↓ Ehre	Mangel an Charakter
Theatralisch	↑ Status	buhlt um Aufmerksamkeit
Tiefsinnig	↑ Neugier	durchdacht
Tolerant	↑ Idealismus	fair
Träge	↓ körperliche Aktivität	Mangel an Energie
Träumer	↑ Idealismus	Altruismus
Treu ergeben	↑ Ehre	Charakter
Trickreich	↓ Ehre	Mangel an Charakter
Trotzköpfig	↑ Unabhängigkeit	eigensinnig
Tückisch	↓ Ehre	Mangel an Charakter
Tyrann	↑ Macht	Dominanz
Überängstlich	↑ Ruhe	ängstlich
Übereinstimmend	↓ Rache	Zusammenarbeit
Überheblich	↓ Status	respektlos
Überlegen	↑ Status	Überlegenheit
Übersinnlich	↓ Unabhängigkeit	Mystizismus
Überzeugend	↑ Macht	Behauptung des eigenen Willens
Unabhängig	↑ Unabhängigkeit	Autonomie
Unangenehm	↓ Beziehungen	stößt Menschen ab

Persönlichkeitsmerkmal	Wahrscheinliche(s) Motiv(e)	Persönlichkeitsthema
Unausstehlich	↓ Beziehungen	stößt Menschen ab
Unbarmherzig	↑ Rache	Grausamkeit
Unbeirrt	↑ Macht	Behauptung des eigenen Willens
Unbekümmert	↓ Ruhe	nicht ängstlich, lässig
Unberechenbar	↓ Ehre	unzuverlässig
Unbeschwert	↓ Macht	unbekümmert
Unbesonnen	↓ Beziehungen	stößt Menschen ab
Unbezähmbar	↑ Macht	Behauptung des eigenen Willens
Unentschlossen	↑ Anerkennung + ↑ Ordnung	an sich selbst zweifelnd oder zwanghaft
Unerschütterlich	↓ Ruhe	ruhig
Unfein	↓ Beziehungen	stößt Menschen ab
Unflexibel	↑ Ordnung	Stabilität
Unfreundlich	↓ Beziehungen	stößt Menschen ab
Ungebührlich	↓ Status	hat keinen Respekt vor Status
Ungehemmt	↓ Ruhe	nicht ängstlich
Ungehobelt	↓ Beziehungen	stößt Menschen ab
Ungehörig	↓ Status + ↑ Macht	respektlose Dreistigkeit
Ungezwungen	↓ Status	bescheiden
Ungnädig	↓ Ehre	unmoralisch, Mangel an Charakter
Unmoralisch	↓ Ehre	Charakter
Unnachgiebig	↑ Unabhängigkeit	eigensinnig
Unnahbar	↓ Beziehungen	stößt Menschen ab
Unordentlich	↓ Ordnung	desorganisiert
Unpersönlich	↓ Beziehungen	stößt Menschen ab
Unpünktlich	↓ Ordnung	spontan
Unreif	↑ Anerkennung	Unsicherheit
Unschlagbar	↑ Macht	Behauptung des eigenen Willens
Unsensibel	↓ Beziehungen	stößt Menschen ab
Unsicher	↑ Anerkennung	Furcht vor Kritik
Unternehmungslustig	↓ Anerkennung + ↑ Macht + ↑ Unabhängigkeit	selbstbewusst und ehrgeizig
Unterwürfig	↓ Macht	unterwürfig
Unverblümt	↑ Macht	Behauptung des eigenen Willens
Unverfroren	↓ Ruhe	nicht ängstlich
Unvernünftig	↑ Unabhängigkeit	eigensinnig

Persönlichkeitsmerkmal	Wahrscheinliche(s) Motiv(e)	Persönlichkeitsthema
Unverschämt	↑ Macht	Behauptung des eigenen Willens
Unvorbereitet	↓ Ordnung	spontan
Unvoreingenommen	↑ Idealismus	Gerechtigkeit
Unwirsch	↓ Beziehungen	stößt Menschen ab
Unwirtschaftlich	↓ Sparen	verschwenderisch
Unwissend	↓ Neugier	denkt nicht gerne
Unzüchtig	↑ Eros	Sexualität
Unzugänglich	↓ Beziehungen	stößt Menschen ab/meidet sie
Väterlich	↑ Familie	Kinder
Verantwortungsbewusst	↑ Ehre	Charakter
Verängstigt	↑ Ruhe	Angst
Verärgert	↑ Rache	Ärger
Verbindlich	↑ Beziehungen	zieht Menschen an
Verbittert	↑ Rache	Ärger
Verfechter einer Sache	↑ Macht	Einfluss
Verführer	↑ Eros	Sexualität
Vergnügt	↑ Beziehungen	Vergnügen
Vergnügungslustig	↑ Beziehungen	Vergnügen
Vermessen	↓ Anerkennung	Selbstsicherheit
Vernünftig	↑ Sparen oder ↑ Ruhe	Sparsamkeit
Verräter	↓ Ehre	illoyal
Verrufen	↓ Ehre	Mangel an Charakter
Verschlagen	↓ Ehre	Mangel an Charakter
Verschroben	↑ Unabhängigkeit + ↓ Status	desinteressiert an Ansehen
Verschwenderisch	↓ Sparen	verschwenderisch
Verschwendungssüchtig	↓ Sparen	Verschwendung
Verschwiegen	↓ Beziehungen oder ↑ Anerkennung	zurückgezogen, unsicher
Versöhnlich	↓ Rache	Zusammenarbeit
Vertrauensselig	↓ Unabhängigkeit oder ↓ Neugier	vertrauensselig, gedankenlos
Vertrauenswürdig	↑ Ehre	Charakter
Verwegen	↓ Ruhe	nimmt Risiken begeistert an
Viel sitzend	↓ körperliche Aktivität	Mangel an Energie
Visionär	↑ Idealismus	zu Höherem berufen
Voller Skrupel	↑ Ehre	Moral
Vorausschauend	↑ Macht	Behauptung des eigenen Willens
Vorhersagbar	↑ Ordnung	stabil

Persönlichkeitsmerkmal	Wahrscheinliche(s) Motiv(e)	Persönlichkeitsthema
Vornehm	↑ Status	soziale Schicht
Vorsichtig	↑ Ruhe	meidet Risiken
Waghalsig	↓ Anerkennung + ↓ Ruhe	selbstsicher und nicht ängstlich
Wählerisch	↑ Ordnung	Einzelheiten
Wahrhaftig	↑ Ehre	Charakter
Wankelmütig	↑ Anerkennung	Furcht vor Kritik/Misserfolg
Warm	↑ Beziehungen	zieht Menschen an
Weltverbesserer	↑ Idealismus	Altruismus
Widerborstig	↑ Rache	Opposition
Wild	↓ Ruhe	Nervenkitzel
Willensschwach	↓ Macht	fehlende Durchsetzung des eigenen Willens
Willensstark	↑ Macht	Behauptung des eigenen Willens
Wissbegierig	↑ Neugier	Lernen
Wissenschaftler	↑ Neugier	nachdenklich
Witzbold	↑ Beziehungen	Spaß
Wohlorganisiert	↑ Ordnung	Struktur
Wohltätig	↑ Idealismus	mitfühlend
Wohlwollend	↑ Idealismus	mitfühlend
Workaholic	↑ Macht	Behauptung des eigenen Willens
Würdevoll	↑ Status	förmlich
Wunsch nach Geborgenheit	↓ Anerkennung	Selbstvertrauen
Zahm	↓ Macht	leicht zu steuern
Zänkisch	↑ Rache	Opposition
Zappelig	↑ Ruhe	Angst
Zielbewusst	↑ Macht	Behauptung des eigenen Willens
Ziellos	↓ Ordnung	spontan
Zugänglich	↑ Beziehungen	zieht Menschen an
Zurückgezogen	↓ Beziehungen	meidet Menschen
Zurückhaltend	↓ Unabhängigkeit + ↓ Rache	Bescheidenheit, Demut
Zustimmend	↓ Anerkennung	Optimismus
Zuverlässig	↑ Ehre	Charakter
Zwanghaft	↑ Ordnung	Rituale
Zwanglos	↓ Status	nicht förmlich
Zynisch	↓ Ehre	Mangel an Charakter

ANHANG B

Selbsteinschätzung nach dem Reiss Motivation Profile Estimator

Anweisungen: Dieses Arbeitsblatt ist ein Verfahren zur Selbsterkundung, um die eigenen starken und schwachen Grundbedürfnisse einzuschätzen; doch die Ergebnisse sind wissenschaftlich nicht gültig. Setzen Sie einen Haken neben die Items, die Sie *klar und eindeutig* beschreiben. Tragen Sie in der Tabelle das geschätzte Ergebnis ein und ziehen Sie für die Interpretation Ihrer geschätzten Ergebnisse Kapitel 3 zu Rate.

Starkes Grundbedürfnis	**Durchschnittliches Grundbedürfnis**	**Schwaches Grundbedürfnis**

Anerkennung

Starke Anerkennung

.... 1. Sie sind merklich unsicherer als die meisten Menschen.
.... 2. Sie haben mehr Schwierigkeiten als die meisten Menschen, mit Kritik umzugehen.
.... 3. Man sagt Ihnen nach, unbeständig in Bezug auf Ihre Leistung zu sein.

Schwache Anerkennung

.... 4. Sie sind selbstsicher.
.... 5. Man sagt Ihnen nach, in Bezug auf Ihre Leistung beständig zu sein.
.... 6. Sie haben eine »Kann ich«-Einstellung.

7. Tragen Sie hier die Gesamtanzahl der Haken für starke Anerkennung ein. ....
8. Tragen Sie hier die Gesamtanzahl der Haken für schwache Anerkennung ein. ....
9. Ziehen Sie 8 von 7 ab. ....

- Wenn die Zahl in Zeile 9 +2 oder +3 beträgt, fallen Sie unter die Kategorie starke Anerkennung.
- Wenn die Zahl in Zeile 9 –2 oder –3 beträgt, fallen Sie unter die Kategorie schwache Anerkennung.
- Wenn die Zahl in Zeile 9 –1, 0 oder +1 beträgt, fallen Sie unter die Kategorie durchschnittliche Anerkennung.

Beziehungen

Starke Beziehungen

.... 1. Sie sind gut darin, soziale Beziehungen aufzubauen.
.... 2. Man sagt Ihnen nach, dass Sie freundlich sind.
.... 3. Sie haben ein aktiveres soziales Leben als die meisten Leute, die Sie kennen.

Schwache Beziehungen

.... 4. Man sagt Ihnen nach, dass Sie unnahbar sind.
.... 5. Sie verbringen viel Zeit alleine (mehr als die meisten Leute, die Sie kennen).
.... 6. Sie haben ein Problem damit, »Smalltalk« zu machen.

7. Tragen Sie hier die Gesamtanzahl der Haken für starke Beziehungen ein. ....
8. Tragen Sie hier die Gesamtanzahl der Haken für schwache Beziehungen ein. ....
9. Ziehen Sie 8 von 7 ab. ....

- Wenn die Zahl in Zeile 9 +2 oder +3 beträgt, fallen Sie unter die Kategorie starke Beziehungen.
- Wenn die Zahl in Zeile 9 –2 oder –3 beträgt, fallen Sie unter die Kategorie schwache Beziehungen.
- Wenn die Zahl in Zeile 9 –1, 0 oder +1 beträgt, fallen Sie unter die Kategorie durchschnittliche Beziehungen.

Ehre

Starke Ehre

.... 1. Sie legen Wert darauf, Ihre Pflicht zu tun.
.... 2. Man sagt Ihnen nach, loyal zu sein.
.... 3. Auf Ihr Wort kann man sich verlassen.

Schwache Ehre

.... 4. Wenn es darum ginge, Ihren Job zu behalten, würden Sie lügen.
.... 5. Wenn sich die Umstände änderten, könnten Sie Verpflichtungen nicht einhalten, die Sie vorher eingegangen sind.
.... 6. Man sagt Ihnen nach, opportunistisch zu sein.

7. Tragen Sie hier die Gesamtanzahl der Haken für starke Ehre ein. ....
8. Tragen Sie hier die Gesamtanzahl der Haken für schwache Ehre ein. ....
9. Ziehen Sie 8 von 7 ab. ....

- Wenn die Zahl in Zeile 9 +2 oder +3 beträgt, fallen Sie unter die Kategorie starke Ehre.
- Wenn die Zahl in Zeile 9 –2 oder –3 beträgt, fallen Sie unter die Kategorie schwache Ehre.
- Wenn die Zahl in Zeile 9 –1, 0 oder +1 beträgt, fallen Sie unter die Kategorie durchschnittliche Ehre.

Eros

Starker Eros

.... 1. Sie ziehen sich jeden Tag so an, dass Sie attraktiv aussehen.

.... 2. Sexualität ist von wesentlicher Bedeutung für Ihr Glück.

.... 3. Sie sind beeindruckt von Menschen, die viele Sexualpartner anziehen.

Schwacher Eros

.... 4. Sie haben selten Geschlechtsverkehr (bedeutend weniger als einmal in der Woche).

.... 5. Es fehlt Ihnen bezogen auf Ihre sexuellen Fähigkeiten an Selbstbewusstsein.

.... 6. Sie denken im Alltag nur selten an Eros / Sexualität.

7. Tragen Sie hier die Gesamtanzahl der Haken für starken Eros ein. ....

8. Tragen Sie hier die Gesamtanzahl der Haken für schwachen Eros ein. ....

9. Ziehen Sie 8 von 7 ab. ....

- Wenn die Zahl in Zeile 9 +2 oder +3 beträgt, fallen Sie unter die Kategorie starker Eros.
- Wenn die Zahl in Zeile 9 –2 oder –3 beträgt, fallen Sie unter die Kategorie schwacher Eros.
- Wenn die Zahl in Zeile 9 –1, 0 oder +1 beträgt, fallen Sie unter die Kategorie durchschnittlicher Eros.

Essen

Starkes Essen

.... 1. Sie haben viel Freude am Essen.
.... 2. Sie haben eine Tendenz, übergewichtig zu sein.
.... 3. Sie wissen viel über Essen für Feinschmecker.

Schwaches Essen

.... 4. Man sagt Ihnen nach, beim Essen mäkelig zu sein.
.... 5. Sie haben eine Tendenz, untergewichtig zu sein.
.... 6. Sie freuen sich nur selten auf Mahlzeiten.

7. Tragen Sie hier die Gesamtanzahl der Haken für starkes Essen ein. ....
8. Tragen Sie hier die Gesamtanzahl der Haken für schwaches Essen ein. ....
9. Ziehen Sie 8 von 7 ab. ....

- Wenn die Zahl in Zeile 9 +2 oder +3 beträgt, fallen Sie unter die Kategorie starkes Essen.
- Wenn die Zahl in Zeile 9 –2 oder –3 beträgt, fallen Sie unter die Kategorie schwaches Essen.
- Wenn die Zahl in Zeile 9 –1, 0 oder +1 beträgt, fallen Sie unter die Kategorie durchschnittliches Essen.

Familie

Starke Familie

.... 1. Ihnen bedeuten Kinder alles.
.... 2. Sie mögen es, Kinder um sich zu haben.
.... 3. Sie verbringen viel Zeit mit Ihrer Familie.

Schwache Familie

.... 4. Kinder langweilen Sie.
.... 5. Als Sie ein(e) junge(r) Erwachsene(r) waren, wollten Sie keine Kinder.
.... 6. Sie haben oft zu viel zu tun, um Zeit mit Ihrer Familie zu verbringen.

7. Tragen Sie hier die Gesamtanzahl der Haken für starke Familie ein. ....
8. Tragen Sie hier die Gesamtanzahl der Haken für schwache Familie ein. ....
9. Ziehen Sie 8 von 7 ab. ....

- Wenn die Zahl in Zeile 9 +2 oder +3 beträgt, fallen Sie unter die Kategorie starke Familie.
- Wenn die Zahl in Zeile 9 –2 oder –3 beträgt, fallen Sie unter die Kategorie schwache Familie.
- Wenn die Zahl in Zeile 9 –1, 0 oder +1 beträgt, fallen Sie unter die Kategorie durchschnittliche Familie.

Idealismus

Starker Idealismus

.... 1. Sie haben Mitgefühl mit armen und kranken Menschen.

.... 2. Sie bewundern Menschen, deren Arbeit zum Wohl der Menschheit oder der Bedürftigen beiträgt.

.... 3. Sie spenden großzügig für wohltätige Zwecke.

Schwacher Idealismus

.... 4. Sie sind der Meinung, dass es nicht in Ihrer Verantwortung liegt, den Unterdrückten zu helfen.

.... 5. Sie »gucken lieber weg«, statt sich für die Probleme anderer Menschen zu engagieren.

.... 6. Sie empören sich nur selten über soziale Ungerechtigkeit.

7. Tragen Sie hier die Gesamtanzahl der Haken für starken Idealismus ein. ....
8. Tragen Sie hier die Gesamtanzahl der Haken für schwachen Idealismus ein. ....
9. Ziehen Sie 8 von 7 ab. ....

- Wenn die Zahl in Zeile 9 +2 oder +3 beträgt, fallen Sie unter die Kategorie starker Idealismus.
- Wenn die Zahl in Zeile 9 –2 oder –3 beträgt, fallen Sie unter die Kategorie schwacher Idealismus.
- Wenn die Zahl in Zeile 9 –1, 0 oder +1 beträgt, fallen Sie unter die Kategorie durchschnittlicher Idealismus.

Körperliche Aktivität

Starke körperliche Aktivität

.... 1. Sport zu treiben ist wichtig dafür, dass Sie glücklich sind.

.... 2. Sie waren beim Sport zweimal Mitglied einer Mannschaft (Schule und Hochschule zusammengenommen).

.... 3. Fit zu sein ist Ihnen sehr wichtig.

Schwache körperliche Aktivität

.... 4. Man sagt Ihnen nach, körperlich faul zu sein.

.... 5. Sie neigen dazu, körperlich anstrengende Aktivitäten zu meiden.

.... 6. Sie sind nicht fit.

7. Tragen Sie hier die Gesamtanzahl der Haken für starke körperliche Aktivität ein. ....

8. Tragen Sie hier die Gesamtanzahl der Haken für schwache körperliche Aktivität ein. ....

9. Ziehen Sie 8 von 7 ab. ....

- Wenn die Zahl in Zeile 9 +2 oder +3 beträgt, fallen Sie unter die Kategorie starke körperliche Aktivität.
- Wenn die Zahl in Zeile 9 –2 oder –3 beträgt, fallen Sie unter die Kategorie schwache körperliche Aktivität.
- Wenn die Zahl in Zeile 9 –1, 0 oder +1 beträgt, fallen Sie unter die Kategorie durchschnittliche körperliche Aktivität.

Macht

Starke Macht

.... 1. Man sagt Ihnen nach, selbst die Dinge in die Hand zu nehmen.
.... 2. Sie streben nach der Führungsrolle.
.... 3. Sie neigen dazu, anderen ungefragt Ratschläge zu geben.

Schwache Macht

.... 4. Sie meiden Herausforderungen.
.... 5. Es widerstrebt Ihnen, anderen zu sagen, was sie tun sollen.
.... 6. Man sagt Ihnen nach, dass Sie entspannt sind.

7. Tragen Sie hier die Gesamtanzahl der Haken für starke Macht ein. ....
8. Tragen Sie hier die Gesamtanzahl der Haken für schwache Macht ein. ....
9. Ziehen Sie 8 von 7 ab. ....

- Wenn die Zahl in Zeile 9 +2 oder +3 beträgt, fallen Sie unter die Kategorie starke Macht.
- Wenn die Zahl in Zeile 9 –2 oder –3 beträgt, fallen Sie unter die Kategorie schwache Macht.
- Wenn die Zahl in Zeile 9 –1, 0 oder +1 beträgt, fallen Sie unter die Kategorie durchschnittliche Macht.

Neugier

Starke Neugier

.... 1. Man sagt Ihnen nach, analytisch oder nachdenklich zu sein.
.... 2. Ihre Ideen sind Ihnen sehr wichtig.
.... 3. Man sagt Ihnen nach, ein Denker zu sein.

Schwache Neugier

.... 4. Man sagt Ihnen nach, ein praktisch veranlagter Mensch zu sein.
.... 5. Sie denken nur selten über Theorien nach, die nicht umgesetzt werden können.
.... 6. Die Schule fanden Sie langweilig.

7. Tragen Sie hier die Gesamtanzahl der Haken für starke Neugier ein. ....
8. Tragen Sie hier die Gesamtanzahl der Haken für schwache Neugier ein. ....
9. Ziehen Sie 8 von 7 ab. ....

- Wenn die Zahl in Zeile 9 +2 oder +3 beträgt, fallen Sie unter die Kategorie starke Neugier.
- Wenn die Zahl in Zeile 9 –2 oder –3 beträgt, fallen Sie unter die Kategorie schwache Neugier.
- Wenn die Zahl in Zeile 9 –1, 0 oder +1 beträgt, fallen Sie unter die Kategorie durchschnittliche Neugier.

Ordnung

Starke Ordnung

.... 1. Man sagt Ihnen nach, wohlorganisiert zu sein.
.... 2. Man sagt Ihnen nach, sehr sauber zu sein.
.... 3. Sie haben Schwierigkeiten, sich an Veränderungen anzupassen.

Schwache Ordnung

.... 4. Man sagt Ihnen nach, desorganisiert zu sein.
.... 5. Sie machen gerne etwas spontan.
.... 6. Sie neigen dazu, mehrere Eisen auf einmal im Feuer zu haben.

7. Tragen Sie hier die Gesamtanzahl der Haken für starke Ordnung ein. ....
8. Tragen Sie hier die Gesamtanzahl der Haken für schwache Ordnung ein. ....
9. Ziehen Sie 8 von 7 ab. ....

- Wenn die Zahl in Zeile 9 +2 oder +3 beträgt, fallen Sie unter die Kategorie starke Ordnung.
- Wenn die Zahl in Zeile 9 –2 oder –3 beträgt, fallen Sie unter die Kategorie schwache Ordnung.
- Wenn die Zahl in Zeile 9 –1, 0 oder +1 beträgt, fallen Sie unter die Kategorie durchschnittliche Ordnung.

Rache

Starke Rache

.... 1. Sie geraten oft in Streitereien, Wortgefechte oder Prügeleien.
.... 2. Man sagt Ihnen nach, dass Sie ein Konkurrent oder Kämpfer sind.
.... 3. Zu siegen ist Ihnen sehr wichtig.

Schwache Rache

.... 4. Man sagt Ihnen nach, dass Sie ein Friedensstifter sind.
.... 5. Sie geben sich große Mühe, Konfrontationen zu meiden.
.... 6. Gewalt finden Sie abschreckend.

7. Tragen Sie hier die Gesamtanzahl der Haken für starke Rache ein. ....
8. Tragen Sie hier die Gesamtanzahl der Haken für schwache Rache ein. ....
9. Ziehen Sie 8 von 7 ab. ....

- Wenn die Zahl in Zeile 9 +2 oder +3 beträgt, fallen Sie unter die Kategorie starke Rache.
- Wenn die Zahl in Zeile 9 –2 oder –3 beträgt, fallen Sie unter die Kategorie schwache Rache.
- Wenn die Zahl in Zeile 9 –1, 0 oder +1 beträgt, fallen Sie unter die Kategorie durchschnittliche Rache.

Ruhe

Starke Ruhe

.... 1. Sie sind jemand, der sich ständig Sorgen macht.
.... 2. Sie haben Panikattacken.
.... 3. Sie haben eine geringe Schmerztoleranz.

Schwache Ruhe

.... 4. Man sagt Ihnen nach, dass Sie unter Druck gelassen bleiben.
.... 5. Sie sind ein Draufgänger.
.... 6. Man sagt Ihnen nach, dass Sie bei Gefahren mutig sind.

7. Tragen Sie hier die Gesamtanzahl der Haken für starke Ruhe ein. ....
8. Tragen Sie hier die Gesamtanzahl der Haken für schwache Ruhe ein. ....
9. Ziehen Sie 8 von 7 ab. ....

- Wenn die Zahl in Zeile 9 +2 oder +3 beträgt, fallen Sie unter die Kategorie starke Ruhe.
- Wenn die Zahl in Zeile 9 –2 oder –3 beträgt, fallen Sie unter die Kategorie schwache Ruhe.
- Wenn die Zahl in Zeile 9 –1, 0 oder +1 beträgt, fallen Sie unter die Kategorie durchschnittliche Ruhe.

Sparen

Starkes Sparen

.... 1. Sie reparieren lieber etwas, als dass Sie etwas als Ersatz kaufen.

.... 2. Sie mögen es überhaupt nicht, etwas wegzuwerfen.

.... 3. Man sagt Ihnen nach, dass Sie sparsam sind.

Schwaches Sparen

.... 4. Die Dinge, die Sie besitzen, sind Ihnen gleichgültig.

.... 5. Sie geben oft mehr aus, als Ihnen im Monat zur Verfügung steht.

.... 6. Man sagt Ihnen nach, dass Sie verschwenderisch sind.

7. Tragen Sie hier die Gesamtanzahl der Haken für starkes Sparen ein. ....
8. Tragen Sie hier die Gesamtanzahl der Haken für schwaches Sparen ein. ....
9. Ziehen Sie 8 von 7 ab. ....

- Wenn die Zahl in Zeile 9 +2 oder +3 beträgt, fallen Sie unter die Kategorie starkes Sparen.
- Wenn die Zahl in Zeile 9 –2 oder –3 beträgt, fallen Sie unter die Kategorie schwaches Sparen.
- Wenn die Zahl in Zeile 9 –1, 0 oder +1 beträgt, fallen Sie unter die Kategorie durchschnittliches Sparen.

Status

Starker Status

.... 1. Man sagt Ihnen nach, dass Sie ein förmlicher Mensch sind.
.... 2. Sie kaufen sich meist die prestigeträchtigsten Dinge, die Sie sich leisten können.
.... 3. Sie sind von reichen Menschen beeindruckt.

Schwacher Status

.... 4. Sie lassen sich von reichen Menschen nicht beeindrucken.
.... 5. Sie sind ein zwangloser Mensch.
.... 6. Sie machen sich nicht viel daraus, was andere Menschen von Ihnen denken.

7. Tragen Sie hier die Gesamtanzahl der Haken für starken Status ein. ....
8. Tragen Sie hier die Gesamtanzahl der Haken für schwachen Status ein. ....
9. Ziehen Sie 8 von 7 ab. ....

- Wenn die Zahl in Zeile 9 +2 oder +3 beträgt, fallen Sie unter die Kategorie starker Status.
- Wenn die Zahl in Zeile 9 –2 oder –3 beträgt, fallen Sie unter die Kategorie schwacher Status.
- Wenn die Zahl in Zeile 9 –1, 0 oder +1 beträgt, fallen Sie unter die Kategorie durchschnittlicher Status.

Unabhängigkeit

Starke Unabhängigkeit

.... 1. Ihnen ist es sehr wichtig, selbstsicher zu sein.
.... 2. Man sagt Ihnen nach, eigensinnig zu sein.
.... 3. Man sagt Ihnen nach, etwas so zu machen, wie Sie es wollen.

Schwache Unabhängigkeit

.... 4. Sie schätzen »gefühlsbetonte« Erfahrungen.
.... 5. Sie sind stärker ein Nonkonformist als die meisten Menschen, die Sie kennen.
.... 6. Es ist Ihnen wohl dabei, sich auf die Unterstützung der Familie oder des Ehepartners verlassen zu können.

7. Tragen Sie hier die Gesamtanzahl der Haken für starke Unabhängigkeit ein. ....
8. Tragen Sie hier die Gesamtanzahl der Haken für schwache Unabhängigkeit ein. ....
9. Ziehen Sie 8 von 7 ab. ....

- Wenn die Zahl in Zeile 9 +2 oder +3 beträgt, fallen Sie unter die Kategorie starke Unabhängigkeit.
- Wenn die Zahl in Zeile 9 –2 oder –3 beträgt, fallen Sie unter die Kategorie schwache Unabhängigkeit.
- Wenn die Zahl in Zeile 9 –1, 0 oder +1 beträgt, fallen Sie unter die Kategorie durchschnittliche Unabhängigkeit.

ANHANG C

Die 16 Grundbedürfnisse auf einen Blick

Grundbedürfnis	Ziel	Vorteil beim Überleben
Anerkennung	Kritik meiden	Selbstmord meiden
Beziehungen	Gefährten sind Gleichaltrige	Sicherheit, wenn alle mitmac
Ehre	moralisches Verhalten	Sicherheit, wenn alle mitmac
Eros	Sexualität	Fortpflanzung
Essen	Lebenserhaltung	biologisches Bedürfnis
Familie	Kinder großziehen	Erhaltung der Art
Idealismus	bessere Welt	Weltfrieden und Gesundheit
Körperliche Aktivität	Muskelbewegung	isst/paart sich zuerst
Macht	Einfluss	Dominanz
Neugier	Denken	Lernen
Ordnung	Struktur	Effizienz, Sauberkeit
Rache	mit jemandem quitt werden	Selbstverteidigung
Ruhe	Sicherheit	flieht vor Gefahr
Sparen	Sammeln	hamstert Nahrung und leben: wichtige Güter
Status	soziales Ansehen	privilegiert
Unabhängigkeit	Selbstsicherheit	weitet die Nahrungssuche au neue Gebiete aus

Wie die Tabelle zu lesen ist: Das Grundbedürfnis nach »Anerkennung« motiviert Menschen, die Kritik anderer Menschen zu meiden (ZIEL), keinen Selbstmord zu begehen (VORTEIL BEIM ÜBERLEBEN) und dem Selbst einen WERT zuzuweisen. Menschen, die gewohnheitsmäßig ein stark ausgeprägtes psychologisches Bedürfnis nach Anerkennung haben, entwickeln Persönlichkeitsmerkmale des Selbstzweifelns. Menschen, die gewohnheitsmäßig ein schwach ausgeprägtes psychologische

	Persönlichkeitsmerkmale	
trinsischer Wert	**Starkes Bedürfnis**	**Schwaches Bedürfnis**
lbst	an sich selbst zweifeln	selbstsicher
eundschaft	umgänglich, extravertiert	reserviert, introvertiert
arakter	prinzipientreu, geradlinig	berechnend, opportunistisch
idenschaft	erotisch	platonisch
ffinierter Geschmack	Fresser	mäkeliger Esser
nder	hingebungsvolle Eltern	kinderlos oder abwesendes Elternteil
ziale Fragen	humanitär, idealistisch	guckt weg
ness	energisch	schlaff
mpetenz, Leistung	übernimmt Verantwortung, ist willensstark	entspannt, nicht direktiv
issen	intellektuell	praktisch orientiert
abilität	wohlorganisiert, systematisch	flexibel, desorganisiert
egen	Konkurrent	Friedensstifter
rsicht	furchtsam	mutig
arsamkeit	Hamsterer	verschwenderisch
ziale Schicht	förmlich	nicht förmlich
dividualität	stolz, eigensinnig	interdependent, bescheiden

dürfnis nach Anerkennung haben, entwickeln Persönlichkeitsmerkmale des Selbstbewusstseins. Reiss' »Wörterbuch s normalen Persönlichkeitsmerkmale« zeigt die theoretischen Verbindungen auf zwischen starken bzw. schwachen rianten der 16 Grundbedürfnisse und jedem einzelnen Persönlichkeitsmerkmal im Wortschatz.

Dank

Der Autor möchte gerne zum Ausdruck bringen, wie sehr er wegen ihrer ausführlichen Kommentare zu früheren Versionen dieses Manuskripts die Hilfe von Dr. Mary Ellen Milos, Prof. Barry Mitnick, Prof. Kenneth Olson, der Schulpsychologin Maggi Reiss und von Dr. James Wiltz zu schätzen gelernt hat.

Literatur

Adler, A. (1995). *Praxis und Theorie der Individualpsychologie.* München: Ernst Reinhardt (erste Auflage veröffentlicht 1927).

Allport, G. W. (1961). *The individual and his religion.* New York: Macmillan.

American Psychiatric Association (1994). *Diagnostic and statistical manual of mental disorders* (4th ed.). Washington, DC, American Psychiatric Association.

Anastasi, A. (1988). *Psychological testing* (6th ed.). New York: Macmillan.

Aristoteles (2007). *Die Nikomachische Ethik* (übers. v. O. Gigon). Düsseldorf: Artemis & Winkler (Originaltext geschrieben etwa 330 v. Chr.).

Atkinson, J. W. & Feather, N. T. (1966). *A theory of achievement motivation.* New York: John Wiley & Sons.

Aureli, F. & de Waal, F. B. M. (2000). *Natural conflict resolution.* Berkeley: University of California Press.

Baker, H. S. (1979). The conquering hero quits: Narcissistic factors in underachievement and failure. *American Journal of Psychotherapy, 33,* 418–427.

Bandura, A. (1969). *Principles of behavior modification.* New York: Holt, Rinehart, & Winston.

Bandura, A. & Walters, R. H. (1963). *Social learning and personality development.* New York. Holt, Rinehart, & Winston.

Baron, R. (1998). *What type am I?* New York: Penguin books.

Berger, P. (2000). *Knight fall: The truth behind America's most controversial coach.* New York: Pinnacle / Kensington.

Blood, R. O., Jr. (1969). *Marriage.* New York: The Free Press.

Bruno. F. J. (1993). *Psychological symptoms.* New York: Wiley.

Buss, D. M. (1994). *Die Evolution des Begehrens: Geheimnisse der Partnerwahl.* Hamburg: Kabel (amerikanisches Original veröffentlicht 1994).

Butcher, J. N., Dahlstrom, W. G., Graham, J. R., Tellegen, A. & Kaemmer, B. (1989). MMPI-2: Minnesota Multiphasic Personality Inventory-2. Minneapolis: University of Minnesota (deutsche Bearbeitung von R. Engel).

Cacioppo, J. T., Petty, R. E., Feinstein, J. A. & Jarvis, W. B. (1996). Dispositional differences in cognitive motivation: The life and times of individuals varying in need for cognition. *Psychological Bulletin, 119,* 197–253.

Cameron, N. (1963). *Personality development and psychopathology: A dynamic approach.* Boston: Houghton Mifflin.

Carey, J. C., Hamilton, D. L. & Shanklin, G. (1986). Does personality similarity affect male roommates' satisfaction? *Journal of College Student Personnel, 27,* 65–69.

Carli, L. L., Ganley, R. & Pierce-Otay, A. (1991). Similarity and satisfaction in roommate relationships. *Personality and Social Psychology Bulletin, 17,* 419–426.

Carnegie, D. (2008). *Wie man Freunde gewinnt: Die Kunst, beliebt und einflussreich zu werden.* Berlin: Argon (amerikanisches Original veröffentlicht 1936).

Claridge, G. & Davis, C. (2003). *Personality and psychological disorders.* New York: Oxford University Press.

Crowne, D. P. & Marlowe, D. (1960). A new scale of social desirability independent of psychopathology. *Journal of Consulting Psychology, 24,* 349–354.

Csikszenthmihalyi, M. (2000). Happiness, flow, and human economic equality. *American Psychologist, 35,* 1163–1164.

Darwin, C. (1995). *Die Entstehung der Arten durch natürliche Zuchtwahl.* Stuttgart: Reclam (englisches Original veröffentlicht 1859).

Darwin, C. (2000). *Der Ausdruck der Gemütsbewegungen bei dem Menschen und den Tieren.* Frankfurt a. M.: Eichborn (deutsch auch unter http://darwin-online.org.uk/content/frameset?itemID=F1189&viewtype=text&pageseq=1; englisches Original veröffentlicht 1872).

Deci, E. L. & Ryan, R. M. (1985). *Intrinsic motivation and self-determination in human behavior.* New York: Plenum.

Deci, E. L., Koestner, R. & Ryan, R. M. (1999) A meta-analytic review of experiments examining the effects of extrinsic rewards on intrinsic motivation. *Psychological Bulletin, 125,* 627–668.

Dolan-Sewell, R. T., Krueger, R. F. & Shea, M. T. (2001). Co-occurence with syndrome disorders. In W. J. Livesley (Ed.), *Handbook of personality disorders: Theory, research, and treatment.* New York: Guilford.

Dollard, J., Doob, L. W., Miller, N. E., Mowrer, O. H. & Sears, R. R. (1973). *Frustration und Aggression.* Weinheim: Beltz (amerikanisches Original veröffentlicht 1939).

Dunlap, K. (1919). Are there any instincts? *Journal of Abnormal Psychology, 14,* 307–311.

Dykens, E. M. & Rosner, B. A. (1999). Redefining behavioral phenotypes: Personality-motivation in Williams and Prader-Willi syndromes. *American Journal of Mental Retardation, 104,* 158–169.

Eisenberger, R. & Cameron, J. (1996). The detrimental effects of reward: Myth or reality. *American Psychologist, 51,* 1153–1166.

Ellis, A. (1997). *Grundlagen und Methoden der rational-emotiven Verhaltenstherapie.* Stuttgart: Klett-Cotta (Ursprüngliches Copyright 1962, Autor zitiert die Ausgabe von 1973).

Engel, G., Olson, K. R. & Patrick, C. (2002). The personality of love: Fundamental motives and traits related to components of love. *Personality and Individual Differences, 32,* 839–853.

Erikson, E. H. (1999). *Kindheit und Gesellschaft.* Stuttgart: Klett-Cotta (amerikanisches Original veröffentlicht 1950).

Eron, L. D. & Huesmann, L. R. (1990). The stability of aggressive behavior – Even unto the third generation. In M. Lewis und S. M. Miller (Eds.), *Handbook of developmental psychology* (pp. 147–156). New York: Plenum.

Fenichel, O. (1945). *Psychoanalytische Neurosentheorie.* Wien: Scheyer.

Fish, T. R., Rabidoux, P., Ober, J. & Graff, V. L. (2006). Community literacy and friendship models for people with intellectual disabilities. *Mental Retardation, 44,* 443–446.

Fitzgerald, C. & Kirby, L. K. (1997). *Developing leaders: Research and applications in psychological type and leadership development.* Palo Alto, Calif.: Davies-Black.

Flugel, J. C. (1961). *Man, morals, and society.* New York: The Viking Press.

Freedman, J. L. (1984). Effect of television on aggressiveness. *Psychological Bulletin, 96,* 227–246.

Freeman, K. A., Anderson. C. M., Acer, R. H., Girolami, P. A. & Scotti, J. A. (1998). Why functional assessment is enough. A response to Reiss and Havercamp. *American Journal of Mental Retardation, 103,* 80–91.

Freud, S. (2009). *Zur Psychopathologie des Alltagslebens.* Frankfurt a. M.: Fischer-Taschenbuch-Verlag (erste Auflage veröffentlicht 1901).

Freud, S. (2009). *Vorlesungen zur Einführung in die Psychoanalyse.* Frankfurt a. M.: S. Fischer (erste Auflage veröffentlicht 1916).

Garb, H. N., Lilienfeld. S. O. & Wood. J. M (2003). In M. Hersen (2004). *Comprehensive handbook of psychological assessment* (pp. 453–469). Hoboken, N.J, Wiley.

Gill, A. (2002). *Art lover: A biography of Peggy Guggenheim.* New York: Harper Collins.

Gimpel, G. A., Collett, B. R., Veeder, M. A., Gifford, J. A., Sneddon, P., Bushman, B., Hughes, K. & Odell, J. D. (2005). *Clinical Pediatrics, 44,* 405–411.

Gleick, J. (2003). *Isaac Newton.* New York: Pantheon Books.

Gordon, E. M. & Sarason, S. B. (1955). The relationship between »test anxiety« and »other anxieties«. *Journal of Personality, 23,* 317.

Gottman, J. M. & Silver, N. (1999). *Die 7 Geheimnisse der glücklichen Ehe.* Berlin: Ullstein (amerikanisches Original erschienen 2006).

Gray, J. (1998). *Männer sind anders. Frauen auch. Männer sind vom Mars. Frauen von der Venus.* München: Goldmann (amerik. Orig. veröffentl. 1992).

Haimowitz, M. L. & Haimowitz, N. R. (1966). The evil eye: Fear of success. In M. L. Haimowitz und N. R. Haimowitz (Eds.), *Human development: Selected readings*. New York: Cromwell.

Hall, C. S. & Lindzey, G. (1978). *Theorien der Persönlichkeit*. München: Beck (amerikanisches Original veröffentlicht 1957).

Harding, W. R. (1965). *The days of Henry Thoreau*. New York: Knopf.

Hathaway, S. R. & McKinley, J. C. (1943) *The Minnesota Multiphasic Personality Inventory* (rev ed.). Minneapolis: University of Minnesota Press (deutsche Bearbeitung von R. Engel).

Havercamp, S. H. (1988). *The Reiss Profile of Motivation Sensitivity: Reliability, valididity, and social desirability*. Columbus: Ohio State University (es gibt eine deutsche Fassung, sie ist aber nicht käuflich zu erwerben).

Havercamp, S, H. & Reiss, S. (2003). A comprehensive assessment of human striving: Reliability and validity of the Reiss Profile. *Journal of Personality Assessment, 81*, 123–132.

Hilgard, E. R. & Atkinson, R. C. (1967). *Introduction to psychology* (5th ed.). New York: Harcourt.

Hill, K. T. (1972). Anxiety in the evaluative context. In W. W. Hartup (Ed.), *The young child: Review of research* (Vol. 2, pp. 225–263). Washington, D.C.: National Association for the Education of Young Children.

Hinton, R. J. (1968). *John Brown and his men*. New York: Arno Press.

Horney, K. (2007). *Neue Wege in der Psychoanalyse*. Eschborn: Klotz (amerikanisches Original veröffentlicht 1939).

Hunsley, J., Lee, C. M. & Wood, J. M. (2004). Controversial and questionable assessment techniques. In S. O. Lilienfeld und S. J. Lynn (Eds.), *Science and pseudoscience in clinical psychology*. New York: Guildford.

Irwin, T. (1995). *Plato's ethics*. New York: Oxford University Press.

Jackson, D. N. (1984). *Personality Research Form manual*. Port Huron, Mich.: Research Psychologists Press (deutsche Fassung von Angleitner, Wieck, Jackson und Beloch-Till).

James, W. (1918). *The principles of psychology* (Vol. 2). New York: Dover (erste Auflage veröffentlicht 1890).

Jones, L. M., McCaa, B. B. & Martecchini, C. A. (1980). Roommate satisfaction as a function of similarity. *Journal of College Student Personnel, 21*, 229–234.

Judah, S. M. (2006). *Staying together when an affair pulls you apart*. Downers Grove, Il.: IVP Books.

Jung, C. G. (1995). *Psychologische Typen*. Düsseldorf: Walter (erste Auflage veröffentlicht 1923).

Kagan, J. (2003). A time for specificity. *Journal of Personality Assessment, 85*, 125–127.

Kavanaugh, P. & Reiss, S. (2003). *Why high school students get poor grades*.

Unveröffentlichtes Manuskript, The Ohio State University Nisonger Center.

Keyes, R. (1985) *Changing it: Why we take risks.* Boston: Little, Brown.

Kline, P. (1972). *Fact and fantasy in Freudian theory.* Edinburgh: T & A Constable.

Kohn, A. (1993). *Punished by rewards.* Boston: Houghton Mifflin Company.

Lapidus, J., Green, S. K. & Baruh, E. (1985). Factors related to roommate compatibility in the residence hall: A review. *Journal of College Student Personnel, 26,* 420–434.

Lecavalier, L. & Tasse, M. J. (2002). Sensitivity theory of motivation and psychopathology: An exploratory study. *American Journal of Mental Retardation, 107,* 105–115.

Lepper, M. R., Corpus, J. & Lyengar, S. S. (2005). Intrinsic and extrinsic motivational orientation in the classroom: Age differences and academic correlates. *Journal of Educational Psychology, 97,* 184–196.

Maller, R. & Reiss, S. (1992). Anxiety sensitivity in 1984 and panic attacks in 1987. *Journal of Anxiety Disorders, 6,* 241–247.

Mandel, H. P. (1997). Conduct disorders and underachievement: Risk factors, assessments, treatments, and prevention. New York: Wiley.

Mandel, H. P. & Marcus, S. I. (1995). *»Could do better«: Why children underachieve and what to do about it.* New York: Wiley.

Maslow, A. H. (1943). A theory of motivation. *Psychological Review, 50,* 370–396.

Maslow, A. H. (1999). *Motivation und Persönlichkeit.* Reinbek: Rowohlt (amerikanisches Original veröffentlicht 1954).

Maw, W. H. & Maw, E. W. (1964). *An exploratory study into the measurement of curiosity in elementary school children.* Project no. 801 (SAE 8519). United States Office of Education, Department of Health, Education, and Welfare.

May, R. (1988). *Liebe und Wille.* Köln: Edition Humanistische Psychologie (amerikanisches Original veröffentlicht 1969)

McCann, J. (1958). *Saint Benedict.* Garden City, N.Y.: Image Books.

McClelland, D. C. (1966). *Die Leistungsgesellschaft.* Stuttgart: Kohlhammer (amerikanisches Original veröffentlicht 1961).

McDougall, W. (2003). *An introduction to social psychology.* Mineola, N.Y.: Dove (amerikanisches Original veröffentlicht 1908).

McNally, R. J. (2002). Anxiety sensitivity and panic disorder. *Biological Psychiatry, 52,* 938–946.

Menninger, K. (1989). *Selbstzerstörung. Psychoanalyse des Selbstmords.* Frankfurt a.M.: Suhrkamp (amerikanisches Original veröffentlicht 1938).

Mill, J. S. (1988). *Autobiographie.* Düsseldorf: Verlag Wirtschaft und Finanzen (englisches Original veröffentlicht 1873).

Millon, T. & Davis, R. (2000). *Personality disorders in modern life.* New York: John Wiley & Sons.

Murphy, G. (1929). *A historical introduction to modern psychology.* New York: Harcourt, Brace and Company.

Murray, H. A. (1938). *Exploration in personality. A clinical and experimental study of fifty men of college age.* New York: Oxford University Press.

Murray, H. A. (1943). *Thematic Apperception Test.* Cambridge, Mass.: Harvard University Press.

Myers, I. B. & McCaulley, M. H. (1985). *Manual, a guide to the development and use of the Myers-Briggs Type Indicator.* Palo Alto, Calif.: Consulting Psychological Press.

Myers, I. B., McCaulley, M. H., Quenk, N. L. & Hammer, A. L. (1998). *MBTI Manual* (93rd ed.). Palo Alto, Calif.: Consulting Psychological Press.

Olson, K. R. & Chapin, B. (im Druck). Relation of fundamental motives and psychological needs to well-being and motivation. In *Psychology of Motivation.* New York: Nova Science Publishers.

Olson, K. R. & Webber, D. (2004). Relations between big five traits and fundamental motives. *Psychological Reports, 95,* 795–802.

Pederson, L. E. (1993). *Sixteen men: Understanding masculine personality types.* Boston: Shambhala.

Pfohl, B. (1996). Obsessiveness. In G. Costello (Ed.), *Personality characteristics of the personality disordered.* New York: Wiley, 276–288.

Plain Dealer (2006). College athlete depression. *The Plain Dealer* vom 27. August.

Platon (1955). *Der Staat.* Stuttgart: Kröner (ursprünglich verfasst etwa 360 v. Chr.).

Preyer, W. (1995). *Die Seele des Kindes.* Heidelberg: Springer (erste Auflage veröffentlicht 1882).

Quenk, N. L. (2002). *Was that really me?* Palo Alto, Calif.: Davies-Black.

Rafolovich. A (2005). Exploring clinician uncertainty in the diagnosis and treatment of attention-deficit hyperactivity disorder. *Sociology of Health and Illness, 27,* 305–323.

Ramsay, G. (1843). *An inquiry into the principle of human happiness and human duty.* London: William Pickering.

Randsdell. P. (1989). *The queen of mean.* New York: Bantam.

Rapoport, J. L (1993). *Der Junge, der sich immer waschen musste.* München: MMV (amerikanisches Original veröffentlicht 1990).

Reiss, S. (1997). Trait anxiety: It's not what you think it is. *Joumal of Anxiely Disorders, 11,* 201–214.

Reiss, S. (2000 a) *Who am I? The 16 desires that motivate our actions and define our personalities.* New York: Tarcher / Putnum.

Reiss, S. (2000b). Human individuality, happiness, and flow. *American Psychologist, 55,* 1161–1162.

Reiss, S. (2001). Secrets of happiness. *Psychology Today,* 5–56.

Reiss, S. (2004a). Multifaceted nature of intrinsic motivation: The theory of 16 basic desires. *Review of General Psychology, 8,* 179–193.

Reiss, S. (2004b). The 16 strivings for God. *Zygon, 39,* 303–320.

Reiss, S. (2005). Extrinsic and intrinsic motivation at 30: Unresolved scientific issues. *Behavior Analyst, 28,* 1–14.

Reiss, S. (2009). *Wer bin ich und was will ich wirklich? Motive bei sich und anderen erkennen und nutzen.* München: Redline (amerikanisches Original veröffentlicht 2000).

Reiss, S. & Crouch, T. (2005). *Why people become organ donors? Vortrag gehalten auf dem 133. Meeting of the American Public Health Association.* Philadelphia.

Reiss, S. & Havercamp, S. M. (1997). The sensitivity theory of aberrant motivation: Why functional analysis is not enough. *American Journal of Mental Retardation, 101,* 553–566.

Reiss, S. & Havercamp, S. M. (1998). Toward comprehensive assessment of fundamental motivation. *Psychological Assessment, 10,* 97–106.

Reiss, S. & Havercamp, S. M. (1999). Sensitivity, functional analysis and behavior genetics: A response to Freeman et al. *American Journal of Mental Retardation, 104,* 289–293.

Reiss, S. & Havercamp, S. M. (2005). Motivation in a developmental context: Test of Maslow's theory of self-actualization. *Journal of Humanistic Psychology, 45,* 41–53.

Reiss, S. & McNally, R. J. (1985). Expectancy model of fear. In S. Reiss und R. R. Bootzin (Eds.), *Theoretical issues in behavior therapy.* New York: Academic Press, 107–121.

Reiss, S., Peterson, R. A., Gursky, D. M. & McNally, R. J. (1986). Anxiety sensitivity, anxiety frequency, and the prediction of fearfulness. *Behavior Research and Therapy, 24,* 1–8.

Reiss, S., Peterson, R. A., Gursky, D. M. & McNally, R. J. (2001). Trait motivational correlates of athleticism. *Journal of Personality and Individual Differences, 30,* 1139–1145.

Reiss, S., Peterson, R. A., Gursky, D. M. & McNally, R. J. (2004). Why people watch reality TV. *Media Psychology, 6,* 363–378.

Reiss, S. & Reiss, M. (2004). Curiosity and mental retardation: Beyond IQ. *Mental Retardation, 42,* 77–81.

Reiss, S. & Sushinsky, L. W. (1975). Overjustification competing responses, and the acquisition of intrinsic interest. *Journal of Personality and Social Psychology, 31,* 1116–1125.

Reiss, S., & Wiltz, J. (2004). Why people watch reality TV. *Media Psychology, 6,* 363–378.

Reiss, St.; Wiltz, J., & Sherman, M. (2001). Trait motivational correlates of athleticism. *Personality and Individual Differences, 30,* 1139–1145.

Rimm, S. B. (1986). *Underachievement syndrome: Causes and cures.* Vancouver, B.C.: Apple Publishing Company.

Russell, B. (2007). *Philosophie des Abendlandes.* Köln: Parkland (englisches Original veröffentlicht 1945).

Sarason, I. G. (1978). The test anxiety scale: Concept and research. In C. D. Speilberger und I. G. Sarason (Eds.). *Stress and Anxiety* (Vol. 5, pp. 193–216). Washington, D.C.: Hemisphere.

Schmidt, N., Lerew, D. & Jackson, R. (1997). The role of anxiety sensitivity in the pathogenesis of panic. *Journal of Abnormal Psychology, 106,* 355–364.

Schwartz, S. H. (1994). Are there universal aspects in the structure and contents of human values? *Journal of Social Issues, 50,* 19–45.

Snyder, C. R. & Lopez, S. J. (2002). *Handbook of positive psychology.* New York: Oxford University Press.

Speilberger, C. D., Gonzales, H. P., Taylor, C. J., Algaze, B. & Anton, W. D. (1978). Examination stress and test anxiety. In C. D. Speilberger & I. G. Sarason (Eds.), *Stress and anxiety* (Vol. 5, pp. 167–189). Washington, D.C.: Hemisphere.

Stahmann, R. F. & Hiebert, W. J. (1987). *Premarital counseling.* Lexington, Mass.: Lexington Books.

Strean, H. S. (1985). *Resolving marital conflicts: A psychodynamic perspective.* New York: Wiley.

Takakuwa, M. & Wakabayashi, M. (1999, *Personal communication*). Unpublished factor study of Japanese translation of Reiss Profile with Japanese college students.

Thorman, G. (1996). *Marriage counseling handbook: A guide to practice.* Springfield, Il.: Charles C. Thomas.

Thorndike, E. L. (1970). *Psychologie der Erziehung.* Darmstadt: Wissenschaftliche Buchgesellschaft (amerikanisches Original veröffentlicht 1913).

Tressler, I. D. (1937). *How to lose friends and alienate people.* New York: Stackpole sons.

Weiner, B. (1995). Intrinsic motivation. In A. Manstead, M. Hewstone, S. Fiske, M. Hoggs, H. Reis und G. Samin (Eds.), *The Blackwell encyclopedia of social psychology.* Cambridge, U.K.: Blackwell.

White, R. W. (1959). Motivation reconsidered: The concept of competence. *Psychological Review, 66,* 297–333.

White, R. W. & Watt, N. F (1973). *The abnormal personality.* New York: The Ronald Press.

Whiting, J. M. & Child, I. J. (1953). *Child training and personality.* New Haven: Yale University Press.

Wiltz, J. & Reiss, S. (2003). Compatibility of housemates with mental retardation. *American Journal of Mental Retardation, 108,* 173–180.

Woodworth, R. S. (1918). *Dynamic psychology*. New York: Columbia University Press.

Zubin, J., Eron, L. D. & Schumer, F. (1965). *An experimental approach to projective techniques*. New York: Wiley.

Stichwortregister

8-068